LA FAMILLE McCORD

Une vision passionnée

•

THE McCORD FAMILY

A passionate vision

Pamela Miller
Brian Young • Donald Fyson
Donald Wright • Moira T. McCaffrey

Musée McCord d'histoire canadienne
McCord Museum of Canadian History

Au nom des administrateurs du Musée McCord d'histoire canadienne, j'aimerais rendre un hommage tout particulier à La Fondation de la famille J. W. McConnell pour son appui exceptionnel et sa grande générosité, qui ont permis l'agrandissement et la rénovation du Musée McCord. Je tiens également à remercier l'Université McGill pour sa collaboration de longue date et pour l'attribution au McCord de sa première résidence permanente, l'ancien Centre universitaire de McGill.

Luke Rombout, C.M.
Directeur général

On behalf of the Trustees of the McCord Museum of Canadian History, I would like to pay special tribute to The J. W. McConnell Family Foundation for its outstanding support and generous donation, which have made possible the renovation and expansion of the McCord Museum, and to McGill University for its collaboration over the years and for having provided the Museum with its first permanent home, formerly the McGill University Union.

Luke Rombout, C.M.
Executive Director

Exposition et publication inaugurales marquant la réouverture du Musée McCord d'histoire canadienne.

Mai 1992

An inaugural exhibition and publication marking the reopening of the McCord Museum of Canadian History.

May 1992

Conseil d'administration et personnel
Musée McCord d'histoire canadienne

Board of Trustees and personnel
McCord Museum of Canadian History

Ministre des Communications

CANADA

Minister of Communications

Message de l'honorable Perrin Beatty
Ministre des Communications

Alors qu'en 1992, Montréal célèbre le 350e anniversaire de sa fondation, il est tout à fait approprié que le Musée McCord d'histoire canadienne ouvre de nouveau ses portes à un public de plus en plus sensibilisé à la valeur de son patrimoine.

Depuis toujours vouée à la sauvegarde des témoignages de l'histoire de notre pays, cette institution occupe maintenant une place spéciale dans le réseau muséal canadien. Ses collections témoignent de façon saisissante de la vie quotidienne au siècle dernier, époque qui a marqué profondément l'histoire canadienne et le devenir de la ville de Montréal.

La collection décrite dans cette publication est le résultat du dévouement, de l'acharnement et de l'engagement du personnel, des bénévoles et des mécènes qui se sont attachés au Musée McCord au fil des ans. Nous devons tous beaucoup à l'Université McGill et à ces hommes et ces femmes qui ont assuré le développement du Musée au prix d'efforts constamment renouvelés. Grâce à eux, les Canadiens et les Canadiennes d'aujourd'hui ainsi que les générations à venir auront plaisir à découvrir leurs origines et à acquérir une meilleure compréhension de leur riche patrimoine.

Je suis heureux que le ministère des Communications du Canada ait pu contribuer à cette publication.

Message from the Honourable Perrin Beatty
Minister of Communications

When, in 1992, Montreal celebrates the 350th anniversary of its founding, it is quite appropriate that the McCord Museum of Canadian History opens its doors once again to a public which is eager to learn about its heritage.

Throughout its existence, this institution has been committed to preserving Canada's history. Its historical resources now occupy a special place in Canada's network of museums. The collections, most of which were created during the second half of the nineteenth century, bear striking witness to this key period in Canadian history and to the vitality of Montreal.

The collection described in this publication testifies to the dedication, the determination and commitment of the staff, volunteers and donors who have been associated with the McCord Museum throughout its history. We are indebted to McGill University and these men and women whose determined efforts have ensured the museum's development. Because of them, Canadians and future generations will be able to appreciate their past and gain a deeper knowledge of this country's rich heritage.

I am pleased that the Department of Communications of Canada has been able to support this publication.

Perrin Beatty

La réalisation de cette publication a été rendue possible grâce à l'aide financière du ministère des Communications du Canada.

We thank the Department of Communications of Canada for its financial assistance in the production of this publication.

Ce catalogue a été publié à l'occasion de l'exposition *La famille McCord : une vision passionnée*, présentée au Musée McCord d'histoire canadienne à partir du 9 mai 1992. L'exposition et le catalogue ont tous deux été produits par le Service des expositions du Musée McCord sous la direction d'Elizabeth H. Kennell.

Design de l'exposition : Design + Communication inc., Montréal

Les photographies, sauf indication contraire, sont de Richard-Max Tremblay et Marilyn Aitken. Toutes les photographies Notman figurant dans ce catalogue appartiennent aux Archives photographiques Notman, Musée McCord d'histoire canadienne, et ont été tirées par Thomas Humphry, à moins d'indications contraires.

Révision anglaise : Jill Corner
Traduction française : Hélène Joly
Conception graphique : Ikram Schelhot et Caroline Landry, Concept I.S.
Photocomposition : CompoPlus
Photogravure et impression : Groupe Litho Graphique

Note au lecteur

Dans les citations provenant de lettres et journaux écrits par les membres de la famille McCord, nous avons conservé les phrases ou mots soulignés dans l'original.

This catalogue was published on the occasion of the exhibition *The McCord Family: A Passionate Vision* presented at the McCord Museum of Canadian History beginning May 9, 1992. The catalogue and exhibition were both produced by the Exhibition Services of the McCord Museum under the direction of Elizabeth H. Kennell.

Exhibition design: Design + Communication Inc., Montréal

The photographs were taken by Richard-Max Tremblay and Marilyn Aitken except where otherwise indicated. All Notman photographs in this catalogue belong to the Notman Photographic Archives, McCord Museum of Canadian History, and were printed by Thomas Humphry, unless otherwise indicated.

English revision: Jill Corner
French translation: Hélène Joly
Design: Ikram Schelhot and Caroline Landry, Concept I.S.
Typesetting: CompoPlus
Photolithography and printing: Groupe Litho Graphique

Note to the Reader

In quotations from letters and journals handwritten by members of the McCord family, the original underlining for emphasis has been retained.

© Dépôt légal - 2e trimestre 1992
Bibliothèque nationale du Québec
Bibliothèque nationale du Canada
ISBN 1-895615-05-4

Musée McCord d'histoire canadienne
690, rue Sherbrooke ouest
Montréal (Quebec)
H3A 1E9

Imprimé au Canada

© Legal deposit - 2nd quarter 1992
Bibliothèque nationale du Québec
National Library of Canada
ISBN 1-895615-05-4

McCord Museum of Canadian History
690 Sherbrooke Street West
Montreal, Quebec
H3A 1E9

Printed in Canada

Couverture : David Ross McCord et son épouse Letitia Caroline Chambers à Temple Grove, Montréal, vers 1910. Archives photographiques Notman, Musée McCord d'histoire canadienne.

Cover: David Ross McCord and his wife Letitia Caroline Chambers at Temple Grove, Montreal, about 1910. Notman Photographic Archives, McCord Museum of Canadian History.

Sommaire

Contents

Préface

Une exposition consacrée au fondateur du Musée McCord d'histoire canadienne s'imposait dans un programme d'expositions inaugurales soulignant l'ouverture du nouveau Musée. Cette exposition permanente offre une occasion idéale de montrer l'étendue de nos collections, tout en nous permettant de définir clairement et de remplir un important mandat établi par David Ross McCord en 1919. Dans une lettre en français adressée à lady Laurier (et reproduite textuellement), il a minutieusement décrit la vision qu'il avait de son Musée :

« Vous connaissez mon œuvre – de Bénédictin – pour Canada auquel j'ai eu l'honneur de dédier ma vie, et que le bon Dieu a bénie grandement au-dessus de mes humble mérites... J'ai fait et continue à faire un musée national dans le vrai et plus étendu sens du mot. McGill se lança dans la brêche pour rencontrer cet objet très désirable et jusqu'à présent négligé au Canada. McGill fournit la belle bâtisse que vous connaissez au coin de la rue Sherbrooke et McTavish, et va l'entretenir. Le musée que je ferai n'est pas un Musée McGill, ni un musée protestant, et certainement pas un musée anglais. Chaque objet dans le musée sera désigné et exprimé dans les deux langues. Notre premier roi était François I, le roi de Cartier, et partant de lui, je déroulerai le beau panorama de notre histoire jusqu'aujourd'hui. En lisant cette lettre vous voyez que je tombe absolument dans la ligne, et j'enseigne les principes auxquels votre associé marital dans ce monde a dédié sa vie, – l'union des deux races. Et non seulement Sir Wilfrid, mais vous, Madame, aussi bien que lui dédiez vos talents à ce but qui mérite tous nos efforts. L'objet de cette lettre est de vous prier d'honorer ce Musée National en lui présentant les souvenirs, les objets les plus précieux que vous possédez de Sir Wilfrid à fin de conserver sa mémoire ici au centre du Canada... »

Aujourd'hui, le mandat est pris en charge par les membres du conseil d'administration et du personnel du Musée qui voient à ce que soit préservée et expliquée l'histoire du Canada pour les générations à venir. Les fonds du McCord sont vastes, certaines collections se distinguant par leur exhaustivité et d'autres, par leur éclectisme. Si certaines des collections étaient à l'époque enracinées dans l'éthique et les comportements victoriens, notamment sous la direction de David Ross McCord, nous pouvons aujourd'hui nous féliciter de posséder des collections canadiennes d'une grande étendue, parfois non conventionnelles, mais offrant toujours une vision éclairée de l'évolution de ce pays.

Cette exposition n'aurait pu voir le jour sans le dévouement et le travail de recherche assidu de certaines personnes et nous sommes très reconnaissants envers tous ceux qui ont collaboré à l'organisation de l'exposition et à la préparation du catalogue qui l'accompagne. J'aimerais ainsi remercier tout particulièrement Pamela Miller, conservatrice, Archives, Brian Young, professeur d'histoire à l'Université McGill, Moira T. McCaffrey, conservatrice, Ethnologie et archéologie, Donald Wright, Donald Fyson et enfin, Elizabeth Kennell, chef du Service des expositions et son personnel.

L'ouverture des nouveaux locaux représentait un rêve depuis l'époque où David Ross McCord avait formulé sa vision du Musée. Avec la présentation de cette exposition et la publication du catalogue, nous honorons la mémoire de cet homme et celle de tous ceux qui au fil des ans ont donné une impulsion à la croissance des collections ou qui ont veillé de façon particulière au bien-être du Musée McCord.

Luke Rombout, C.M.
Directeur général

Mai 1992

Preface

An exhibition devoted to the founder of the McCord Museum of Canadian History was considered essential to the inaugural exhibition program commemorating the opening of the new Museum. This permanent exhibition provides an ideal opportunity to demonstrate the full range of our collections, while at the same time allowing us to clearly define and fulfil an important mandate set out by David Ross McCord in 1919. In a letter addressed to Lady Laurier, he meticulously described his vision for the Museum when he wrote (in French):

"You know my patient and scholarly work for Canada, to which I have had the honour of dedicating my life, and which has been blessed by the good Lord much more than my humble merits deserve... I have created and continue to create a national museum in the true and widest sense of the word. McGill [University] has come forward to help achieve this most desirable objective, hitherto neglected in Canada. McGill provided the fine building you are acquainted with, on the corner of Sherbrooke and McTavish Street, and will see to its upkeep. The museum I shall create will not be a McGill museum, nor a Protestant one, still less an English one. Every object in it will be identified and explained in both languages. Our first monarch was Francis I, Cartier's king, and with him as a starting-point I shall unfold the splendid panorama of our history up to the present day. As you read this letter you will see that I am pursuing the same policy and teaching the same principles as those to which your marital partner dedicated his life — the union of the two races. And not only Sir Wilfrid, but you too, Madame, have like him devoted your talents to this goal, which is worthy of all our efforts. The object of this letter is to beg you to honour this National Museum by donating to it some souvenirs, the most precious of Sir Wilfrid's possessions now in your care, so as to preserve his memory here in the heart of Canada..."

Today, the mandate is carried on by the Trustees and staff of the Museum, ensuring that Canada's past is preserved and explained for the future. The McCord holdings are vast, ranging from the comprehensive to the eclectic. If some of the collections were, at the time, rooted in Victorian ethics and behaviour, particularly under the stewardship of David Ross McCord, we can now be grateful for the fact that we have Canadian collections which are broad-based, if sometimes unconventional, and at all times provide us with keener insight into the development of this country.

This exhibition was made possible through the dedication and research of a number of individuals, and we owe a debt of gratitude to all who assisted in the formulation of this exhibition and this publication. In particular, I want to thank Pamela Miller, Curator of the Archives Collections, Dr. Brian Young, Professor of History at McGill University, Moira McCaffrey, Curator of Ethnology and Archaeology, Donald Wright, Donald Fyson and Head of Exhibition Services Elizabeth Kennell together with her staff.

The opening of the new facilities have been a dream for many ever since David Ross McCord spelled out his vision for this Museum. With this exhibition and publication we are honouring his memory and that of all those who over the years gave impetus to the growth of the collections or were instrumental in furthering the well-being of the McCord Museum.

Luke Rombout, C.M.
Executive Director — May, 1992

Remerciements

La recherche originale et le travail de rédaction de Donald Fyson, Moira T. McCaffrey et Donald Wright méritent d'être soulignés de façon particulière. Tous nos remerciements à Sovita Chander et Rosina Fontein qui ont effectué bénévolement une partie des recherches. Jim Burant, des Archives nationales du Canada, Elizabeth Collard, spécialiste en céramique, Marie Elwood, conservatrice en chef de la section d'histoire du Musée de la Nouvelle-Écosse, Robert Little, conservateur des arts décoratifs au Musée des beaux-arts de Montréal, Myra Nan Rosenfeld, du Centre Canadien d'Architecture, et John Russell, des Antiquités John L. Russell de Montréal, nous ont fourni de précieux renseignements et nous ont généreusement offert leur temps et leurs connaissances. Les historiens Del Muise, de l'Université Carleton, et Tom Wien, de l'Université de Montréal, ont apporté de multiples suggestions fort utiles. Nous sommes également reconnaissants envers Charles A. Martijn, du ministère des Affaires culturelles, Direction du Nouveau-Québec et Services aux Autochtones, envers Bruce Bourque, du Maine State Museum, Augusta (Maine) et envers Wendell Beauvais et Brian Deer, du Kanien'kehaka Raotitiohkwa Cultural Center, Kahnawake. Guislaine Lemay et Susan McNabb ont collaboré aux recherches ethnologiques. Le personnel de la bibliothèque McLennan de l'Université McGill n'aurait pu être plus efficace. Au McCord, Eva Burnham, restauratrice, Costume et textiles et Bruno Pouliot, restaurateur, Arts décoratifs, ont restauré plusieurs des œuvres exposées. L'Institut canadien de conservation, Ottawa et l'Institut de conservation du Québec, Québec, nous ont aussi apporté leur aide.

Plusieurs publications ont été d'une valeur inestimable, notamment *A Sense of Power* (1970) de Carl Berger, *Inventing Canada: Early Victorian Science and the Idea of a Transcontinental Nation* (1987) de Suzanne Zeller, et *Family Fortunes: Men and Women of the English Middle Class, 1780-1850* (1988) de Leonore Davidoff et Catherine Hall. Le *Dictionary of Canadian Biography* s'est révélé sûr et précieux.

En 1986, les Archives du Musée McCord ont reçu une importante subvention du Conseil de recherches en sciences humaines du Canada qui leur a permis d'embaucher un assistant et quatre étudiants de McGill diplômés en histoire afin de classer et de cataloguer treize mètres de papiers de la famille McCord. Grâce à une autre subvention, celle-là de source privée, le Musée a publié un inventaire en deux volumes des papiers de la famille McCord pour les années 1766-1945, inventaire sur lequel s'appuie cette publication. Bref, rien de tout cela n'aurait été possible sans l'appui du Conseil de recherches.

Carman Miller a fait preuve d'une tolérance à toute épreuve à l'égard des textes et des histoires sans fin sur les McCord. Elizabeth Kennell, chef du Service des expositions du Musée, a su tempérer ses réprimandes avec humour et patience. Jill Corner et Hélène Joly ont assuré avec compétence la révision et la traduction du catalogue. Enfin, il semble régner au Musée McCord une entente tacite en vertu de laquelle les conservateurs s'interrompent automatiquement pour répondre aux questions de leurs collègues. Merci. Notre travail n'en fut que plus agréable et satisfaisant.

P.M. et B.Y.

Acknowledgements

A great deal of credit for their original research and writing must go to Donald Fyson, Moira T. McCaffrey and Donald Wright. Volunteer researchers Sovita Chander and Rosina Fontein deserve special thanks. Jim Burant of the National Archives of Canada, ceramics specialist Elizabeth Collard, Marie Elwood, Chief Curator of History at the Nova Scotia Museum, Robert Little, Curator of Decorative Arts at the Montreal Museum of Fine Arts, Myra Nan Rosenfeld of the Canadian Centre for Architecture and John Russell of John L. Russell Reg'd Antique Shop, Montreal, provided us with important information and were most generous with their time and expertise. Historians Del Muise of Carleton University and Tom Wien of the Université de Montréal made many helpful suggestions. Thanks are due to Charles A. Martijn of the Ministère des Affaires culturelles, Direction du Nouveau-Québec et Service aux Autochtones, Bruce Bourque of the Maine State Museum, Augusta, Maine, and Wendell Beauvais and Brian Deer of the Kanien'kehaka Raotitiohkwa Cultural Center, Kahnawake. Guislaine Lemay and Susan McNabb assisted in researching the ethnological chapter. The staff of McGill University's McLennan Library could not have been more resourceful. The McCord's Eva Burnham, Costumes and Textiles Conservator, and Bruno Pouliot, Objects Conservator, were responsible for conservation of many of the works chosen for display in the exhibition. The Canadian Conservation Institute, Ottawa, and the Institut de Conservation du Québec, Quebec City, also provided assistance in this area.

Several publications have been invaluable to this project, particularly Carl Berger's *A Sense of Power* (1970), Suzanne Zeller's *Inventing Canada: Early Victorian Science and the Idea of a Transcontinental Nation* (1987), and Leonore Davidoff and Catherine Hall's *Family Fortunes: Men and Women of the English Middle Class, 1780-1850* (1988). *The Dictionary of Canadian Biography* was a rich and reliable source.

In 1986 the McCord Museum Archives received a major grant from the Social Sciences and Humanities Research Council of Canada, which enabled the Archives to hire four McGill graduate students in history and an assistant to arrange and catalogue thirteen metres of McCord family papers. An additional grant from a private source permitted the publication of the two-volume inventory of the McCord Family Papers, 1766-1945, upon which this volume is based. In short, without the SSHRCC none of this would have been possible.

Carman Miller has been endlessly tolerant of text and non-stop McCord stories. Elizabeth Kennell, Head of Exhibitions Services at the Museum, tempered her admonitions with good humour and a patient hand. Jill Corner and Hélène Joly provided invaluable revision and translation services. Finally, there seems to be an unwritten rule at the McCord Museum that curators stop everything in order to answer a colleague's question. Thank you. It has made our job rewarding and pleasant.

P.M. and B.Y.

Introduction

La présente publication étudie le lien qui existe entre l'origine du Musée McCord et ses collections et l'histoire de la famille McCord; elle examine de quelle manière les biens ont été accumulés et transmis d'une génération à l'autre et comment cette fortune a servi à acquérir des artefacts canadiens; elle souligne enfin les aspirations spirituelles et intellectuelles des McCord. Nous observerons les intérêts des McCord à partir de leur arrivée au Canada peu après la Conquête jusqu'aux années 1920 (soit une période de 140 ans) : possession de terres seigneuriales, entreprises commerciales, activités religieuses et sociales, peinture, sciences, jardinage et, par-dessus tout, collection d'objets.

Ce projet est le résultat d'une étroite collaboration entre les milieux universitaire et muséal. Brian Young, professeur d'histoire à l'Université McGill et Pamela Miller, conservatrice, Archives du Musée McCord, ont assuré conjointement l'organisation de cette exposition et la préparation de la publication qui l'accompagne. Donald Fyson et Brian Young ont étudié la richesse foncière et le capital de la famille, s'attardant respectivement aux activités commerciales des McCord et à leurs carrières dans le domaine du droit. Pamela Miller a signé les essais sur la famille et sur les collections tout en supervisant l'ensemble des recherches menées pour cette publication. Dans le cas du collectionneur David Ross McCord, l'accent a été mis principalement sur le contexte entourant sa collection ethnologique et sur l'influence de l'impérialisme canadien sur son activité, deux sujets jusqu'à maintenant peu explorés. Dans son essai Moira T. McCaffrey, conservatrice, Ethnologie et archéologie au Musée McCord, s'est intéressée à l'intérêt particulier de McCord pour l'histoire matérielle des peuples autochtones du Canada, tandis que Donald Wright a situé le personnage dans le contexte de l'impérialisme canadien. Notre recherche dévoile une famille dynamique et cultivée dont la passion pour le Québec et le Canada a mené à la fondation du « McCord National Museum ».

Introduction

This publication relates the origins of the McCord Museum and its collections to the history of the McCord family. It examines their accumulation and transmission of property and the use of this wealth for acquiring Canadian artifacts. It emphasizes the spiritual and intellectual pursuits of family members. Covering the 140 years from the McCords' arrival in Canada just after the Conquest up to the 1920s, we examine seigneurial landholding, mercantile ventures, religious and community activities, painting, science, gardening and - above all - collecting.

This undertaking is the result of close collaboration between the university and museum milieux. Brian Young, Professor of History at McGill University, and Pamela Miller, Curator of Archival Collections at the McCord Museum, worked together to organize the exhibition and to edit this volume. Donald Fyson and Brian Young examine the McCord family's landed wealth and capital, the former concentrating on the family's mercantile activities and the latter on their careers in the legal profession. In addition to supervising research for the whole volume, Pamela Miller took responsibility for the sections on the family and on collecting. In dealing with David Ross McCord, the collector, we have focused on the context of the ethnological collection and on the influence of Canadian imperialism on McCord's collecting - two areas where little research had previously been undertaken. Moira T. McCaffrey, Curator of Ethnology and Archaeology at the Museum, writes about McCord's particular interest in the material history of Canada's Native peoples, while Donald Wright places him within the context of Canadian imperialism. Our research reveals a dynamic, cultivated family whose passion for Quebec and Canada resulted in the founding of the "McCord National Museum".

Portrait de Sarah Solomon, Louis Dulongpré, 1816, huile sur toile (M8355).
Portrait of Sarah Solomon, Louis Dulongpré, 1816, oil on canvas (M8355).

Assiette Worcester de Chamberlain de Thomas McCord, début du XIXᵉ siècle (M8282).
Thomas McCord's Chamberlain's Worcester plate, early-nineteenth century (M8282).

Vue de Montréal depuis Temple Grove, James Duncan, vers 1840, aquarelle (M10917).
View of Montreal from Temple Grove, James Duncan, about 1840, watercolour (M10917).

Une rose mousseuse, Anne Ross McCord, 1848, aquarelle (M1117).
A Moss Rose, Anne Ross McCord, 1848, watercolour (M1117).

La bataille de Queenston, 13 oct. 1812, gravure d'après le major Dennis, Londres, de T. Sutherland (M924). Même si le major général Isaac Brock est mort durant la bataille, la victoire convainquit les Canadiens du Haut-Canada de se rallier afin de combattre les forces américaines supérieures en nombre.

The Battle of Queenston, Oct. 13, 1812, engraved after Major Dennis, London, by T. Sutherland (M924). Although Major General Isaac Brock died during the battle, the victorious outcome convinced Upper Canadians to rally in order to combat a more numerous American force.

Capuchon, type cri, fin du XIXe siècle, laine, ruban de soie, perles de verre, coton (M7059).
Hood, Cree type, late-nineteenth century, stroud, silk ribbon, glass beads, cotton cloth (M7059).

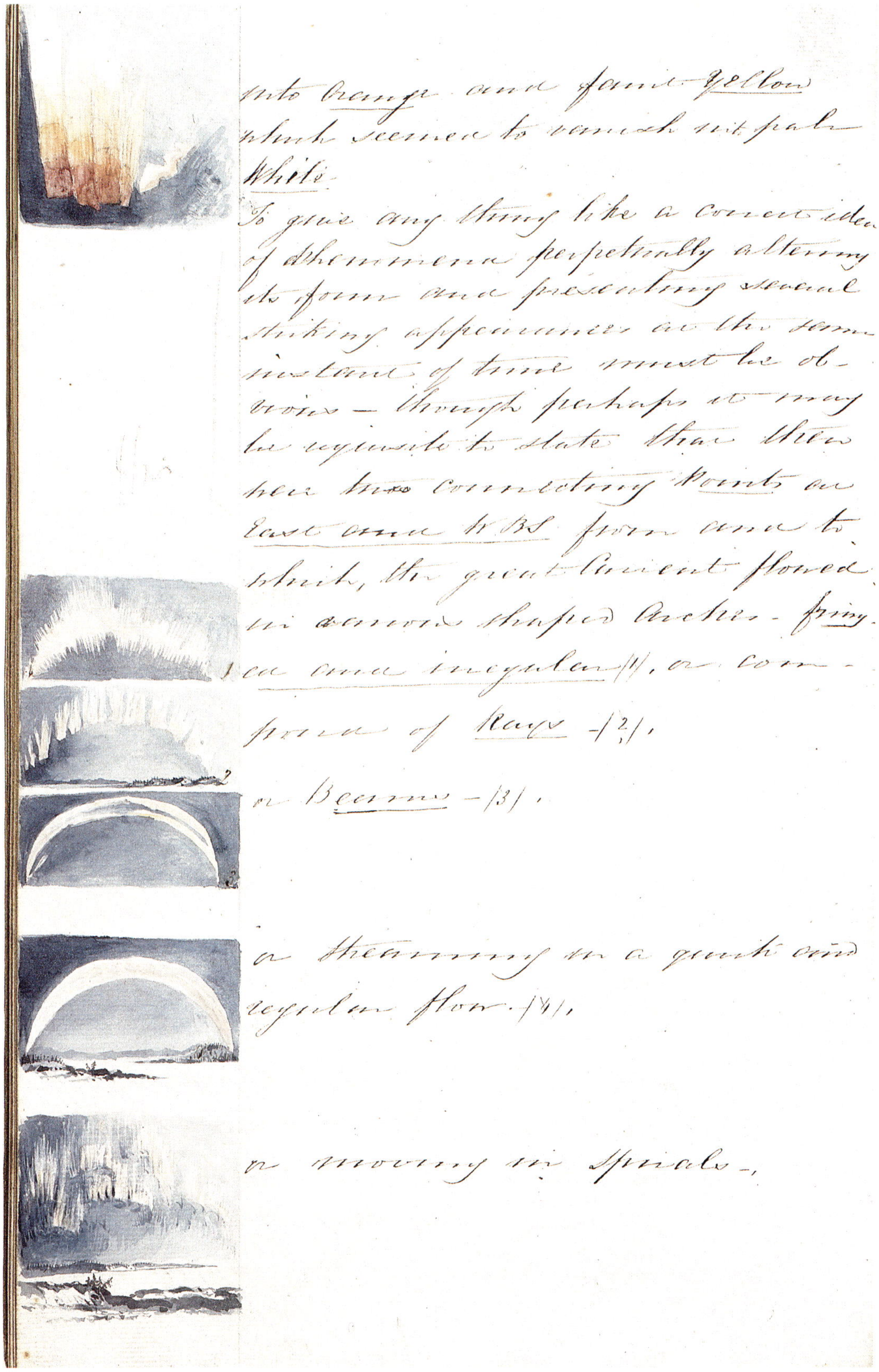
into orange and faint Yellow
which seemed to vanish at pale
White.
To give any thing like a correct idea
of phenomena perpetually altering
its form and presenting several
striking appearances at the same
instant of time must be ob-
vious — though perhaps it may
be requisite to state that there
were two connecting Points as
East and W b S from and to
which, the great Current flowed
in narrow shaped Arches - fring-
ed and irregular (1), or com-
posed of Rays -(2).
or Beams -(3).
or streaming in a quick and
regular flow.(4).
or moving in Spirals -.

Page du journal du capitaine George Back contenant des observations sur les aurores boréales, George Back, 21 décembre 1834, aquarelle. Les dessins ont été réalisés lors d'une expédition en Arctique jusqu'à l'embouchure de la Great Fish River et le long des côtes de l'océan Arctique. Don du révérend Norman Pares, petit-neveu de Back, 1911 (M2634).

Page from the journal "Observations on the Aurora Borealis, by Captain Back", George Back, December 21, 1834, watercolour. Painted while on the Arctic Land Expedition to the mouth of the Great Fish River and along the shores of the Arctic Ocean. Gift of Reverend Norman Pares, Back's grand-nephew, 1911 (M2634).

La Négresse, François Malépart de Beaucourt, 1786, huile sur toile (M12067).
The Negress, François Malépart de Beaucourt, 1786, oil on canvas (M12067).

LA FAMILLE McCORD • THE McCORD FAMILY

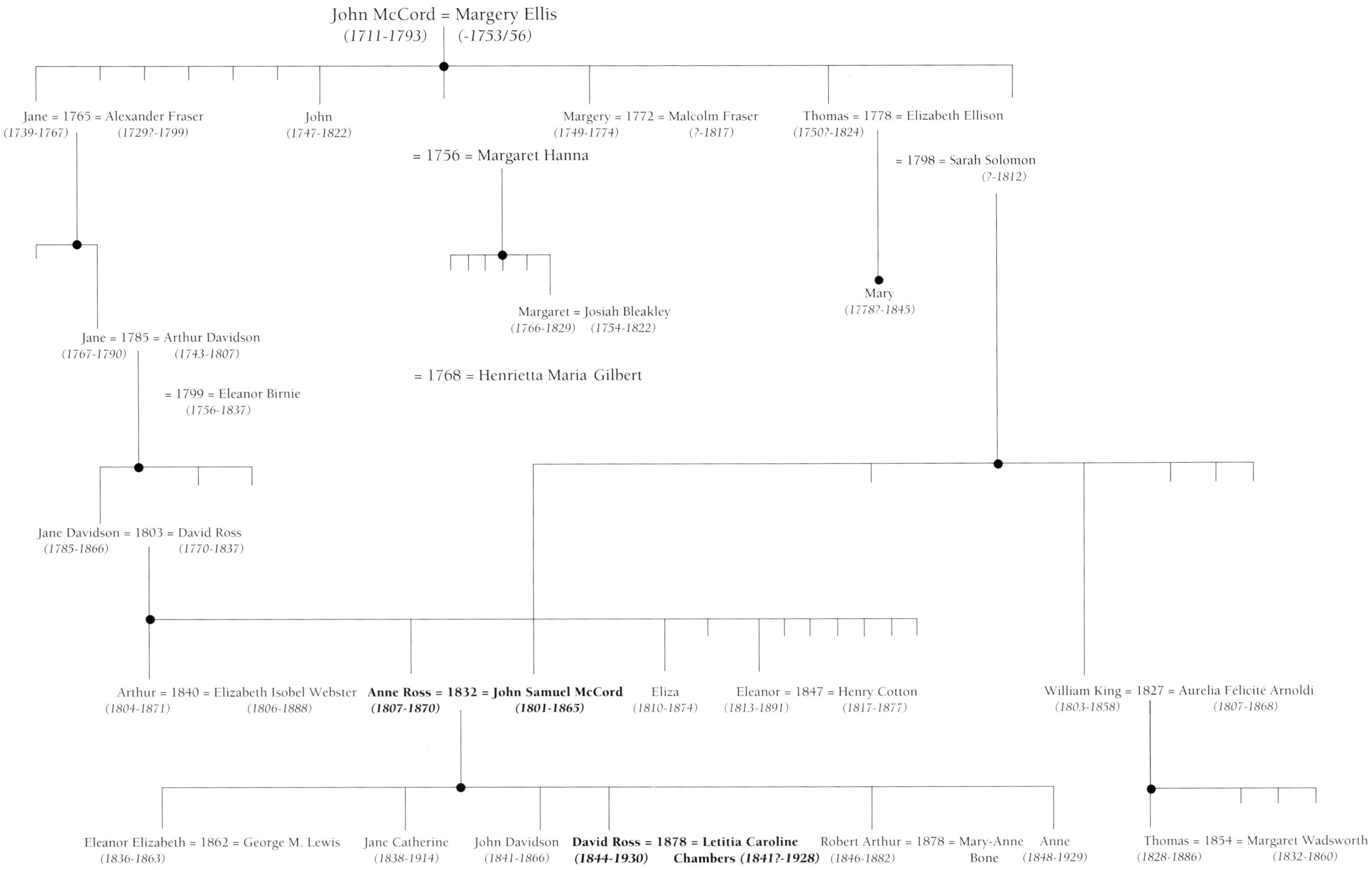

Origines, richesse et travail

Donald Fyson et Brian Young

Les McCord, contrairement au scénario classique de l'immigration irlandaise, ne viennent pas au Canada à cause de la famine qui sévit en Irlande au dix-neuvième siècle. Famille bien établie de riches marchands dont les mœurs, l'éducation et la mobilité sont caractéristiques de la communauté écossaise d'Ulster dont elle est issue, les McCord émigrent au Canada dans la foulée de la Conquête de l'armée britannique. Une fois installée dans ce pays, la famille offre le cas intéressant d'une lignée accumulant, protégeant et transmettant ses biens d'une génération à l'autre. C'est d'ailleurs cette stratégie qui lui permet de conserver et de renforcer sa position dans la société élitiste du dix-neuvième siècle puisque toutes les générations de McCord, exception faite de la dernière, comptent de nombreux enfants et que les normes de la bourgeoisie exigent une consommation ostensible et immurtante. Les problèmes d'argent et de soutien de la famille seront aggravés par l'alcoolisme et la passion du jeu qui affectent plusieurs membres masculins de cette famille. Quant aux femmes, elles ne peuvent, comme toutes les femmes de la bourgeoisie montréalaise, contribuer à la fortune familiale qu'en se mariant ou en héritant, étant exclues du marché du travail ou du monde des affaires. Néanmoins, la valeur des collections initiales du Musée McCord témoigne de la réussite financière de cette famille.

Origines irlandaises

Lorsque les McCord quittent l'Irlande pour s'installer au Canada après la Conquête britannique, il s'agit en fait d'une seconde émigration puisqu'ils étaient du nombre des familles écossaises ayant colonisé le nord de l'Irlande au dix-septième siècle. La date de leur arrivée en Ulster demeure inconnue, mais l'on sait qu'ils étaient déjà établis dans le comté d'Antrim en 1677, où leur nom figure régulièrement dans les registres de l'Église presbytérienne[1]. Bien que les membres de la famille se soient dispersés dans toute la partie nord de l'Irlande, on les retrouve surtout à Antrim, ville située dans une vallée fertile et dans un comté du même nom, sur la route principale reliant Belfast à Londonderry. Importante ville marchande sur le Lough Neagh, Antrim est aussi un port et un centre commercial.

L'Ulster, comme il est pratiquement inutile de le rappeler à notre époque, est une communauté vivante et turbulente « créée en grande partie par les Écossais[2] ». Les Écossais qui immigrent en Irlande sont d'une religion différente, et le presbytérianisme imprègne le nord. Parmi les principales caractéristiques de l'Église de John Knox, citons l'importance accordée à l'alphabétisation et à la construction d'écoles : au dix-septième siècle, le comté d'Antrim avait l'un des taux d'alphabétisation les plus élevés d'Irlande[3]. Le *Newsletter* de Belfast, fondé en 1737, est distribué localement, et plus tard au cours du siècle, des cercles littéraires verront le jour dans la ville d'Antrim[4]. Élevés dans un tel contexte, il ne fait aucun doute que les McCord, marchands et presbytériens, étaient des gens cultivés.

Plusieurs générations de McCord ont vécu à Antrim ou dans les environs. C'est là qu'ils se sont mariés, ont fait des affaires, ont élevé leurs familles ou sont morts. En 1750 encore, John McCord (1711-1793) et sa famille vivent à Antrim. Il est inscrit comme propriétaire en 1740 et certains de ses enfants, dont Thomas (né 1748/1750), indiquent Antrim comme lieu de naissance[5].

Pour la famille de John McCord, les années 1750 et 1760 sont mouvementées et déterminantes : décès d'une épouse, remariage, nouvelle parenté et nouveaux enfants, arrivée dans une nouvelle ville d'Irlande, changement de confession et enfin émigration au Québec.

La première femme de John McCord, Margery Ellis, meurt entre 1753 et 1756, probablement en couches en 1753. John, perpétuant la tradition masculine des bons mariages des McCord, épouse alors Margaret Hannah, ou Hanna, jeune fille d'une importante famille établie dans le port de Newry. Selliers, agents et marchands, les Hannah, comme l'attestent leurs pierres tombales, jouaient un rôle prépondérant dans l'Église d'Irlande et la milice. Ils accordaient aussi une grande importance à la position de leur famille et à leurs responsabilités sociales : « Ils ont laissé à leurs descendants l'exemple parfait de vies vertueuses et réussies, et l'héritage durable d'une réputation sans tache[6]. » John McCord s'installe à Newry au début des années 1750, et en 1753 il est locataire d'une boutique où l'on croit qu'il vend des grains. Il loue aussi une propriété dans la région voisine de Longfield, dont les principales activités sont la culture des céréales et l'exploitation d'une carrière.

Si Antrim est un centre commercial situé à l'intérieur des terres, Newry est un important port de mer relié par un canal à Lough Neagh, à Antrim et aux principales régions productrices de lin de l'Ulster. Newry, situé à quatre-vingts kilomètres au nord de Dublin, est en 1777 le quatrième port d'Irlande[7]. Des navires jaugeant 200 tonneaux peuvent y accoster et décharger leurs cargaisons directement dans des entrepôts comme celui de John McCord. Mieux connue pour ses exportations de lin, la ville de Newry est aussi un grand centre d'approvisionnement qui expédie les produits de ses

Origins, Wealth, and Work

Donald Fyson and Brian Young

The McCords do not fit the classic image of Irish immigration to Canada as a result of famine in nineteenth-century Ireland. Instead, they were a well-established Ulster-Scot merchant family, who represented that community in their attitudes, education and mobility. Once in Canada on the heels of the British army of conquest, the McCords provide an interesting case study across several generations of the forms of accumulating wealth, of protecting that wealth, and of passing it on to succeeding generations. This strategy was of prime importance in preserving and extending the family's position in elite society, given that all but the last generation of McCords had many children and that nineteenth-century bourgeois norms demanded considerable conspicuous consumption. The problems of wealth and of supporting the family were compounded by the alcoholism and gambling that reduced the productivity of several McCord men; for their part, the McCord women, as typical members of the Montreal bourgeoisie, could contribute to the family fortune only through marriage or inheritance, being excluded from professional work or business activities. Nevertheless, the value of the original McCord Museum collections is testimony to this family's financial success.

Origins in Ireland

The McCords' departure from Ireland to Canada after the British conquest was in fact the family's second emigration, since they had been part of the Scottish colonization of northern Ireland in the seventeenth century. Although the date of their arrival in Ulster is not known, they were established in County Antrim as early as 1677, where they appear regularly in registers of the Presbyterian Church.[1] Although family members could be found throughout northern Ireland, the McCords were concentrated in Antrim, a town located in a fertile valley and county of the same name on the main road between Belfast and Londonderry. An important market town on Lough Neagh, Antrim was also a port and commercial centre.

Ulster - as we hardly need reminding in the late-twentieth century - was a vibrant and turbulent community that was "very much the creation of the Scots".[2] The Scots immigrants to Ireland were dissenters, and Presbyterianism strongly marked the north. Among the important characteristics of John Knox's Church was its emphasis on literacy and the establishment of schools: in the seventeenth century, County Antrim was reported to have one of Ireland's highest literacy rates.[3] The Belfast *Newsletter*, founded in 1737, was circulated locally, while later in the century book clubs were formed in the town of Antrim.[4] Raised in this environment, the McCords - merchants and Presbyterians - were undoubtedly literate.

Several generations of McCords lived, married, conducted business, raised their families and died in and around Antrim. As late as 1750, John McCord (1711-1793) and his family were living in Antrim: he was listed as a householder in 1740, while some of his children, including Thomas (born 1748/50), claimed Antrim as their birthplace.[5]

The 1750s and 1760s were turbulent and highly significant decades for John McCord's family: death of a wife, remarriage, step-parenthood and new children; migration to a new community in Ireland; a change in church allegiance; and finally, emigration to Quebec.

John McCord's first wife, Margery Ellis, died between 1753 and 1756, probably in childbirth in 1753. John, in the male McCord tradition of good marriages, then married Margaret Hanna, or Hannah, a member of an important family in the port of Newry. Saddlers, agents and merchants, the Hannahs, as family tombstones attest, were prominent in the Church of Ireland and the militia and had a strong sense of their family's status and social responsibilities: "They have left to their surviving relations the profitable example of virtuous and well-spent lives and the enduring inheritance of an unspotted reputation".[6] John McCord moved to Newry in the early 1750s and by 1753 had leased a shop from which he is believed to have sold corn. He also rented property in the nearby corn-farming and quarrying area of Longfield.

While Antrim was an inland commercial area, Newry was a major seaport connected by canal to Lough Neagh, Antrim and the important linen-producing areas of Ulster. Eighty kilometres north of Dublin, Newry in 1777 was the fourth port of Ireland.[7] Two-hundred-ton vessels could come up from the sea and unload directly at merchant warehouses like John McCord's. Best known as a linen-export centre, Newry was also a major provisioning community, shipping the products of local corn-mills, distilleries and bleaching mills to England and the colonies. In the late-eighteenth century Newry had direct shipping links with Liverpool and Manchester and links with London, the East India trade and America. Principal exports included linen, butter, corn, starch and whiskey; imports included timber, staves, ashes and flax.

Newry was also known for its "propriety and gaiety" and its "well-frequented promenade on the Basin walk".[8] The town was one of the oldest centres of Freemasonry in Ireland:

Portrait en miniature de John McCord Jr., attribué à William Berczy, vers 1805, aquarelle sur papier (M9553).

Portrait miniature of John McCord Jr., attributed to William Berczy, about 1805, watercolour on paper (M9553).

Portrait en miniature de Mary McCord, attribué à William Berczy, vers 1805, aquarelle sur papier (M9554).

Portrait miniature of Mary McCord, attributed to William Berczy, about 1805, watercolour on paper (M9554).

meuneries, distilleries et blanchisseries locales en Angleterre et dans les colonies. À la fin du dix-huitième siècle, Newry dispose de lignes d'expédition directes sur Liverpool, Manchester et Londres, ainsi que sur les Indes orientales et l'Amérique. Le lin, le beurre, les grains, l'amidon et le whisky constituent les principaux biens exportés; parmi les biens importés citons le bois d'œuvre, les douves, les cendres et le lin brut.

Newry est également reconnue pour « son respect des convenances et ses festivités » et pour sa « promenade bien fréquentée du bassin »[8]. C'est aussi l'un des plus vieux centres de franc-maçonnerie d'Irlande : la St. Patrick Lodge numéro 77 de Newry était la plus ancienne loge maçonnique d'Ulster[9]. Les francs-maçons entretiennent d'étroites relations avec les forces britanniques et les officiers des garnisons sont acceptés gracieusement dans les loges locales.

Newry étant l'une des principales villes portuaires d'Irlande, détenant des contrats d'expédition partout dans le monde, ses marchands sont très au courant de ce qui se passe au Québec. Le *Newsletter* de Belfast du 21 octobre 1760 décrit en détail la défaite de Montréal, tandis qu'un numéro ultérieur présente les Québécoises comme des femmes « jolies, très joyeuses et distinguées »; les Canadiens français, signale le journal, se sont « parfaitement réconciliés avec le gouvernement britannique »[10]. Malgré la guerre, les navires quittent régulièrement Newry pour l'Amérique du Nord. John McCord a vraisemblablement quitté Newry pour le Québec afin d'approvisionner les troupes l'été suivant la Conquête; son nom n'apparaît en effet sur aucune des listes des dizaines de citoyens influents de Newry ayant signé des pétitions en 1760 ou 1761[11].

Le lien direct des McCord avec l'Irlande se rompt donc jusqu'à la génération suivante lorsque Thomas McCord, fils de John, retourne y vivre de 1796 à 1805 après avoir frôlé la faillite au Québec. Il s'installe d'abord à Newry, ville de son enfance, où la famille de sa mère est bien en vue. À Newry, son courrier lui est adressé aux soins de William Hannah, probablement son oncle ou son cousin, qui appartient à la famille de riches marchands mentionnée ci-dessus. En 1798, Thomas s'établit à Dublin et y fonde un commerce d'import-export – Hannah, Moore and McCord – dont les bureaux sont situés au 27, Lower Gormond Quay, sur le fleuve Liffey. L'entreprise connaît un certain succès dans l'exportation de lin irlandais et autres étoffes et dans l'importation de potasse, de peaux et de blé du Canada; elle doit cependant fermer ses portes en 1800 lorsque la faillite de Thomas est annoncée dans la *Gazette* de Dublin[12]. Le même journal annonce également la faillite de George Hannah de Newry, incontestablement l'associé de Thomas! Le 13 mai 1801, dans des circonstances quelque peu mystérieuses, Thomas est libéré de ses dettes.

Nous possédons peu de renseignements sur les quelques années que Thomas McCord passe à Dublin et nous ne savons même pas s'il compte repartir pour le Canada. Lors des insurrections de 1798, il s'enrôle dans le régiment de cavalerie volontaire assurant la protection de Dublin, et en 1805 il fait partie des trente-six « gardiens de la paix » du district St. Mary de Dublin. Le 27 novembre 1798, il épouse Sarah Solomon à Londres, mais c'est en Irlande que naissent leurs enfants John Samuel (1801) et William King (1803). En 1805, Thomas et sa famille retournent au Canada, et en décembre de la même année, ils louent une maison à Montréal.

Activités marchandes

Diverses sources de revenus sont à l'origine de la fortune des McCord. À une période d'activités marchandes menées avant 1815 succède, au dix-neuvième siècle, une époque de revenus fonciers et d'honoraires professionnels. La

Portrait en miniature de Jane Davidson Ross, attribué à James Duncan, XIXe siècle, aquarelle sur ivoire (M9556).

Portrait miniature of Jane Davidson Ross, attributed to James Duncan, nineteenth century, watercolour on ivory (M9556).

Portrait de David Ross, vers 1805, pastel. Don de Mme E. Ross Crawford (M9504).

Portrait of David Ross, about 1805, pastel. Gift of Mrs. E. Ross Crawford (M9504).

St. Patrick's Lodge Number 77 of Newry was the senior Masonic lodge in Ulster.[9] The Masons had close links with the British forces, and officers from the garrison were welcomed into local lodges without fee.

Since Newry was one of Ireland's most important ports, with shipping contacts around the world, its merchants had ample news of events in Quebec. The Belfast *Newsletter* of 21 October 1760 gave a full description of the fall of Montreal, while a later edition described Quebec women as "handsome, extremely gay, and well-bred"; French Canadians, the paper reported, were "perfectly reconciled to the British Government".[10] Despite the war, ships regularly left Newry for North American ports. John McCord presumably left Newry for Quebec to provision troops in the summer after the conquest, as his name does not appear on lists of several dozen prominent Newry citizens who signed petitions in 1760 or 1761.[11]

The McCords' direct connection with Ireland then lapsed until the next generation, when Thomas McCord, son of John McCord, returned to live there from 1796 to 1805, as a result of a near-bankruptcy in Quebec. He first went back to Newry, where he had lived as a boy and where his mother's family were prominent. In Newry he received his letters care of William Hannah, of the rich merchant family mentioned above, who was presumably his uncle or cousin. In 1798 Thomas settled in Dublin, opening an import-export business - Hannah, Moore and McCord - with offices at 27, Lower Gormond Quay on the Liffey River. Although the business had some success exporting Irish linen and other cloth while importing potash, skins and wheat from Canada, it failed in 1800, when Thomas's bankruptcy was announced in the Dublin *Gazette*.[12] The same paper also reported the bankruptcy of George Hannah of Newry, undoubtedly Thomas's business partner! On 13 May 1801, in circumstances that remain somewhat mysterious, Thomas received a discharge of his debts.

We know little about Thomas McCord's several years in Dublin, or even if he intended to return to Canada. He served in the yeomanry guarding Dublin in the Rebellions of 1798 and in 1805 was named as one of thirty-six "Conservators of the Peace" for the St. Mary District of Dublin. On November 27, 1798 he married Sarah Solomon in London, but it was in Ireland that their children, John Samuel (1801) and William King (1803) were born. In 1805 Thomas and his family returned to Canada, and by December of that year they were renting a house in Montreal.

Merchant Activities

The McCords' accumulation of wealth can be divided into a merchant period roughly corresponding to the period before 1815, followed by a period of mixed landed and professional income in the nineteenth century, when they depended on *rentier* and subdivision revenues from their fief and estate properties, supplemented by substantial professional emoluments from their legal activities. Also important as themes are the persistent use of credit to support the family, and the strategy to control the distribution and use of wealth by female members of the family. With prominent exceptions, the McCord women were regularly excluded from a fair share of the family wealth, and their own assets, acquired through exterior marriage or inheritance, were expropriated to the control of their male relatives.

John McCord arrived in Quebec on the heels of the conquering British army, probably as a sutler or civilian supplier. By 1760 he and his family were in Quebec City and almost as soon as hostilities had ceased were occupying the ruined house of a former French government official.[13]

While he undoubtedly intended at first to profit mainly from military supply contracts, John McCord soon realized

Portrait en miniature de Eleanor Birnie Davidson, vers 1800, aquarelle sur ivoire (M9561).

Portrait miniature of Eleanor Birnie Davidson, about 1800, watercolour on ivory (M9561).

Portrait en miniature de Eliza Ross, attribué à James Duncan, milieu du XIXe siècle, aquarelle sur ivoire (M9555).

Portrait miniature of Eliza Ross, attributed to James Duncan, mid-nineteenth century, watercolour on ivory (M9555).

famille dépend alors à la fois des rentes et des revenus de subdivision provenant de son fief et de ses propriétés et des importants honoraires découlant de ses activités dans le domaine juridique. Deux thèmes importants marquent la gestion de la fortune familiale : l'utilisation constante du crédit pour soutenir la famille et le contrôle rigoureux de l'utilisation des richesses par les femmes. En dépit de quelques exceptions notables, les femmes McCord n'ont jamais eu droit à une part équitable de la fortune familiale, et leurs propres biens, acquis par les liens du mariage ou par héritage, ont été contrôlés par leurs parents masculins.

John McCord s'installe au Québec immédiatement après la Conquête, probablement à titre de vivandier ou de fournisseur civil. En 1760, sa famille et lui vivent à Québec et, presque tout de suite après la cessation des hostilités, ils occupent la maison en ruines d'un ancien représentant du gouvernement français[13].

S'il a d'abord l'intention de profiter principalement de ses contrats d'approvisionnement avec l'armée, John McCord ne tarde pas à déceler les possibilités commerciales très lucratives qu'offre le départ des marchands français de la colonie. Lorsqu'en 1763 le traité de Paris consacre la cession du Québec à l'Angleterre, John McCord s'emploie à consolider sa position, pressant James Murray de lui octroyer en permanence le titre de propriété de la maison, de même que ceux d'un dock et d'un entrepôt, requêtes que le gouverneur est heureux de lui accorder[14]. Il investit également dans une petite entreprise de pêche à Gaspé[15], engage des domestiques et achète des esclaves[16], annonce son commerce dans la *Quebec Gazette*[17] et vend le schooner sur lequel il s'était peut-être embarqué pour la première fois en direction du Québec[18].

Sous plusieurs aspects, John McCord correspond à l'image traditionnelle des marchands britanniques établis au Québec et dont on doit sans doute à Donald Creighton la description la plus juste : unis par « l'unique et simple but de gagner de l'argent grâce au commerce », mariant politique et affaires et défendant dans les deux cas le libéralisme tout en étant des protestants convaincus[19]. D'un point de vue économique, John McCord est avant tout un négociant : durant sa carrière de marchand, entre 1765 et 1789, il ne s'adonne aucunement à cette autre activité lucrative de la bourgeoisie qu'est la spéculation immobilière. D'un autre côté, il ne répugne pas à profiter de la manipulation d'effets de commerce, et est au nombre des marchands impliqués dans le cas Haldimand contre Cochrane. Cette affaire découlait d'une pratique du gouvernement britannique consistant à se procurer de l'argent liquide en vendant des lettres de change tirées sur Londres aux marchands coloniaux qui devaient en acheter pour obtenir des marchandises d'Angleterre. Étant donné que les marchands avaient besoin de ces lettres de change au printemps pour leurs achats, mais qu'ils ne pouvaient amasser les fonds qu'en automne et en hiver grâce à leurs ventes, on leur accordait souvent un crédit à court terme. Dans l'affaire Cochrane, l'honorable John Cochrane, représentant de la firme qui assurait cette pratique pour le gouvernement britannique, vendit beaucoup plus de lettres de change qu'il n'était autorisé à le faire, soit pour une somme d'environ 100 000 £, et refusa ensuite de prendre les mesures requises pour obtenir les sommes dues auprès des marchands. Le lieutenant-gouverneur Haldimand, qui avait personnellement garanti les lettres en tant que représentant du roi dans le Bas-Canada, fut mêlé à une série de poursuites contre Cochrane et les marchands. John McCord devait 351 £, somme plutôt dérisoire, mais fit néanmoins partie des vingt-trois marchands poursuivis par le gouvernement britannique[20].

John McCord est partisan du libéralisme politique, du moins dans les domaines économique et constitutionnel. En 1766, il fait valoir à Guy Carleton les avantages qu'il y a à réduire les restrictions sur le commerce des fourrures et les pêcheries[21]; en 1768 et de nouveau en 1773-1774, il est l'un that lucrative commercial opportunities had been opened up by the displacement of the French merchants of the colony. Once the Treaty of Paris in 1763 had ensured permanent British possession of Quebec, he set about reinforcing his position, petitioning James Murray for permanent title to the house and to a dock and warehouse, which the Governor was pleased to grant;[14] investing in a small fishing enterprise in the Gaspé;[15] hiring servants and buying slaves;[16] advertising his business in the *Quebec Gazette*;[17] and selling the schooner that may have brought him to Quebec in the first place.[18]

In many ways John McCord fitted the traditional image of the British merchant in Quebec, perhaps best described by Donald Creighton: united by the "single, simple objective of making money by trade", marrying politics with commerce and clamouring for liberalism in both, and strongly Protestant.[19] Economically, he was above all a trader: during his active commercial life between 1765 and 1789 he did not engage to any extent in that other great source of bourgeois wealth, real-estate speculation. On the other hand, John McCord was not averse to profiting from the manipulation of commercial paper, and was one of the merchants implicated in the Haldimand versus Cochrane case. This affair derived from the British government's practice of obtaining specie for its sale of notes drawn on London to colonial merchants, who needed such notes to obtain goods from England. Since the merchants needed the notes in the spring to buy their goods, but could only amass the specie in the fall and winter through the sale of these goods, they were often given short-term credit for the purchase of the notes. In the Cochrane affair, the Honourable John Cochrane, agent of the company which managed this practice for the British Government, sold far more notes than he was authorized to, some £100,000, and then refused to take any steps to collect the money due from the merchants. Lieutenant-Governor Haldimand, having personally guaranteed the notes as the King's representative in Lower Canada, was drawn into a series of suits against Cochrane and the merchants. John McCord was implicated for £351, a relatively paltry sum, but was nonetheless one of the twenty-three merchants specifically prosecuted by the British government.[20]

John McCord was a political liberal, at least in economic and constitutional matters. In 1766 he represented to Guy Carleton the benefits of fewer restrictions on the fur trade and the fisheries;[21] in 1768 and again in 1773-1774 he was one of the leaders of the British merchants' attempts to get an Assembly for the colony;[22] and in 1775 he was one of the twenty-nine Quebec merchants who marched out of the city just as the American siege began. He was branded as an American sympathizer,[23] and his house and dock were burned by the British garrison.

John McCord's position in the merchant community was cemented by marriage. Through Margaret Hanna(h) he was related to James G. Hanna(h), Quebec's premier watch, clock and scientific instrument dealer;[24] and his third marriage, to Henrietta Maria Gilbert, linked him to another merchant family. More important than his own marriages, though, were those of his three daughters: Jane married Alexander Fraser, an ex-officer of Wolfe's army and the owner of a number of seigneuries; Margery married Malcolm Fraser, who had substantial holdings in land, both seigneurial and urban; and Margaret married Josiah Bleakley, an important fur trader.[25]

In other ways, though, John McCord departed from the archetype of the Quebec merchant as sketched by Creighton. Most importantly, he was not a fur trader, and had very little

Portrait de Mme John Samuel McCord, Frederick W. Lock, 1851, craie, acquis de Anne Ross McCord. « J'ai dîné hier chez M. Ross (le M. Ross de Mlle Webster) où il y avait une foule de jeunes femmes simples, aimables et bruyantes dont l'une était mariée au col. McCord, homme rougeaud, rondelet, aux cheveux blancs... », Edward Hale à Eliza Hale, Montréal, 4 juin 1840 (M8413).

Portrait of Mrs. John Samuel McCord, Frederick W. Lock, 1851, chalk, acquired from Anne Ross McCord. "I dined yesterday at Mr. Ross (Miss Webster's Mr. Ross) where I found a host of good natured, plain, noisy Girls, one of them married to Col. McCord a little fat, red faced, white haired man..." Edward Hale to Eliza Hale, Montreal, June 4, 1840 (M8413).

Portrait de John Samuel McCord, Frederick W. Lock, 1847, craie, acquis de John Samuel McCord (M8415). « Pour faire plaisir à ma femme, j'ai fait faire un portrait très ressemblant de moi à la craie; n'eut été pour lui plaire, je n'aurais jamais fait immortaliser ma tête. », John Samuel McCord, 18 août 1847.

Portrait of John Samuel McCord, Frederick W. Lock, 1847, chalk, acquired from John Samuel McCord (M8415). "To please my wife had my portrait painted in chalks a very good likeness; but, to please her, never would have had my phiz immortalized." John Samuel McCord, August 18, 1847.

des instigateurs de la tentative menée par les marchands britanniques pour obtenir la création d'une chambre d'Assemblée pour la colonie [22], et en 1775 il fait partie des vingt-neuf marchands de Québec à défiler hors de la ville juste au moment où commence le siège des Américains. Il est alors considéré comme sympathisant américain [23] et sa maison et son dock sont incendiés par la garnison britannique.

La situation de John McCord au sein du milieu des marchands est cimentée par les liens du mariage. En épousant Margaret Hannah, il s'allie avec James G. Hannah, le plus important négociant du Québec en montres, horloges et instruments scientifiques [24]; quant à sa troisième femme, Henrietta Maria Gilbert, elle vient aussi d'une famille de marchands. Mais plus important encore que ses propres mariages fut celui de ses trois filles : Jane épousa Alexander Fraser, ex-officier de l'armée de Wolfe et propriétaire de plusieurs seigneuries, Margery épousa Malcolm Fraser, qui détenait des parts importantes dans des terres tant seigneuriales qu'urbaines, et Margaret épousa Josiah Bleakley, important négociant en fourrures [25].

Sous d'autres aspects cependant, John McCord ne correspond pas à l'archétype du marchand du Québec tel qu'il a été défini par Creighton. En tout premier lieu, il est étranger au commerce des fourrures et n'a pratiquement aucun lien avec cette activité que Creighton, et après lui Fernand Ouellet, ont qualifié de pivot de l'économie bas-canadienne [26]. John McCord est plutôt un commerçant général en import-export : de sa maison et de son magasin, rue de la Fabrique, il approvisionne les habitants de la ville de Québec, et notamment les officiers et soldats de la garnison britannique, en marchandises de toutes sortes – articles de mercerie, denrées (sucre, thé, rhum, épices) et quincaillerie – importées principalement d'Angleterre [27]. John n'est pas non plus un modèle de réussite financière : pris au piège traditionnel de l'usage excessif du crédit, il doit près de 7 000 £ en 1789, principalement à ses fournisseurs anglais, tandis que ses biens mobiliers ne s'élèvent qu'à 6 400 £, dont 4 800 £ constituent des sommes qui lui sont dues et ne sont donc pas facilement convertibles en espèces [28]. Pour éviter la faillite, il cède son actif à une personne jugée acceptable par ses créanciers, c'est-à-dire à son fils John Junior, et se retire des affaires [29]. Il s'installe ensuite à Montréal chez son plus jeune fils, Thomas, où il meurt en 1793, pratiquement sans le sou [30].

Suivant les traces de son père, John McCord Junior commence à travailler pour l'entreprise familiale en 1762, à l'âge de quinze ans. En 1789, lorsqu'il prend en main l'entreprise criblée de dettes, il adopte sur-le-champ des mesures visant à préserver le cœur des activités de la famille, soit la maison et le magasin rue de la Fabrique, tirant parti des relations de la famille et de sa crédibilité personnelle pour éviter la faillite. Il convainc ses créanciers de radier la moitié de ses dettes, échelonnant le reste selon un calendrier de remboursement fixe. Enfin, il procède, en vertu du droit civil, à une « vente par shérif » des biens familiaux à son beau-frère Malcolm Fraser, évitant ainsi la saisie par des créanciers moins compréhensifs. Gestionnaire prudent, favorisé par un marché au détail très vigoureux, il réussit en 1795 à libérer l'entreprise de ses principales obligations.

John McCord Junior se consacre ensuite jusqu'à sa mort au commerce de détail. Accepté par la communauté bourgeoise des marchands du Québec, il n'y joue qu'un rôle secondaire, n'ayant jamais cherché à faire croître l'entreprise familiale au-delà de la maison et du magasin de son père, rue de la Fabrique. L'expérience malheureuse de son père et de son frère l'a, semble-t-il, incité à éviter les opérations de crédit risquées qui avaient causé leur perte. À sa mort en 1822, l'évaluation notariale révélera qu'il n'avait pratiquement aucune dette, et plus de 6 000 £ en espèces seront trouvées cachées dans un coffre-fort, signe de conservatisme extrême à une époque où le commerce, et notamment le commerce de détail, s'appuie largement sur le crédit.

La succession de John McCord Junior s'élevait presque à 13 000 £, y compris la somme en espèces de 6 000 £. Demeuré célibataire, il léguait 500 £ à son frère Thomas et 1 250 £ à la fille de Thomas, Mary McCord, qui avait pris soin de lui durant les dernières années de sa vie. Tout le reste, exception faite de quelques legs mineurs, allait à sa sœur Margaret McCord. Puisqu'elle était mariée à Josiah Bleakley, la plus grande partie de la succession McCord devait en théorie passer des mains des hommes McCord à celles de Margaret et de ses enfants Bleakley [31]. Mais, comme nous le verrons plus loin, une large part de l'héritage demeura directement sous le contrôle des hommes de la famille McCord, en raison principalement des mesures prises par l'exécuteur testamentaire de John Junior, son frère Thomas.

Contrairement à John McCord Junior, Thomas, le cadet de la famille, ne travaille pas pour l'entreprise de son père. Nous savons qu'il est associé à George King en 1774 et qu'il dirige avec lui une entreprise, sans doute d'import-export, située à Montréal. Quelque temps avant 1787, King et McCord s'associent à d'influents négociants en fourrures de Montréal, dont Todd, McGill et Levy Solomon (dont Thomas épousera la fille) et aux importants marchands Forsyth et Richardson, avec lesquels ils exploitent une distillerie, probablement dans le but de produire de l'alcool pour le commerce des fourrures et pour la consommation locale. L'entreprise connaît dès le départ de sérieuses difficultés financières, certainement dues à la concurrence féroce exercée par les alcools de mauvaise qualité importés d'Angleterre et des Caraïbes, et fait faillite en 1795, laissant à Thomas une dette personnelle de plus de 1 200 £ [32]. En 1793, ayant dissous son association avec King [33], il participe à des entreprises de plus petite envergure, remplissant notamment des contrats d'approvisionnement en bois [34].

En 1796, accablé par une dette de plus de 1 800 £ dont la moitié est due à son ancien associé George King, Thomas doit déclarer faillite. N'ayant que peu de revenus, il confie ses affaires à son neveu par alliance Patrick Langan et s'embarque pour l'Irlande à l'automne de l'année 1796, en apparence pour s'occuper de la vente des propriétés qu'il y posséderait, mais peut-être aussi pour éviter ses créanciers. De là, il maintient des relations d'affaires avec le Canada, s'engageant dans un autre échec commercial, soit l'expédition de toiles de lin et d'autres marchandises irlandaises à Montréal en échange de produits bas-canadiens comme la potasse et le blé (fournis par son neveu Langan), ainsi que des peaux (fournies par son beau-frère Josiah Bleakley). Il essaie également d'éviter la faillite en louant le reste de ses propriétés montréalaises, y compris sa maison [35]. Mais il ne retournera à Montréal qu'en 1805, année où sa stratégie financière prend une toute nouvelle orientation.

Richesse foncière

Si l'on peut penser que les premières générations de McCord à s'être installées au Canada se seraient définies comme des marchands et les deux dernières comme des connection with the trade which Creighton, and Fernand Ouellet after him, characterize as the backbone of the Lower Canadian economy.[26] Rather, he was a general import-export merchant: from his house and store on La Fabrique Street, he supplied the inhabitants of the city of Quebec, and in particular the officers and soldiers of the British garrison, with a variety of goods including haberdashery, groceries (sugar, tea, rum, spices) and hardware, mainly imported from England.[27] Nor was John an unqualified economic success: caught in the traditional mercantile trap of overextended credit, by 1789 he owed almost £7,000, mostly to his English suppliers, while his moveable assets amounted to only £6,400, £4,800 of which were debts due to him and thus not readily liquefiable.[28] To stave off bankruptcy he transferred his assets to a person acceptable to his creditors, in this case his son, John Junior, and retired from business.[29] He then went to live with his younger son, Thomas, in Montreal, where he died in 1793, virtually penniless.[30]

John McCord Junior continued in the mercantile course charted by his father, having started to work in the family enterprise in 1762 as a fifteen-year-old boy. When he assumed control of the indebted business in 1789 he took immediate steps to preserve the basis of the family's operations, the house and store on La Fabrique Street, exploiting family connections and personal credibility to stave off bankruptcy. He convinced his creditors to write off half the debts, placing the remainder on a fixed repayment schedule; and he used the civil-law device of a "sheriff's sale" of the family property to his brother-in-law, Malcolm Fraser, to avoid judicial seizure by other less accommodating creditors. Through careful management, helped by a strong retail market, his business by 1795 was free of major encumbrances.

John McCord Junior spent the remainder of his life as a retail merchant, an accepted member of Quebec's commercial bourgeoisie although not a major player, never expanding beyond his father's original house and store on La Fabrique Street. The experiences of his father and brother had apparently soured him to the sorts of risky credit ventures that had sunk them. The notaries who assessed his estate after his death in 1822 found almost no outstanding debts, and a sum of over £6,000 in cash hidden in a strongbox; this was an indication of extreme conservatism in an era in which business, and retail business in particular, ran largely on credit.

John McCord Junior's estate was worth a total of almost £13,000, including the £6,000 in cash. Having never married, he left £500 to his brother Thomas; £1,250 to Mary McCord, Thomas's daughter, who had looked after him in the latter years of his life; and the rest, apart from a few minor legacies, to his sister Margaret McCord. As she was married to Josiah Bleakley, in theory the McCord estate largely passed from male McCord hands into those of Margaret and her Bleakley children.[31] But as we shall see below, a good portion of this remained directly under the control of McCord men, primarily through the actions of John Junior's executor, his brother Thomas McCord.

Unlike John McCord Junior, Thomas McCord, the second son, did not have a place in his father's business. We see him first in 1774 in Montreal in partnership with George King, probably in the import-export business. Sometime before 1787 the firm of King and McCord entered into a partnership with a number of leading Montreal fur-trading merchants, including Todd and McGill and Levy Solomon (whose daughter Thomas later married), and the prominent merchants Forsyth and Richardson, in order to operate a local distillery, probably to produce alcohol both for the fur trade and for local consumption. The firm was in serious financial difficulty from the start, doubtless because of overwhelming competition from cheap liquor imported from England and the Caribbean; and by 1795 it had failed, leaving Thomas personally indebted for over £1,200.[32] In 1793 he had dissolved his partnership with King,[33] and was involved in smaller-scale business ventures, particularly wood-supply contracts.[34]

By 1796, with £1,800 or more in debts, including some £900 owing to his former partner George King, Thomas was forced into bankruptcy. With little in the way of income, he placed his affairs in the care of his nephew by marriage, Patrick Langan, and left for Ireland in the fall of 1796, ostensibly to arrange the sale of properties he apparently owned there, but perhaps also to avoid his creditors. He maintained business links with Canada during his stay: as part of an unsuccessful commercial venture, he experimented with sending linens and other local Irish goods to Montreal in return for Lower Canadian products like potash and wheat (supplied by his nephew, Langan), and skins (supplied by his brother-in-law, Josiah Bleakley); and he also tried to stave off bankruptcy by renting out the remainder of his Montreal properties, including his home.[35] But he only returned to Montreal in 1805, at which time his financial strategy would take a decidedly different turn.

Landed Wealth

Although the first McCords in Canada would have described themselves as merchants and the last two generations as jurists, it was mainly the wealth derived from seigneurial land and from the subdivision of their mountain estate that allowed the last two generations of McCords to indulge their interest in collecting Canadian artifacts. The initial source of their capital was seigneurial property leased from two Roman Catholic female religious communities; later they benefited from the rising value of their estate on Mount Royal in the Square Mile.

Within a few years of arriving in Canada, John McCord had acquired premises connected to his needs as a merchant, but he did not engage to any great extent in property speculation. The properties granted him by Murray in 1765-1766 consisted of a combination house and store on Saint-Nicolas Street, and a wharf and warehouse complex near the King's Docks, both necessary to his commercial enterprise. After these were burnt by the British garrison during the American siege of 1775-1776, John apparently rebuilt on part of the Saint-Nicholas site, and then sold it in 1782 in order to acquire the house and store on La Fabrique Street. Aside from two other properties which he acquired briefly as mortgage security, John's only other land holding was a 1,300-acre concession in the Gaspé granted jointly to himself and Felix O'Hara, from which John did not apparently benefit.

It was Thomas McCord who was the first to speculate extensively in real estate. Although primarily active as a Montreal merchant in the 1780s and early 1790s, he also began to invest in property: at first, by buying small lots in newly-opened townships,[36] and then, in the key move of his

Portrait de Thomas McCord, Louis Dulongpré, 1816, huile sur toile (M8354).

Portrait of Thomas McCord, Louis Dulongpré, 1816, oil on canvas (M8354).

hommes de loi, il reste que c'est principalement la fortune provenant des terres seigneuriales et de la subdivision de leur domaine situé sur le mont Royal qui permet aux deux dernières générations de donner libre cours à leur intérêt pour la collection d'artefacts canadiens. La source initiale de leur capital provient des propriétés seigneuriales louées auprès de deux communautés religieuses féminines catholiques; par la suite, les McCord bénéficieront de l'augmentation de la valeur du domaine qu'ils possédaient sur le mont Royal dans le « mille carré ».

Quelques années après son arrivée au Canada, John McCord fait l'acquisition des propriétés nécessaires à ses activités commerciales, mais il ne sera jamais un spéculateur extrêmement actif. Les propriétés que lui accorde Murray en 1765-1766 consistent en une maison et un magasin situés rue Saint-Nicolas, de même qu'un quai et un entrepôt près des Quais du Roi, tous deux nécessaires à ses activités. Lorsque ces propriétés sont incendiées par la garnison britannique lors du siège américain de 1775-1776, John fait apparemment reconstruire un bâtiment sur une partie du site de la rue Saint-Nicolas, bâtiment qu'il revendra en 1782 pour acheter la maison et le magasin situés rue de la Fabrique. Outre deux autres propriétés qu'il détient brièvement à titre de garantie hypothécaire, le seul autre terrain que John possédera sera une concession de 1 300 acres située à Gaspé, accordée conjointement à lui-même et à Felix O'Hara, dont John ne semble pas avoir bénéficié.

Thomas est le premier McCord à s'engager à fond dans la spéculation immobilière. Au départ actif surtout comme marchand montréalais dans les années 1780 et au début des années 1790, il commence aussi à investir dans des terrains, achetant tout d'abord de petits lots situés dans des cantons nouvellement établis [36], puis louant deux parcelles à l'ouest de Montréal, le fief Nazareth et la concession Sainte-Anne, ce qui sera le geste le plus important de sa vie.

En 1792, Thomas McCord signe un bail de 99 ans (rente emphytéothique) avec les Sœurs de l'Hôtel-Dieu pour le fief Nazareth. Également appelé la « Grange des Pauvres », le fief a été concédé aux Sœurs par de Maisonneuve en 1654 [37]. Enjambant la route menant à Lachine (l'actuelle rue Wellington), le fief de cent arpents, sur lequel ont été construits un manoir, une grange, une écurie en pierre et des moulins à farine, sert jusque-là de ferme aux Sœurs [38]. Un an après, Thomas McCord obtient de la Congrégation de Notre-Dame le domaine de neuf arpents et quatre-vingt-cinq perches appelé Sainte-Anne, sous forme d'une « rente foncière perpétuelle et non rachetable [39] ». Du côté sud de la propriété se dressent un moulin à vent et la maison en bois du meunier. Les historiens Louise Dechêne et Alan Stewart ont tous deux démontré le succès avec lequel les marchands, entre autres, ont exploité le système seigneurial dans un contexte urbain. Car, si Thomas McCord ne cherche pas à mettre en valeur le fief Nazareth durant la première décennie du bail, il ne peut ignorer les activités de promoteurs comme Toussaint Pothier et Pierre Foretier qui subdivisent les fiefs de Lagauchetière et de Closse dans le faubourg Saint-Laurent [40].

Les propriétés des McCord sont situées sur les plaines s'étendant au sud-ouest des fortifications de Montréal. La carte de Chaussegros de Léry de 1729 [41] et d'autres cartes montrent bien un site entouré et planté de vergers mais, selon des relevés contemporains, la région est essentiellement une « prairie » ou un ensemble de « prairies noyées », et l'on y mentionne « l'exiguïté du terrain et l'insalubrité de l'air »; le fief même est décrit dans des documents notariés comme une « prairie » partiellement « arable ». Selon l'inventaire d'un

Portrait de William King McCord, vers 1850, daguerréotype (Mp495).

Portrait of William King McCord, about 1850, daguerreotype (Mp495).

life, by leasing two parcels of land just to the west of Montreal – the Nazareth Fief and the Sainte-Anne concession.

In 1792 Thomas McCord took a ninety-nine-year lease (*rente emphytéothique*) on the Nazareth Fief from the Sisters of Hôtel-Dieu. Also called the Poor Barn (*Grange des Pauvres*), the Nazareth Fief had belonged to the Sisters since 1654, when they obtained it from de Maisonneuve.[37] Straddling the road to Lachine (now Wellington Street), the hundred-*arpent* fief, with its manor, barn, stone stable and flour mills, served as a farm for the Sisters.[38] A year later, Thomas McCord obtained from the Congregation of Notre Dame the nine-*arpent* eighty-five-*perche* tract known as Sainte-Anne in the form of a "perpetual and non-redeemable ground rent".[39] On the south side of the property were a windmill and a wooden house for the miller. Historians Louise Dechêne and Alan Stewart have both demonstrated the skill with which merchants and others exploited the seigneurial system in an urban context. While Thomas McCord was not active in developing the Nazareth Fief during the first decade of his lease, he could not have been unaware of the activities of developers like Toussaint Pothier and Pierre Foretier, who were subdividing the Lagauchetière and Closse fiefs in the Saint-Laurent suburb.[40]

The McCord properties were located on the flats to the south-west of Montreal's fortifications. Although the 1729 Chaussegros de Léry map[41] and other maps show orchards on and around the site, contemporary accounts describe the area as essentially "meadow" and "water meadows", mentioning "the meagreness of the terrain and the unhealthy air"; the fief itself is described in notarial documents as "meadow" and partly "arable". An eighteenth-century census of a neighbouring domain suggests that the land was mainly used as pasture.[42] In the early-nineteenth century, as the city grew, this area was invariably referred to as swampy, susceptible to flooding and unsuitable for housing construction.

The fief had significant water resources on two sides: it was separated from the city walls by a metre-wide creek, the Rivière Saint-Pierre. Earlier in the eighteenth century, this creek provided seasonal water-power for small mills, and the Sulpicians ditched it to improve its flow; it presumably also provided water for the Charron brewery established on its banks on what became the Grey Nuns' property. However, by 1800 the creek served as an open sewer for Montreal; refuse was piled so high on its banks that the Grey Nuns had to climb a bank of garbage once across the bridge that linked their convent to the city.[43] By the 1830s the city had covered parts of the creek and had built the Sainte-Anne Market over it. To the south the fief was only separated from the St. Lawrence River by the road that followed the riverbank.

The fief was surrounded by other important seigneurial institutions. It adjoined the commons, an area that served a variety of functions as a grazing ground, a Native campground, an area of exchange in the fur trade between merchants and Natives; it was here that the Seminary had its important Sainte-Anne *banal* windmill, where the local farmers were obliged to have their grain ground. To the east, the fief adjoined the Grey Nuns' convent at Pointe à Callières. Their general hospital provided care for the sick, for foundlings, and for the deranged. Besides a large farm that produced tobacco as one of its crops, the nuns had a bakery and ice house; they used beach stones to produce chalk and sand, and their property also included a ferry dock for service across the St. Lawrence to Longueuil.[44]

On two sides, the fief faced properties of the seigneurs of the island of Montreal, the Sulpician Fathers of the Séminaire domaine avoisinant effectué au dix-huitième siècle, le terrain sert surtout de pâturage [42]. Au début du dix-neuvième siècle, alors que la ville s'étend, le site est invariablement décrit comme marécageux, propice aux inondations à défaut de l'être aux constructions.

Des points d'eau importants baignent le fief de deux côtés. Celui-ci est séparé des murs de la ville par un cours d'eau d'un mètre de largeur, la petite rivière Saint-Pierre. Au début du dix-huitième siècle, cette rivière fournissait aux petits moulins la puissance hydraulique nécessaire aux activités saisonnières, et les sulpiciens l'avaient creusée afin d'en améliorer le débit. Il se peut qu'elle ait également approvisionné en eau la brasserie Charron établie sur ses rives, sur ce qui devint la propriété des Sœurs Grises. En 1800 cependant, la rivière est devenue un véritable égout à ciel ouvert : les détritus s'empilent si haut sur ses rives que les religieuses doivent escalader un talus d'ordures après avoir traversé le pont qui relie leur couvent à la ville [43]. Dans les années 1830, certaines parties de la rivière sont comblées et la ville y fait construire le marché Sainte-Anne. Au sud, le fief n'est séparé du Saint-Laurent que par la route qui en longe la rive.

Le fief est entouré d'autres institutions seigneuriales notoires. Il jouxte la Commune, endroit qui remplit plusieurs fonctions : pâturage, campement autochtone et lieu d'échanges entre marchands et autochtones pour le commerce des fourrures; c'est également là que se trouve l'important moulin à vent banal Sainte-Anne du Séminaire (où les métayers locaux sont tenus de faire moudre leur grain). Du côté est, le fief est attenant au couvent des Sœurs Grises à Pointe à Callières. Leur Hôpital Général prodigue des soins aux malades, aux enfants abandonnés et aux malades mentaux. Outre une grande ferme où l'on cultive entre autres le tabac, les religieuses possèdent une boulangerie et une glacière, et utilisent des galets pour produire de la craie et du sable. Leur propriété comprend encore un quai où peut accoster le traversier assurant le service jusqu'à Longueuil, de l'autre côté du Saint-Laurent [44].

Le fief fait face sur deux côtés aux propriétés des seigneurs de l'île de Montréal, les sulpiciens du Séminaire de Montréal. De l'autre côté de la rivière Saint-Pierre s'élève le collège du Séminaire où, dans un cadre semi-rural, les frères assurent l'éducation de l'élite masculine de Montréal. À l'extrémité ouest du fief se situe l'immense domaine Saint-Gabriel du Séminaire. Les sulpiciens y possèdent un important complexe agricole comprenant des écuries, des bergeries, des granges, des entrepôts pour le grain banal reçu à leurs moulins seigneuriaux, des pâturages et des champs entretenus par leurs fermiers. Du bois de chauffage et du grain y sont entreposés pour les pauvres de l'Hôtel-Dieu, pour les Sœurs Grises, pour le collège et pour le Séminaire [45].

Le fief Nazareth occupe une position stratégique pour le transport routier dans la région de Montréal. Il est traversé par la route menant à Lachine, importante voie commerciale vers l'ouest, et un sentier utilisé par les autochtones pour rejoindre le mont Royal (l'actuelle rue de la Montagne) en longe l'extrémité sud-ouest. Bien que le Montréal d'avant l'ère industrielle prenne lentement son essor à la fin du dix-huitième siècle, cette propriété apporte à Thomas McCord des biens dont la valeur ne peut que considérablement augmenter : sources d'eau et accès au fleuve, moulin à vent, pâturages et terres arables à proximité de Montréal, importantes routes de transport et grande terre inexploitée juste au-delà des fortifications de la ville [46].

Les contrats de 1804, de 1818 et de 1840 indiquent que les Sœurs de l'Hôtel-Dieu permettent la subdivision de certaines parties du fief [47]. Les contrats de 1804 et de 1818 autorisent la subdivision des deux tiers du fief et celui de 1840 celle du dernier tiers. En vertu de ces actes, les lots peuvent être cédés en unités de 4 050 pieds (1 234 mètres) « à rente foncière et perpétuelle ». Selon le contrat de 1804, les Sœurs doivent toucher le sixième du prix d'achat des lots (moins dix pour cent de frais de recouvrement). Les Sœurs doivent approuver tous les projets de subdivision; tous les lots peuvent être frappés d'une charge seigneuriale de « six deniers de cens » et d'un « droit de retrait » et de « lods et ventes ». Le droit de retrait constitue un moyen efficace de s'assurer que les prix de vente reflètent la valeur du marché. Les lods et ventes représentent une importante surtaxe sur l'amélioration des terrains et l'augmentation de leur valeur et contribuent grandement à redresser la situation financière de l'Hôtel-Dieu au milieu du dix-neuvième siècle. En 1859, les Sœurs avaient récupéré 15 000 £ d'arrérages, dont la majeure partie provenait des lods [48]. Elles accumulent aussi un important capital grâce à la commutation des lots du fief Nazareth en tenures franches.

S'il est vrai que ces propriétés vont constituer le cœur de sa fortune au début du dix-neuvième siècle, Thomas McCord semble pourtant, dans les années 1790, se contenter d'y vivre comme un gentleman-farmer, occupant la grande ferme en pierre appelée la Grange des Pauvres, cultivant un vaste jardin et louant un moulin à vent à un meunier [49]. Des années plus tard, il affirmera qu'il avait toujours eu l'intention de diviser la propriété en lots à bâtir; cependant, exception faite de la location du moulin à vent et d'un petit lot pour la somme d'origine de 10 £ à son associé dans le commerce du bois [50], il n'exploitera les propriétés qu'après l'augmentation de leur valeur, après son retour d'Irlande en 1805.

Pendant le séjour de Thomas McCord en Irlande, Patrick Langan, l'administrateur de ses biens, s'arrange pour prendre le contrôle de ses terres. En 1801, il commence à regrouper les propriétés louées auprès des ordres religieux, obtenant du Séminaire de Montréal la concession d'une étroite bande de terre longeant l'avant du fief Nazareth, et louant à perpétuité un petit lot adjacent à la concession Sainte-Anne [51]. Il commence aussi à racheter en son nom les dettes de Thomas, notamment la somme due aux cessionnaires de la Compagnie de la distillerie de Montréal. En 1803, il poursuit Thomas pour non-paiement, obtient gain de cause et procède à une vente par shérif des propriétés de Thomas qu'il achète lui-même [52]. Un mois plus tard, Langan vend l'ensemble de ses propriétés à Mary Griffin, l'épouse de Robert Griffin duquel Langan les avait initialement louées [53]. À leur tour, les Griffin passent l'année suivante à faire arpenter et à louer des lots à bâtir.

Tout cela se passe dans le dos de Thomas dont le principal lien avec le Canada est Langan lui-même. Cependant, de retour au Canada et après une période de trois ans qu'il consacre apparemment à reprendre ses affaires en main, Thomas intente une poursuite en justice pour récupérer sa propriété d'antan, gagne sa cause devant la Cour du Banc du Roi en 1808, devant la Cour d'appel en 1809 et devant le Conseil privé en 1812 [54].

Si Patrick Langan, les Griffin et Thomas McCord sont tous prêts à aller aussi loin pour prendre ou reprendre possession de cette propriété, c'est en grande partie à cause de l'augmentation considérable de sa valeur, due notamment au changement d'utilisation des terres entourant le fief. En 1805, de Montréal. Across the Rivière Saint-Pierre was the Seminary's college, where in a semi-rural setting they educated Montreal's male elite. At the western end of the fief was the Seminary's large Saint-Gabriel domain; here the Sulpicians had a major farm complex - stables, sheep pens, barns, warehouses for the *banal* grain collected at their seigneurial mills, and pastures and fields tended by their farmers; firewood and grain were stocked here for the poor of the Hôtel-Dieu and for the Grey Nuns, as well as for use at the college and Seminary.[45]

The Nazareth Fief was strategically located for land transportation in the Montreal area. It was divided by the road to Lachine, an important commercial route to the west; along its south-west limit ran a trail used by Native people to reach Mount Royal (now rue de la Montagne). Although pre-industrial Montreal grew only slowly in the late-eighteenth century, the possession of this property gave Thomas important potential assets: water access and resources, a windmill, grazing lands and arable fields in sight of Montreal, important transportation routes, and a large undeveloped property just beyond the city fortifications.[46]

In contracts dated 1804, 1818 and 1840, the Hôtel-Dieu Sisters gave permission to subdivide parts of the fief.[47] The contracts of 1804 and 1818 permitted subdivision of two thirds of the fief, that of 1840 the last third. By these acts lots could be ceded in units of 4,050 feet "for a perpetual ground rent". In the 1804 agreement the Sisters were to receive one sixth of the purchase price of the lots (minus ten per cent which could be kept as the costs of collecting). The Sisters were to approve all subdivision plans, and all lots were subject to seigneurial charges of *six deniers de cens* (six quit-rent *deniers*), as well as the *droit de retrait* (right of first refusal) and *lods et ventes* (transfer dues). The *droits de retrait* were an important means of ensuring that sale prices reflected market value. *Lods et ventes* represented an important surtax on improvements and rising land values, and formed an important part of the Hôtel-Dieu's greatly improved financial situation in the mid-nineteenth century. By 1859 they had recovered £15,000 of *arrérages* (arrears), much of which was for *lods*.[48] The Sisters also gained important capital from the commutation of lands on the Nazareth Fief to freehold tenure.

While these properties would become the core of his wealth in the early nineteenth century, in the 1790s Thomas McCord appeared content to live on them as a gentleman farmer, occupying the large stone farmhouse called the *Grange des Pauvres*, keeping an extensive garden, and leasing the windmill on the property to a miller.[49] In later years he would claim that he had always intended to divide the property into building lots; however, apart from the lease of the mill and a small lot leased for a nominal £10 to his partner in the wood trade,[50] he did not develop the properties until their value became evident after his return from Ireland in 1805.

During Thomas McCord's absence in Ireland, his trustee Patrick Langan manoeuvred to bring Thomas's land under his own control. In 1801 he began consolidating the properties leased from the religious orders, obtaining from the Seminary of Montreal concession of a narrow strip of land along the front of the Nazareth Fief, and leasing in perpetuity a small lot adjacent to the Saint-Anne concession.[51] He also began buying up, in his own name, Thomas's debts, particularly the amount owing to the assignees of the Montreal Distillery Company. In 1803 he sued Thomas for non-payment, obtained judgement and proceeded to a sheriff's sale of Thomas's properties, which he bought himself.[52] A month later Langan sold his entire collection of properties to Mary Griffin, the wife of Robert Griffin to whom Langan had originally rented the properties.[53] The Griffins in turn spent the next year laying out and renting building lots.

The whole affair had passed without Thomas's knowledge, since his main contact with Canada was Langan himself. However, once back in Canada and after a three-year period when he was apparently re-establishing himself, Thomas sued successfully for the return of his erstwhile property, winning in the Court of King's Bench in 1808, in Appeal in 1809, and before the Privy Council in 1812.[54]

That Patrick Langan, the Griffins and Thomas McCord were all willing to go to such lengths to gain possession of this property was due largely to the considerable increase in its value, spurred mainly by changing land use around the fief. In 1805 Montreal and its suburbs had a population of 9,020; by 1815 this had almost doubled to about 15,000, and by the time Thomas died in 1825 the city and suburbs had a population of some 22,540.[55] Even more important was the fact that the latter years of Thomas's life coincided with a fundamental change in the spatial and economic function of what was still known as the *Grange des Pauvres*. In the first years of the century it became a housing and industrial area with shipyards and slaughterhouses. The development of the entire area changed with the advent of the Lachine Canal. In 1820 one arm of the canal was projected to cross the fief, and as late as 1822 Thomas was asking the Commissioners to fix the line of the canal across the fief so that buildings would not be constructed along the right of way.[56] Construction of the Canal began in 1821, and because of the cost of land, it was ultimately built just south of the fief across the commons.[57]

The Viger census, taken a year after Thomas McCord's death in 1824, showed some hundred workers' houses; the community was served by five bakers, three taverns and five grocers.[58] From a prairie where the McCords had lived as gentlemen farmers in the 1790s, the area containing Nazareth Fief and Sainte-Anne had become the very core of Montreal's industrial development, enabling Thomas McCord to make the transition from failed merchant to successful rentier.

The canal heralded construction work, industrialization and a changing urban environment. Even if the canal did not realize its industrial potential until the 1840s, it was becoming clear that the fief's meadows were destined to produce a different sort of hay. During construction of the canal (1821-1825), seventy-three lots were sold on the fief.[59] Alexander Gibb's map of 1823 shows substantial industrial development on the fief and surrounding area: a soap and candle works, a brickyard, a distillery and blacksmiths' shops.

This development was reflected in changing social relations on the fief. After his successful odyssey through the courts, Thomas McCord signed an agreement in 1814 with the Griffins and the Hôtel-Dieu, confirming his "full" possession of the fief.[60] In 1816 he hired André Jobin to survey a subdivision and in the same year advertised lots for sale.[61] Thomas's development of the fief brought a worried reaction from the Seminary, which saw its traditional rights of passage and hay collecting threatened. In 1816 the Seminary sent Thomas a sharp letter asking him for the

Eleanor Elizabeth McCord, 1861, photographie de William Notman coloriée à la main par John A. Fraser (M9777).

Eleanor Elizabeth McCord, 1861, photograph by William Notman, hand-coloured by John A. Fraser (M9777).

la population de Montréal et des environs s'élève à 9 020; en 1815, elle a presque doublé, passant à 15 000 et à la mort de Thomas, en 1824, elle a atteint environ 22 540 habitants [55]. Mais surtout il s'est produit, au cours des dernières années de la vie de Thomas, un changement fondamental dans la fonction spatiale et économique de ce que l'on appelle encore aujourd'hui la Grange des Pauvres. Au début du siècle, celle-ci devient un important secteur domiciliaire et industriel comprenant plusieurs chantiers navals et abattoirs. L'exploitation de tout le secteur est transformée par la construction du canal de Lachine. En 1820, on projette de faire passer l'un des bras du canal par le fief et ce n'est qu'en 1822 que Thomas demande aux commissaires de faire en sorte que le canal traverse le fief afin qu'aucune construction ne soit bâtie le long du droit de passage [56]. La construction du canal commence en 1821 et le prix des terres finit par en dicter l'emplacement, soit juste au sud du fief, à travers la Commune [57].

Le recensement Viger, effectué un an après la mort de Thomas McCord en 1824, dénombre alors dans ce secteur environ cent maisons de travailleurs, cinq boulangeries, trois tavernes et cinq épiceries [58]. Autrefois prairie où les McCord vivaient en gentlemen-farmers dans les années 1790, le secteur englobant le fief Nazareth et Sainte-Anne constitue maintenant le cœur de l'expansion industrielle de Montréal, faisant ainsi du marchand raté qu'avait été Thomas McCord un rentier prospère.

Le projet du canal annonce du travail de construction, une industrialisation accrue et une modification du paysage urbain. Même si le canal ne réalise son potentiel industriel que dans les années 1840, il devient tout à fait clair que le fief va prendre une autre dimension. Durant la construction du canal (1821-1825), soixante-treize lots situés sur le fief sont vendus [59]. La carte d'Alexander Gibb dressée en 1823 fait état d'une importante expansion industrielle sur le fief et dans la région avoisinante : savonnerie, briqueterie, distillerie et ateliers de forgerons et de fabrication de bougies.

Le changement d'orientation du secteur se répercute sur les relations sociales. Après sa fructueuse odyssée d'un tribunal à l'autre, Thomas McCord signe en 1814 une entente avec les Griffin et l'Hôtel-Dieu, confirmant son « entière » possession du fief [60]. En 1816, il charge André Jobin de subdiviser le terrain et met des lots en vente la même année [61]. L'exploitation du fief par Thomas inquiète le Séminaire qui voit ainsi son droit de passage traditionnel et sa fenaison menacés. En 1816, le Séminaire fait parvenir à Thomas une lettre cinglante lui demandant de faire preuve du respect « qu'on se doit entre voisins [62] ». Accusant Thomas d'avoir fauché le long de la route reliant la ferme Saint-Gabriel au collège, le Supérieur signale à Thomas que ce droit avait toujours été réservé au Séminaire. Mais la clôture que Thomas avait fait ériger et qui bloquait l'accès du Séminaire à la Commune irritait beaucoup plus les sulpiciens.

En tant que propriétaires fonciers, les McCord cherchent toujours à accroître la valeur de leurs terres. En 1796, trois ans seulement après avoir loué la propriété de Sainte-Anne, Thomas McCord envoie une requête au gouvernement pour que celui-ci lui concède les trente mètres séparant sa propriété du cours d'eau [63]. En 1816, il est devenu un magistrat influent et est membre de l'Assemblée législative. (Les magistrats administrent alors la ville et prennent les décisions importantes concernant la Commune, l'éclairage, les rues et l'ordre public. L'Assemblée jouera un rôle prépondérant dans l'établissement du trajet du canal de Lachine.) En 1823, Thomas McCord fait pression sur le Parlement pour faire construire un marché dans le secteur Sainte-Anne. En 1837, John Samuel McCord dépose une requête à la Ville demandant la permission de construire un canal de dix-huit mètres traversant la Commune de la ville et rejoignant le bassin que l'on prévoit aménager sur son terrain [64]. En 1840, John Samuel fait partie d'un groupe faisant pression sur le Séminaire pour que celui-ci trace le plan des rues de la future subdivision Saint-Gabriel et aligne celles-ci sur les rues principales de Sainte-Anne [65]. Et en

Portrait de David Ross McCord, John Davidson McCord, Robert Arthur McCord, enfants, vers 1847, daguerréotype (M496).

Portrait of David Ross McCord, John Davidson McCord, Robert Arthur McCord as children, about 1847, daguerreotype (M496).

respect "that neighbours owe each other".[62] Charging that Thomas had cut hay along the road between the St. Gabriel farm and their College, the Superior pointed out that this had traditionally been the Seminary's right. More serious for the Seminary was the fence that Thomas had erected blocking their access to the commons.

As landlords the McCords always took an active interest in improving the value of their lands. In 1796, just three years after leasing his Sainte-Anne property, Thomas McCord was petitioning the government for the hundred feet separating his property from the water.[63] By 1816 he was asserting his prominence as a magistrate and member of the legislative assembly. The magistrates governed the city, making important decisions about the commons, lighting, streets, and public order; the assembly would play a central role in deciding the route of the Lachine Canal. In 1823 Thomas McCord pressured the legislature to open a market in the Sainte-Anne area. In 1837 John Samuel McCord petitioned the city for permission to build a sixty-foot canal across the city common to join a projected canal basin on his land.[64] In 1840 John Samuel was part of a group pressuring the Seminary to lay out the streets in its projected Saint-Gabriel subdivision in line with the main streets of Sainte-Anne.[65] And in 1843 he sat on the Commission examining the future of seigneurial tenure.[66]

In 1814, the year that Thomas McCord regained control of his properties, the combined rent from the Congregation concession and the Nazareth Fief was just over £400, less about £80 in rents payable to the two religious orders. This *rentier* (property) income dramatically aided the McCord family finances, and Thomas McCord was soon receiving more income from this source than the £278 per annum he had been receiving since 1810 as a police magistrate. After 1818, when he began conceding additional lots in the Nazareth Fief through an agreement with the Hôtel-Dieu giving him the same rights as the Griffins,[67] his property income rose even higher. By the 1820s his net revenue from properties was more than twice that of his professional remuneration; in any case, the latter ceased in 1823, when he was removed from his legal posts for alleged abuses.[68] Thomas had become a full-fledged urban *rentier* or landlord: at his death in 1824, his net property income was just under £50 a month, while day labourers working on the Lachine Canal near the Nazareth Fief earned £2 to £3 a month.[69]

By 1840 the value of the fief was estimated at £27,616.[70] While there is some confusion in the rent books and accounts, it is clear that both John Samuel and William King McCord were receiving substantial rents in the 1840s. In 1843 John Samuel received rents of £1,116 from 114 property-holders, while his brother received £1,035 from 133 property-holders.[71]

This industrial and urban development did not, however, completely replace earlier customs and forms of payment. At least some of the purchasers paid the McCords with work, food or other goods that they produced.[72] Until 1824 the McCords kept a register showing "day work" done as part of rent payments: one property-holder paid his rent in bread; in 1822, £261 was paid in the form of labour.[73]

While revenues from land and professional income were adding to the McCord wealth, it is significant that Thomas's largest source of income between 1810 and 1824 was neither property nor professional activities, but rather a series of substantial loans that he took out between 1818 and 1824, with a net revenue after interest payments of more than £6,600, or almost twice the total net revenue from his properties. Since he did not discharge any of these obligations before his death, they represented loans against his heirs.

Almost half of this credit income stemmed from his management of the estate of his brother, John Junior. As was noted above, John had left an estate worth some £13,000, the bulk of which he willed to Margaret McCord, with a substantial legacy to Mary McCord, Thomas's daughter. As

1843, il fait partie de la commission chargée d'examiner l'avenir du régime seigneurial [66].

En 1814, année où Thomas McCord reprend possession de ses propriétés, la location de la concession de la Congrégation et du fief Nazareth lui rapporte un peu plus de 400 £, moins 80 £ environ de loyers payables aux deux communautés religieuses. Ce revenu de rentier contribue grandement à améliorer la situation financière de la famille McCord et bientôt, le revenu provenant de cette source dépasse les 278 £ par année que Thomas reçoit depuis 1810 à titre de magistrat de police. Après 1818, lorsqu'il commence à concéder des lots additionnels sur le fief Nazareth en vertu d'une entente avec l'Hôtel-Dieu lui accordant les mêmes droits que les Griffin [67], ses revenus fonciers s'accroissent davantage. Dans les années 1820, le revenu net de ses propriétés équivaut à plus du double de ses honoraires professionnels. Quoi qu'il en soit, sa carrière juridique prend fin en 1823 lorsqu'il est démis de ses fonctions en raison de possibles abus [68]. Thomas devient alors rentier ou propriétaire urbain à part entière : à sa mort, en 1824, son revenu foncier net est très légèrement inférieur à 50 £ par mois, alors que le salaire des ouvriers travaillant de jour à la construction du canal de Lachine près du fief Nazareth est de 2 à 3 £ par mois [69].

En 1840, la valeur du fief est évaluée à 27 616 £ [70]. Bien que les chiffres des registres et livres de location ne soient pas tout à fait clairs, il est certain que John Samuel et William King McCord encaissent des loyers considérables durant les années 1840. En 1843, John Samuel reçoit 1 116 £ de loyers de 114 possesseurs de terres et son frère 1 035 £ de 133 possesseurs de terres [71].

Malgré cet essor industriel et urbain, certaines coutumes et formes de paiement anciennes prévalent encore. Ainsi, certains acheteurs paient les McCord sous forme de travail, de denrées ou d'autres biens qu'ils produisent [72]. Jusqu'en 1824, les McCord tiennent un registre dans lequel est inscrit le « travail journalier » accompli à titre de versement locatif : l'un des possesseurs de terre acquitte son loyer en pain. En 1822, la somme de 261 £ est réglée sous forme de travail [73].

Si les revenus fonciers et les honoraires professionnels viennent accroître la fortune des McCord, il importe de noter qu'entre 1810 et 1824, Thomas tire la plus grande part de ses revenus non de ses terrains ni de ses activités professionnelles, mais plutôt d'un ensemble de prêts importants contractés entre 1818 et 1824 dont le total net, après intérêts, s'élève à plus de 6 600 £, soit près du double du revenu net que lui rapportent ses propriétés. Puisqu'il n'acquitta aucune de ces obligations de son vivant, force fut à ses héritiers d'en assurer le règlement.

Près de la moitié de ces revenus de crédit provient de la gestion de la succession de son frère John Junior. Comme nous l'avons déjà mentionné, John avait laissé quelque 13 000 £ dont il avait légué la plus grande part à Margaret McCord, avec un important legs à la fille de Thomas, Mary McCord. En tant qu'exécuteur testamentaire, Thomas est tenu de régler la succession et de payer les légataires. Cependant, bien qu'il ait reçu plus de 6 100 £ en espèces immédiatement après la mort de John Junior, en janvier 1822, et près de 2 700 £ provenant de la vente des biens meubles de la succession trois mois plus tard, il néglige apparemment ses devoirs, et ce dans son propre intérêt financier. En 1825, il doit encore environ 1 700 £ à Margaret en plus des 3 550 £ provenant de la vente de la maison et du magasin de son frère. En outre, il n'a toujours pas remis à Mary les 1 250 £ que lui avait laissées John Junior [74]. Thomas peut ainsi profiter de près du quart de la fortune de son frère, même si la part qui lui revient réellement ne s'élève qu'à 500 £.

Grâce aux revenus considérables qu'il tire de ses propriétés, de ses activités professionnelles et du crédit, Thomas peut jouir des fruits de l'abondance. Entre 1819 et 1822 par exemple, il se fait construire un domaine de plus de 1 850 £ sur le fief Nazareth [75]. Il ne se refuse également aucun luxe et dépense en moyenne 200 £ par année entre 1810 et 1824 pour l'achat de toutes sortes de denrées locales et importées [76]. Il achète les services en porcelaine les plus récents d'Angleterre, commande de coûteux meubles en acajou auprès des meilleurs ébénistes canadiens et se constitue une bibliothèque de quelques centaines de livres très variés : classiques, traités de loi et ouvrages de théologie [77]. Tout compte fait, Thomas mène la vie d'un riche gentilhomme, vivant vraisemblablement bien au-dessus de ses moyens et comptant de plus en plus sur le crédit.

Le fait que Thomas McCord soit de sexe masculin compte pour beaucoup dans sa capacité d'accumuler du capital et de le répartir. Nous avons vu comment sa fonction d'exécuteur testamentaire lui permet d'utiliser l'héritage de sa sœur. À sa mort, en 1824, sa succession doit être divisée en parts égales entre ses deux fils, John Samuel et William King, exception faite d'une somme de 1 250 £ à Mary pour couvrir le montant que lui avait légué John Junior, et de petits legs à des proches amis de la famille [78]. Ses nombreuses dettes, ses baux à long terme avec les communautés religieuses et ses revenus provenant de ses nombreux contrats de location font de sa succession un cas complexe et difficilement convertible en espèces. En tant que jeune avocat, John Samuel avait déjà commencé à gérer la succession pendant les derniers jours de son père; il continue donc d'assumer cette fonction à titre de fiduciaire pour son frère qui, du moins initialement, doit étudier la théologie à Cambridge. L'objectif de John Samuel est de maximiser les revenus de la succession. Il achète un bail à perpétuité sur un petit lot pour pouvoir relier le fief Nazareth aux faubourgs de Saint-Joseph au nord [79], concède de nouveaux lots, règle les petites dettes accumulées par son père et paie les intérêts sur les obligations plus importantes.

Jusqu'en 1841, John Samuel McCord continue à gérer la succession grâce à une procuration de son frère [80]. Il accroît constamment le revenu du fief Nazareth par le biais de nouvelles concessions, réussissant à plus que doubler le revenu net qui passe de 530 £ en 1825 à 1 260 £ en 1839, et signe une entente avec l'Hôtel-Dieu en 1840 lui permettant de concéder le dernier tiers du fief [81]. Il s'emploie aussi à tirer le plus de capital possible de la concession de la Congrégation, commutant des « rentes constituées » pour une valeur de près de 1 700 £ entre 1825 et 1840. Il acquitte également la majorité des petites dettes et des frais d'exploitation de la succession, soit une somme d'environ 4 260 £ [82]. En 1840, il a remboursé près de 1 400 £ sur les 7 800 £ de dettes importantes contractées par Thomas, tout en acquittant les frais d'intérêt sur la somme totale, et pris les dispositions nécessaires pour renouveler les dettes échues qu'il est incapable de payer. Enfin, durant la même période, il rembourse 4 180 £ à William King sous forme de versements réguliers [83]. Il est cependant moins prompt à rembourser l'Hôtel-Dieu : en 1840, il doit plus de 1 400 £ et est tenu de signer une dette de reconnaissance avant que l'ordre religieux ne consente à de nouvelles concessions [84]

La gestion de la succession permet à John Samuel d'accumuler un surplus considérable d'environ 600 £ par année, ce qui lui permet d'acheter des propriétés en son nom executor, Thomas was responsible for liquidating the estate and paying the legatees; however, despite receiving more than £6,100 in cash directly after John Junior's death in January 1822, and almost £2,700 from the sale of the goods and moveables of the estate three months later, he apparently neglected his duties, to his own financial advantage. By 1825 he still owed Margaret some £1,700, over and above the £3,550 due from the sale of his brother's house and store; and he had still not paid the £1,250 left by John Junior to Mary.[74] In this way, Thomas was able to make use of almost a quarter of his brother's fortune, even though the share actually left him was only £500.

With the considerable income that he derived from these three bases of property, profession and credit, Thomas could surround himself with the fruits of affluence. Between 1819 and 1822, for example, he built an estate on his Nazareth Fief property at a total cost of over £1,850.[75] Nor did he stint himself over personal luxuries, spending on average £200 per year between 1810 and 1824 on a wide variety of foods, both local and imported.[76] He purchased the latest fashions in china from England; he ordered expensive mahogany furniture from the best Canadian cabinetmakers; and his extensive library held some hundreds of volumes ranging from the classics to law and religion.[77] All in all, Thomas led the life of a wealthy gentleman; a life that apparently was well beyond his actual means and only sustained by large doses of ever-increasing credit.

There was a distinct gender factor in the accumulation and distribution of capital by Thomas McCord. We have seen how, as manager of his brother's estate, he was able to use his sister's heritage. At his death in 1824 he left his estate to be divided equally between his two sons, John Samuel and William King, save only a £1,250 legacy to Mary to cover the amount left her by John Junior, and a few small annuities to close family friends.[78] With its debt load, its long-term leases from the religious communities and its income from a collection of leases, the estate was complicated and not readily liquefiable. As a young lawyer John Samuel had already been managing the estate during his father's final illness, and he continued this function in trust for his brother, who at least initially was bound for divinity studies at Cambridge. John Samuel set about his task of maximizing revenues from the estate, acquiring a lease in perpetuity on a small lot to allow communication between the Nazareth Fief and the St. Joseph Suburbs to the north,[79] conceding new lots, discharging the small debts accumulated by his father and paying interest on the larger obligations.

Until 1841 John Samuel McCord continued to manage the estate under powers of attorney from his brother.[80] He steadily increased the income of the Nazareth Fief through additional concessions, more than doubling the net income from some £530 in 1825 to £1,260 in 1839, and securing agreement from the Hôtel-Dieu in 1840 allowing him to concede the remaining third of the fief.[81] He also set about extracting the maximum possible capital from the Congregation concession, commuting *rentes constituées* to the value of almost £1,700 between 1825 and 1840. He likewise discharged the majority of the small debts and operating expenses of the estate, some £4,260 in all.[82] By 1840 he had paid off almost £1,400 of the £7,800 in larger debts contracted by Thomas, as well as paying interest charges on the whole, and arranging for the renewal of those debts that came due but that he was unable to pay. Finally, he made regular payments to William King, amounting to £4,180 during the same period.[83] On the other hand, he was lax in his payments to the Hôtel-Dieu: by 1840 he was over £1,400 in arrears, for which he was forced to sign an obligation before the religious order permitted further concessions.[84]

John Samuel's management of the estate left him with a considerable personal surplus averaging about £600 per year, which allowed him to acquire properties of his own, separate from Thomas's estate. In 1832 he bought a house on Little St. James Street for £1,250, £700 of which he placed on credit.[85] In 1836 he bought a seven-*arpent* seventy-eight-*perche* lot to the west of Montreal for £500, placed on credit, where for about £860 he built the house he christened Temple Grove, which would later form the second great property basis of the family's wealth.[86] In 1839 he received usufruct and effective ownership of a house on Great St. James Street bought for £1,600, of which £300 was on credit.[87] This surplus also allowed him to disengage himself from the complications resulting from his father's promiscuous use of credit, and by the late 1840s he was able to discharge most of the debts associated with his share of the estate. Obviously affected by his father's reliance on credit, John Samuel McCord recorded in his diaries that he was praying to God to help him resist the temptation to live beyond his means.[88]

While John Samuel was developing his reputation as an effective lawyer and rentier, William King was becoming known as a prodigal son, getting into financial trouble as a student in England, probably because of excessive drinking and gambling, and staying out of jail for debt only through the intervention of a family friend[89] and the arrival of emergency funds from his brother. Over the next several years William King was perpetually in financial trouble and increasingly dependent on his brother to bail him out. Finally in late 1844 William King sold his share of the estate, essentially half of the Nazareth Fief and Sainte-Anne, plus all of his outstanding debts, to John James Day, for £8,000 payable over seven years.[90] A detailed agreement between Day and John Samuel made an even division of the lots on the Nazareth Fief, the rents associated with these, and the estate debts still outstanding, each receiving an even half-share worth just over £1,000 in annual rents.[91]

The Legal Profession

Although the first McCords in Quebec were essentially merchants and *rentiers*, their relatives were prominent in the legal profession. Arthur Davidson (1743-1807) emigrated to Canada in 1766 with a Master in Arts from King's College in Aberdeen, clerked in Quebec, and was admitted to the Quebec bar in 1771.[92] Within twenty years he had made a fortune in the law and was named Judge of the Court of King's Bench for the District of Montreal. One of the clerks in his office was David Ross (1770-1837) who, besides studying law, courted and married Davidson's daughter Jane. In the family tradition, their son Arthur Ross (1804-1871) opted for the law, studying at Trinity College, Cambridge and Lincoln's Inn before being admitted to the Lower Canadian bar.

It was Thomas McCord who signalled the shift in the McCord family's focus from mercantile to legal activities, much as he had initiated its move into property. The fact that

Portrait de Jane McCord, vers 1843, daguerréotype (Mp494).
Portrait of Jane McCord, about 1843, daguerreotype (Mp494).

propre, indépendamment de la succession de Thomas. En 1832, il achète pour 1 250 £, dont 700 £ à crédit, une maison située petite rue Saint-Jacques[85]. En 1836, il achète à crédit un lot de sept arpents et soixante-dix-huit perches situé à l'ouest de Montréal et valant 500 £, sur lequel il construit pour environ 860 £ une maison qu'il baptise Temple Grove et qui va devenir la seconde assise foncière de la fortune familiale[86]. En 1839, il devient usufruitier et propriétaire d'une maison située grande rue Saint-Jacques et payée 1 600 £, dont 300 £ à crédit[87]. Il peut ainsi se libérer des complications résultant de l'utilisation désordonnée du crédit par son père, et à la fin des années 1840 il est en mesure d'acquitter la plupart des dettes associées à sa part d'héritage. De toute évidence marqué par la façon dont son père faisait usage du crédit, John Samuel McCord écrit dans son journal qu'il prie Dieu de lui donner la force de résister à la tentation de vivre au-dessus de ses moyens[88].

Si John Samuel commence à se faire une réputation d'avocat compétent et de rentier prospère, William King apparaît de plus en plus comme le fils prodigue. Pendant ses études en Angleterre, il fait face à de sérieuses difficultés financières, probablement attribuables à l'abus d'alcool et au jeu, et seules l'intervention d'un ami de la famille[89] et l'expédition d'un fonds d'urgence par son frère lui évitent la prison. Durant les années qui suivent, il a de perpétuels problèmes d'argent et compte toujours sur son frère pour le tirer d'affaire. Bref, à la fin de l'année 1844, William King vend à John James Day sa part de la succession, constituée essentiellement de la moitié du fief Nazareth et de Sainte-Anne, plus toutes les dettes en souffrance, contre 8 000 £ payables sur sept ans[90]. Day et John Samuel signent une entente détaillée stipulant la division en parts égales des lots du fief Nazareth et des loyers y étant associés, ainsi que des dettes toujours impayées de la succession, chacun devant toucher annuellement un peu plus de 1 000 £ en loyers[91].

Les hommes de loi

Si les premiers McCord à venir au Québec sont essentiellement des marchands et des rentiers, la place qu'occupent leurs parents dans le domaine juridique est importante. Arthur Davidson (1743-1807), titulaire d'une maîtrise ès arts du King's College d'Aberdeen, émigre au Canada en 1766 et fait son apprentissage en droit au Québec avant d'être reçu au barreau du Québec en 1771[92]. En vingt ans, il fait fortune comme avocat et est nommé juge de la Cour du Banc du Roi du district de Montréal. L'un de ses employés est David Ross (1770-1837) qui, tout en faisant son droit, courtise sa fille Jane qu'il épousera. Conformément à la tradition familiale, leur fils Arthur Ross (1804-1871) embrassera la carrière d'avocat et fera ses études au Trinity College de Cambridge et à Lincoln's Inn avant d'être admis au barreau du Bas-Canada.

Tout comme il a été le premier McCord à investir dans l'immobilier, Thomas est l'instigateur du changement d'orientation professionnelle de la famille qui délaisse quelque peu le commerce pour le droit. S'il semble n'avoir reçu aucune formation juridique, Thomas jouera néanmoins un rôle important dans ce domaine durant les dernières décennies de sa vie. Au cours des années qui suivent les révolutions française et américaine, la population montréalaise s'oppose fortement aux taxes, aux travaux de voirie et aux instances décisionnelles locales, et il est normal qu'un marchand de la trempe de Thomas – quelle que soit sa connaissance du droit – remplisse les fonctions de magistrat. En 1788, Thomas est nommé juge de paix à Montréal et dans les années 1790 il est vraisemblablement magistrat pour plusieurs districts, l'équivalent d'un juge de cour municipal. Lors de son séjour en Irlande, pendant la rébellion de 1798, il est magistrat à Dublin, et en 1810, à son retour au Canada, il devient magistrat de police pour Montréal et reçoit un traitement annuel de 250 £ sterling qui constitue une part

Portrait de Anne McCord, vers 1850, daguerréotype (Mp493).

Portrait of Anne McCord, , about 1850, daguerreotype (Mp493).

he does not appear to have had any formal training in the law did not stop him from playing an active judicial role in the last decades of his life. In the years following the French and American revolutions, popular resistance to taxes, road work, and local authority was strong in Montreal, and it was normal for a merchant of Thomas's local standing _ whatever his knowledge of the law _ to serve as a magistrate. In 1788 Thomas became a Justice of the Peace for Montreal, and in the 1790s he was apparently a rotation magistrate, the equivalent of a regular municipal court judge. While in Ireland, he had been a magistrate in Dublin during the rebellion of 1798; and on his return to Canada he became a Montreal police magistrate in 1810 at an annual salary of £250 sterling. This stipend formed an important part of his income before he regained his properties. His appointment in 1811 as joint president of the Montreal Court of Quarter Sessions gave him additional power in local judicial and municipal affairs, although his salary remained the same. Like many of his peers in the commercial and legal elite, he was concerned by the confusion and polyjurality of Quebec law, and to help lawyers, he indexed the Provincial Ordinances and Statutes (1815).

William King McCord owed his first position as a magistrate in Sainte-Scholastique to the influence of his older, more stable brother John Samuel. William later served in various judicial posts from Quebec City to Montreal, the Ottawa Valley and Lotbinière. A man known for his red nose and proclivity for whiskey,[93] as police inspector of Quebec City he was responsible for supervising the taverns and streets. By the 1840s he was moving both geographically and in status up the Ottawa Valley. In 1840 he was appointed police magistrate of Sainte-Scholastique and a year later sheriff of the new district of Sydenham. In 1848 he became the first sheriff of the newly-created district of Ottawa and later was the region's first resident judge of the Court of Queen's Bench. During the troubles of 1849 he was commissioned as a special magistrate for Montreal to administer the police force, which was modelled on the Irish constabulary.[94]

John Samuel McCord's profile was different. Building on his marriage into the family of a judge, his own standing as one of Montreal's most prominent *rentiers,* with a strong intellect deeply marked by early Victorian values, he rose to the top of his profession. John Samuel was a member of the Brothers-in-Law Club, a dining club of elite barristers that in the 1820s included Frederick Griffin, William Badgley, John Boston, and his patron Samuel Gale. As a young lawyer he benefited from government patronage, serving as chairman of the Board of Works (1839) and as a Bankruptcy Commissioner (1840-1841). After only a few years of law practice that seems to have dealt primarily with the business of his family estate, mainly the Nazareth Fief, John Samuel was called to the bench in the same region where his father had sat as member in the Legislative Assembly, the county of Bedford. In 1842 he was appointed judge on the Saint-Jean circuit court, also sitting in courts in Saint-Hyacinthe, Beauharnois and Ottawa. Two years later he moved to the Missisquoi circuit, and in the judicial reorganization of 1857 was named judge of the Superior Court of the Bedford District; in 1864 his annual salary as a judge was $3,200 plus travelling expenses. Life as a circuit court judge was arduous, separating John Samuel from his family for weeks at a time. In November 1858, after being caught in a snowstorm, he recorded in his diary having spent the night of November 13 sleeping upright in a chair in the cabin of the ferry-boat the *Iron Duke,* freezing and miserable.[95] In 1860, for example, he was absent on circuit for seventy-six days.

John Samuel McCord's position as a superior court judge gave him important status beyond the Eastern Townships. He was a prominent member of the Montreal Bar Association, importante de son revenu avant qu'il ne reprenne possession de ses propriétés. En 1811, sa nomination à la coprésidence de la Cour des sessions trimestrielles de Montréal l'investit d'un plus grand pouvoir dans les affaires judiciaires municipales et locales, quoique son salaire demeure le même. Comme bien des membres importants de l'élite des affaires et du droit, Thomas est préoccupé par le manque de cohérence et la diversité des sources des lois du Québec, et il prépare à l'intention des avocats un répertoire des ordonnances et des lois provinciales (1815).

William King McCord doit son premier poste de magistrat à Sainte-Scholastique à son frère aîné John Samuel, plus stable que lui. Par la suite, il occupera diverses fonctions juridiques à Québec, à Montréal, dans la vallée de l'Outaouais et à Lotbinière. Reconnu pour son penchant pour le whisky [93], il est pourtant à Québec inspecteur de police responsable de la surveillance des tavernes et des rues. Dans les années 1840, il déménage dans la vallée de l'Outaouais où il assume des fonctions plus prestigieuses. En 1840, il est nommé magistrat du tribunal de police de Sainte-Scholastique, et un an plus tard shérif du nouveau district de Sydenham. En 1848, il devient le premier shérif du district nouvellement créé d'Ottawa; plus tard, il sera nommé premier juge résident de la Cour du Banc de la Reine de la région. Durant les troubles de 1849, il est muté à Montréal où il occupe les fonctions de magistrat spécial chargé de gérer les forces de police qui sont alors organisées sur le modèle de la gendarmerie irlandaise [94].

La carrière de John Samuel McCord est différente. Fort de son mariage avec la fille d'un juge, de sa propre situation comme l'un des rentiers les plus prospères de Montréal et de son intelligence aiguë profondément imprégnée des valeurs victoriennes traditionnelles, il parviendra au sommet de sa profession. John Samuel est membre du Brothers-in-Law Club, club sélect d'avocats qui accueille Frederick Griffin, William Badgley, John Boston et son patron Samuel Gale dans les années 1820. En tant que jeune avocat, il bénéficie de la protection du gouvernement, occupant les fonctions de président du Board of Works (commission des Travaux publics) (1839) et de commissaire aux faillites (1840-1841). Après quelques années seulement de pratique du droit au cours desquelles il semble s'être occupé principalement de la succession familiale, notamment du fief Nazareth, John Samuel est nommé juge dans la région même où son père avait siégé à l'Assemblée législative, le comté de Bedford. En 1842, il est nommé juge de la Cour de circuit de Saint-Jean, siégeant aussi à Saint-Hyacinthe, à Beauharnois et à Ottawa. Deux ans plus tard il est muté à la Cour de circuit de Missisquoi, et lors de la réorganisation judiciaire de 1857, il accède au poste de juge de la Cour supérieure du district de Bedford. En 1864 son traitement annuel de juge s'élève à 3 200 $, plus les frais de déplacement. La vie de juge de Cour de circuit était difficile : John Samuel pouvait être séparé de sa famille pendant des semaines. En novembre 1858, pris dans une tempête de neige, il écrit dans son journal avoir dormi le 13 novembre assis sur une chaise, dans une cabine du traversier *Iron Duke*, grelottant et déprimé [95]. En 1860 par exemple, son travail l'oblige à s'absenter soixante-dix jours.

Cette fonction de juge de la Cour supérieure investit John Samuel McCord d'un pouvoir important, dépassant la juridiction des Cantons de l'Est. Membre influent de la Montreal Bar Association, il présente des pétitions en faveur d'une réforme du droit civil et est l'un des premiers membres de la commission sur la tenure seigneuriale [96]. Les décisions qu'il prend (levée d'une taxe sur le franc et commun socage et lois municipales concernant la voirie) font jurisprudence et sont inscrites dans les *Rapports du Bas-Canada*.

La génération suivante des McCord est aussi constituée d'hommes de loi. Le fils de William King, Thomas McCord, pratique le droit à Québec et à Aylmer, est secrétaire de la commission de codification (1862-1866), fait son apprentissage à l'Assemblée législative du Québec (1867-1873) et auprès du juge de la Cour supérieure de Bonaventure (1873) puis de Gaspé (1873). À la fin de sa carrière, il est juge suppléant de la Cour de vice-amirauté (1884). Le fils de John Samuel, David Ross McCord, est également reçu au barreau (1868) après des études à McGill et un apprentissage chez Leblanc, Cassidy et Leblanc. Au début de sa carrière, il s'associe à Joseph Doutre et ouvre son propre cabinet, travaillant pour le compte de la Ville ainsi que pour des institutions et des industriels importants. Cependant, après le tournant du siècle, il vit principalement de ses rentes et délaisse la pratique au profit de ses collections.

La dernière génération

Contrairement à son père Thomas, qui a privilégié ses héritiers mâles, John Samuel prend des dispositions pour qu'à sa mort, qui surviendra en 1865, sa succession soit divisée en parts égales entre ses cinq enfants survivants : Jane Catherine, John Davidson, David Ross, Robert Arthur et Anne. Quant à sa femme, elle obtient l'usufruit de tout le domaine, incluant les loyers. Soucieux d'assurer le bien-être financier de ses filles, John Samuel inclut une autre clause dans son testament : puisque l'éducation et la formation professionnelle de ses fils a entraîné des dépenses considérables, chacune de ses filles doit recevoir 1 000 £ en plus de sa part d'héritage. Le testament contient en outre une clause typique de la prudence dont fait preuve John Samuel en ce qui concerne la gestion des revenus fonciers : si aucune commutation n'est effectuée entre l'Hôtel-Dieu et les censitaires du fief Nazareth, les exécuteurs doivent verser au moins un quart des loyers annuels provenant du fief dans un fonds d'amortissement, dont une partie doit servir à liquider les diverses obligations reliées à la propriété et l'autre à fournir du capital afin de remplacer le manque à gagner lors de l'expiration du bail de 99 ans, en 1891.

La mort de John Samuel annonce une autre période de difficultés financières pour les McCord puisque ses honoraires constituaient la moitié des revenus familiaux. Outre le fait que la tradition victorienne ne permet ni à sa veuve ni à ses filles d'envisager une autre vie que celle de femme mariée, il faudra du temps pour que ses fils parviennent à vivre de leur profession. John Davidson est profondément endetté après avoir ouvert sans succès un cabinet de médecin; la famille vient tout juste d'acheter pour Robert Arthur un coûteux brevet dans l'armée britannique et David Ross fait toujours son apprentissage dans un cabinet d'avocat.

Malgré ces ponctions financières, le nombre important de propriétés acquises par Thomas et par John Samuel représente un capital foncier considérable dans lequel les McCord peuvent puiser en temps de crise. Ils hypothèquent tout d'abord la propriété de la grande rue Saint-Jacques pour 3 200 $ en 1866 et, devant l'insuffisance de ces ressources complémentaires, tentent sans succès de vendre Temple Grove, alors devenue la principale résidence familiale. Ils presenting petitions in favour of civil law reform, and was an early member of the seigneurial commission.[96] His decisions on tithing in freehold soccage areas and on municipal road law established precedents and were recorded in the *Lower Canada Reports*.

The next generation of McCord men was also active in the law. William King's son, Thomas McCord, practised law in Quebec City and Aylmer, was secretary of the codification commission (1862-1866), law clerk of the Quebec Legislative Assembly (1867-1873), and Superior Court judge for Bonaventure (1873) and then for the Gaspé (1873); he ended his legal career as deputy judge of the Vice-Admiralty court (1884). John Samuel's son, David Ross McCord, was also admitted to the bar (1868) after studies at McGill and articling with Leblanc, Cassidy and Leblanc. David Ross had an early partnership with Joseph Doutre and an active law practice, in which he acted for the city and important industrial and institutional clients. However, after the turn of the century, he lived largely off his *rentier* income, relinquishing his law practice in favour of collecting.

The Last Generation

Unlike his father Thomas, whose will had favoured his male offspring, John Samuel passed his estate on his death in 1865 in equal shares to his five surviving children: Jane Catherine, John Davidson, David Ross, Robert Arthur and Anne. He made provision for his wife's widowhood by granting her usufruct of the entire estate, including rents. His concern for the economic well-being of his daughters was reflected in another clause of his will: since his sons' education and professional training had entailed significant expense, John Samuel settled a further £1,000 each on his two daughters over and above their shares. The will also contained another stipulation indicative of John Samuel's careful attitude towards the management of income from property: if no commutation was made between the Hôtel-Dieu and the *censitaires* (seigneurial tenants) of the Nazareth Fief, the executors were to put at least one quarter of the annual rents from the fief into a sinking fund, part of it to liquidate the various obligations associated with the property and the rest to provide capital to replace what would be lost when the ninety-nine-year lease expired in 1891.

The death of John Samuel signalled another period of financial difficulties for the McCords, since his professional income had represented half of the family's revenues. Aside from the fact that Victorian standards permitted his widow and daughters no career outside of marriage, his sons were slow to establish viable careers. With a medical practice that had failed, John Davidson was deeply in debt; the family had just purchased Robert Arthur an expensive commission in the British Army; and David Ross was still clerking with a law firm.

Despite these drains on the family resources, the large property base built up by both Thomas and John Samuel represented considerable landed capital, which the McCords were able to exploit in their time of crisis. At first they placed a $3,200 mortgage on the Great St. James Street property in 1866, and when this proved insufficient they tried to sell Temple Grove, by now the family's principal place of residence. Unable to sell it, they placed a $10,000 mortgage on the property and used the proceeds to liquidate outstanding debts, to buy a lieutenancy for Robert Arthur and to repair Temple Grove.

On Anne Ross's death in 1870 David Ross McCord exercised increasing control over the estate. Already in 1867 he had taken over management of Robert Arthur's share through a power of attorney, sending him small remittances to pay off his drinking and gambling debts, in a manner reminiscent of John Samuel's relationship with William King.[97] By 1870, on the verge of leaving for India, Robert Arthur sent David Ross McCord a letter in which he promised to "do everything in my power to assist you in transacting things just as you wish ... If you got ill now what an awful thing it would be, as I have no head for business at all."[98] When John Davidson died intestate in 1866, David Ross McCord thus had effective control over half of the estate, the other two quarters belonging to Anne and Jane Catherine; and since his sisters apparently had little interest in business either, the management of the entire estate fell to McCord himself.

If Thomas's handling of the family fortune was characterized by a carefree use of credit, and John Samuel's by careful planning, David Ross's management of the estate in the period between 1870 and 1900 was marked above all by a remarkable inattention to legal obligations, often with costly consequences. Already in 1871 the Hôtel-Dieu registered a protest over the estate's non-registration of the deeds relating to the Nazareth Fief, as was required by law; and McCord's continued disregard of the matter led eventually to a lawsuit and a judgement against the estate for $1,240 plus costs.[99] McCord also allowed the payments on the $10,000 Temple Grove mortgage to lapse, resulting in yet another lawsuit decided against the estate.[100] And he consistently ignored requests from the Seminary to pay them $2,400 owing from the commutation of Temple Grove in 1873, preferring to allow the interest to accrue, so that by 1900 the total owing was almost five thousand dollars.[101]

Perhaps the most revealing feature of David Ross McCord's management of the estate in this period, however, was his appropriation of Robert Arthur's quarter share through legal machinations.[102] By the 1880s David Ross McCord and his brother were involved in a long series of suits. These were based on a deed in which Robert Arthur's attorney, one John Taylor, a close friend of David Ross McCord, sold Robert Arthur's share in the estate to him for nothing more than the "love and affection" that Robert Arthur had for his brother, all while Robert Arthur was sick in England. The legal dealings and double dealings that followed, strangely reminiscent of the Thomas McCord – Patrick Langan affair, eventually culminated in a court settlement whereby Robert Arthur ceded his rights to his brother, in return for $2,000 plus a £200 sterling annuity during his life, and £100 sterling to his wife if she survived him.[103] In effect, since Robert Arthur died the following year, McCord had paid about $9,000 for an estate share that would bring in over $40,000 in the next forty years.

Apart from his actions against Robert Arthur, David Ross McCord seemed content to allow the various properties to produce their income while pursuing his career as a lawyer. His rents and professional income were, however, apparently not adequate: in 1882 he placed a $20,000 mortgage on the Great St. James Street property;[104] and in 1893 he sold the same for $53,000, probably to make up for the loss of the Nazareth Fief income.[105] Throughout the 1890s he made

Calendrier juridique du district de Montréal avec sessions des différentes cours établies par la loi et espaces pour inscrire les dates des audiences des procès pour faillites, enquêtes en vacances, etc., ayant appartenu à John Samuel McCord (M18163).

John Samuel McCord's "Legal Calendar for the District of Montreal, showing the terms of the several Courts fixed by Law, with spaces to insert the Days to be fixed for hearings in Bankruptcy Jury Trials, & Enquêtes in Vacation etc. etc." (M18163).

femmes ne s'intéressent guère aux affaires de la succession, se faisant souvent représenter par David Ross lorsque leurs signatures en tant que co-héritières sont requises.

En 1901, la fortune familiale prend encore un nouveau tournant. Le bail du fief Nazareth étant échu depuis longtemps et la propriété de la grande rue Saint-Jacques vendue, le principal bien immobilier des McCord est Temple Grove, domaine situé à environ deux kilomètres et demi de la vieille ville, sur le flanc du mont Royal, face à la Côte-des-Neiges.

Comme lieu de résidence, le mont Royal n'a rien à voir avec le fief Nazareth, ses terres marécageuses et la proximité des industries le long du canal de Lachine. Les pentes de la montagne sont depuis toujours renommées pour les villas et institutions prestigieuses qui s'y construisent, comme le domaine des sulpiciens situé sur Côte-des-Neiges, à l'ouest, les résidences des Molson et des Redpath, ou encore le domaine de Hugh Allan, Ravenscrag, qui surplombe le campus de l'Université McGill. Outre leur vue imprenable sur le Saint-Laurent, ces villas bénéficient des sources qui descendent le mont Royal. Au début du dix-neuvième siècle, lorsque le sommet du mont était encore boisé, les pentes étaient reconnues pour leurs vergers et leurs riches terres arables.

Vers la fin du dix-neuvième siècle, la valeur marchande des terrains situés sur le mont Royal ayant beaucoup augmenté, David Ross fait revivre la vieille notion de subdivision et de vente proposée pour la première fois à la fin des années 1860. En 1893, en faisant don à Montréal d'une bande de terrain d'environ dix-huit mètres de large au milieu de son domaine afin de permettre la construction de Cedar Avenue, David Ross a déjà augmenté la valeur de sa propriété tout en la rendant plus accessible. En 1901, les McCord vendent quatre lots à un promoteur pour la somme de 25 000 $ et échangent un an plus tard trois lots contre un pâté de maisons de rapport sur Montrose Avenue[106]. Ils vendent également au moins vingt et un des trente-deux lots entre 1900 et 1912, achetant en retour au minimum neuf propriétés à revenus à Westmount et à Montréal et jouissant de montants considérables en espèces. Ces propriétés rapportent un revenu locatif net de plus de 5 000 $ par année, soit plus qu'il n'en faut pour compenser la perte des rentes due à l'échéance du bail du fief Nazareth dans les années 1890[107].

Il est difficile d'établir de quelle façon cet important revenu est réparti entre les trois McCord survivants étant donné que la part d'héritage de chacun varie. La mort de Jane Catherine en 1914 complique davantage la situation puisqu'elle laisse son entière succession à David Ross, mais l'usufruit à sa sœur Anne; cela signifie que si David Ross conserve le capital de la part de revenus de Jane Catherine, Anne touche tous les intérêts courus sur ce capital[108]. Quoi qu'il en soit, David Ross ne tient en général aucun compte de ces calculs compliqués, se contentant tout bonnement de percevoir les loyers, de payer les dépenses de maison de ses sœurs et d'utiliser le reste dans son propre intérêt qui, au début du vingtième siècle, se résume à faire construire le McCord National Museum[109].

Pour ne pas déroger à la tradition familiale, David Ross fait régulièrement appel au crédit, notamment au crédit hypothécaire. Son curateur, W. D. Lighthall, fait la remarque suivante à la fin des années 1920 : « David a toujours administré sa succession à coups de dettes et d'emprunts, et sa situation était si précaire lorsque nous avons pris en charge ses affaires qu'il était presque insolvable, si bien que la moindre attaque de ses créanciers aurait signifié la faillite[110]. » En 1917 par exemple, David Ross avait, pour diverses propriétés, souscrit à huit hypothèques valant plus de 65 000 $ et payé 3 300 $ en frais d'intérêt. En fait, ses difficultés étaient telles qu'en 1904, certains de ses meubles avaient été saisis pour rembourser 445,20 $ de taxes municipales impayées[111].

En 1922, à l'âge de 78 ans, David Ross n'est plus en mesure de gérer sa succession. Il souffre d'artériosclérose et sait depuis 1921, ou même avant, qu'il est passible d'un jugement d'interdiction[112]. Le contrôle de sa succession et de celle d'Anne est assumé par W. D. et W. S. Lighthall, calculations had been regularly ignored by David Ross; throughout his management of the estate he had simply collected all rents, paid whatever housekeeping expenses his sisters required and used the balance for his own interests, which by the early-twentieth century were centred on building the McCord National Museum.[109]

Also in keeping with the family tradition was David Ross McCord's regular use of credit, particularly mortgages. As his curator, W. D. Lighthall, remarked in the late 1920s: "David always ran his Estate on debts and borrowed money, and the position was so threatening when we took it over from himself that it was practically insolvent, and a very slight attack by any one of his creditors would have precipitated it into the gulf."[110] By 1917, for example, David Ross had eight mortgages worth over $65,000 on the various properties and paid $3,300 in interest charges. Indeed, such were his difficulties that in 1904 various pieces of his furniture had been seized to satisfy $445.20 in unpaid municipal taxes.[111]

In 1922, at the age of seventy-eight, David Ross McCord was no longer able to manage his estate. He was suffering from arterial sclerosis, and since 1921 or even earlier had been aware of the possibility of interdiction.[112] Control of his estate, as well as that of Anne, passed into the hands of W. D. and W. S. Lighthall, who undertook to manage it as best as they could, selling the remainder of Temple Grove in 1929 for $65,000. At David Ross's death in 1930 the entire collection of McCord properties derived from the revenues of the sale of Temple Grove was valued at $367,000, of which Anne's share was $59,250.[113] In a final swap, Anne's estate (namely W. D. Lighthall, her universal legatee) took over the Montrose Avenue property plus some cash, and in return ceded its interests in all other properties to David Ross's estate (namely McGill University, his universal legatee). David Ross McCord's death marked the end of this line of the McCord family, leaving as its legacy what was to become the McCord National Museum.

Plan du parc du mont Royal, Montréal, indiquant la propriété des McCord, vers 1880 (M992.22.2).
Plan of Mount Royal Park, Montreal, showing McCord property, about 1880 (M992.22.2).

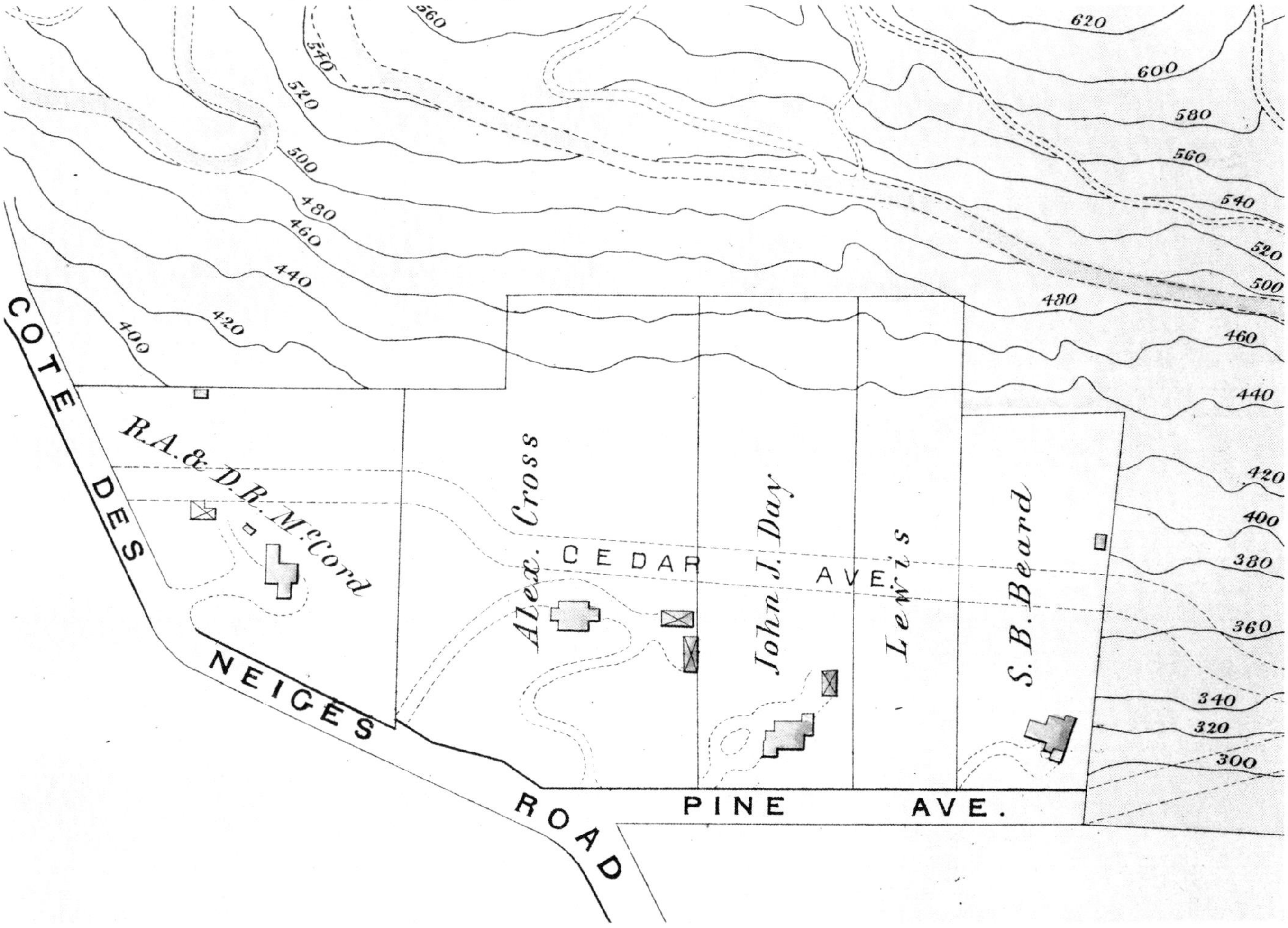

qui entreprennent d'en assurer la gestion du mieux qu'ils le peuvent, vendant le reste de Temple Grove en 1929 pour 65 000 $. À la mort de David Ross en 1930, l'ensemble des biens des McCord qui dérivent de la vente de Temple Grove est évalué à 367 000 $, la part d'Anne se chiffrant à 59 250 $[113]. Dans une ultime transaction, la succession d'Anne (soit W. D. Lighthall, son légataire universel) prend possession de la propriété de Montrose Avenue et d'une certaine somme d'argent, et cède en retour ses intérêts dans toutes les autres propriétés à la succession de David Ross (soit l'Université McGill, son légataire universel). Avec la mort de David Ross McCord s'éteint cette lignée de la famille McCord, qui laisse en héritage ce qui va devenir le McCord National Museum.

---

1 Belfast Public Records Office, M/C/P/3/2, congrégation de Milrow, registre des mariages et des baptêmes d'Antrim.

2 Edwards 1989, p. 251.

3 J.R.R. Adams, *The Printed Word and the Common Man: Popular Culture in Ulster*, Belfast, Queen's University Press, 1987, p. 34-48.

4 Edwards 1989, p. 242; Collection Crossle ms. 2205, p. 135.

5 Dublin Public Records Office, G.O. 539, Tenison Groves, *Names of Protestant Housekeepers 1740*, tome III, Toome Walk, comté d'Antrim, paroisse de Drumaul, Toome Barone, comté d'Antrim.

6 Collection Crossle ms. 2214, p. 193.

7 *Hibernian Magazine*, avril 1777, cité dans Collection Crossle ms. 2205, p. 94.

8 Edwards 1989, p. 174; Lewis, *Topographical Dictionary of Ireland*, Londres, 1837; *Newry Telegraph*, 28 avril 1853 (relatant des faits sur la ville de Newry en 1789) dans Collection Crossle ms. 2243, p. 87.

9 Collection Crossle ms. 2241 (i), p. 38.

10 *Newsletter*, Belfast, 27 mai 1760 et 30 janvier 1761.

11 Collection Crossle ms. 2206, p. 82.

12 *Gazette*, Dublin, 23 décembre 1800.

13 ANC RG1 L3L, Pétitions concernant la propriété foncière au Bas-Canada : John McCord à Murray, 1760, « que... [il] a grand besoin d'une maison pour lui et sa famille et d'un magasin pour sa marchandise » et qu'on lui accorde l'ancienne demeure du contrôleur de la marine, maintenant en ruines. Murray n'a semble-t-il pas d'objection puisque McCord occupera cette maison jusque dans les années 1770.

14 *Ibid* : John McCord à Murray, 5 avril 1764; John Hay, John McCord et Hertel de Rouville à Murray, 5 décembre 1765. Les terres demandées dans ces deux pétitions sont allouées les 13 novembre 1765 et 4 février 1766 respectivement.

15 *Ibid* : John McCord, William Gilliland (marchand de New York) et Felix O'Hara (commerçant de Gaspé) à Murray, 22 avril 1765, demandent les terres entourant les maisons, magasins et pêcheries qu'ils ont établis dans le port de Gaspé l'été précédent. Voir aussi Reginald Day, « Felix O'Hara », *DCB* V, p. 637, 638.

16 *Quebec Gazette*, 22 novembre 1764.

17 *Ibid*, 6 décembre 1764.

18 Le *Martha*, schooner jaugeant soixante tonnes, est mis en vente dans la *Quebec Gazette* du 29 septembre 1766 et dans des numéros ultérieurs au cours des années 1766 et 1767.

19 Creighton 1956, *passim*.

20 ANC MG21, AddMss 21661-21892; voir aussi H. Neatby, *Justice Under the Quebec Act*, Minneapolis, Minnesota University Press, 1937, p. 175-194.

21 G. P. Browne, « Guy Carleton », *DCB* V, p. 142.

22 Creighton 1956, p. 52; André Morel, « David Lynd », *DCB* V, p. 508.

23 Creighton 1956, p. 63. Selon une lettre versée aux dossiers du Continental Congress, John sympathise avec les Américains jusque dans les années 1780. En 1784, on juge qu'il est « utile pour examiner les réclamations adressées au Congrès au Canada » à la suite des pertes causées par la révolution américaine, et par conséquent probablement digne de confiance et favorable à la cause des rebelles (ANC MG23 B3, Papiers du Continental Congress, p. 25 : Melcher à Mifflin, 20 juin 1784).

24 Sylvio Normand, « James G. Hanna », *DCB* V, p. 406, 407.

25 Sur Alexander Fraser, voir W. G. Godfrey, « Alexander Fraser », *DCB* IV, p. 276; McM 1700 et 1701; et W. S. Wallace, « Alexander Fraser of Beauchamp », *Bulletin des Recherches Historiques*, n° 43, 1937, p. 176-179. Sur Malcom Fraser, voir Yvon Desloges, « Malcom Fraser », *DCB* V, p. 330, 331; et W. S. Wallace, « Notes on the family of Malcolm Fraser of Murray Bay », *Bulletin des Recherches Historiques*, n° 39, 1933, p. 267-271. Sur Josiah Bleakley, voir David A. Armour, « Josiah Bleakley », *DCB* VI, p. 72, 73.

26 Creighton 1956; Fernand Ouellet, *Economic and Social History of Quebec, 1760-1850: Structures and Conjunctures*, Ottawa, Carleton University Press, 1980, surtout p. 46-172.

27 Annonces publiées par la *Quebec Gazette*, 6 décembre 1764, 22 octobre 1767, 16 novembre 1780 et 2 mars 1786; ANQQ, Stewart NP 6 juillet 1789 : inventaire des effets de John McCord, joint au transfert de tous ses biens à John McCord Jr.

28 ANQQ, Stewart NP 6 juillet 1789 : transfert de John à John Jr.; et entente entre John Jr. et les créanciers de John.

29 ANQQ, Stewart NP 6 juillet 1789 : transfert de John à John Jr.

30 Seuls des vêtements et des livres figurent dans son « inventaire après décès ». Son unique bien aurait été une terre de 207 acres située en Irlande qu'il louait 70 £ et reloua 90 £ avant de la céder à ses fils John Jr. et Thomas trois jours avant sa mort (ANQM, Delisle NP 5 janvier 1795).

31 Même si l'argent hérité par Margaret de John Jr. est légalement le sien,le fait qu'elle soit mariée avec Josiah Bleakley sous le régime de la séparation des biens (ANQQ, Stewart NP 24 février 1798) fait qu'il servira à ses quatre enfants qui en hériteront à sa mort, en 1829, conformément aux dispositions de son testament (ANQM, Griffin NP 29 décembre 1826).

32 Pour un résumé des dettes de Thomas, voir ANQM, Delisle NP 7 octobre 1794 et Beek NP 24 décembre 1794.

33 *Quebec Gazette*, 7 février 1793.

34 ANQM, Beek NP 17 septembre 1792; Beek NP 18 septembre 1792; et Chaboillez NP 2 juillet 1794.

35 ANQM, Beek NP 6 août 1799.

36 Cinq lots de 200 acres sur la rivière des Outaouais en 1791 (ANQM, Beek NP 4 mars 1791); trois lots similaires en 1792 (ANQM, Beek NP 1er février 1792); et 500 acres sur le lac Saint-François (ANQM, Delisle NP 9 avril 1793).

37 Robert Lahaise, *Les édifices conventuels du Vieux Montréal*, Montréal, HMH, 1980, p. 35.

38 Claude Perrault, *Montréal en 1781*, Montréal, Payette, 1969, p. 216. Perrault indique que le terrain équivaut à « cens arpens »; le bail définit les limites territoriales mais souligne qu'il est « sans garantie d'aucune mesure précise ». Selon différents documents, le bail de 99 ans est daté de 1791 et arrive à échéance en 1890; cependant, selon un exemplaire du bail inclus dans PFMC 1964, le bail fut signé en 1792 (Chaboillez NP 23 juillet 1792, « Emphyteutic Lease of the Fief Nazareth »). Il est fait mention des moulins à farine dans André Sévigny, *L'urbanisation dans le corridor du canal de Lachine dans la deuxième moitié du 19e siècle*, Ottawa, Parcs Canada, 1986, p. 60.

39 PFMC dossier 0229 : Gauthier NP 3 mai 1793, « Bail à rente foncière par les Dames de la Congrégation à Thomas McCord ».

40 Louise Dechêne, « La rente du faubourg Saint-Roch à Québec - 1750-1850 », *RHAF*, vol. 24, n° 4, mars 1981, p. 569-596; Alan Stewart, « Settling an 18th-Century Faubourg: Property and Family in the Saint-Laurent Suburb, 1735-1810 », mémoire de maîtrise, Université McGill, 1988, chap. 2.

41 Dechêne 1974, p. 537.

42 *Ibid*, p. 317.

43 Robert Lahaise, *Les édifices conventuels du Vieux Montréal*, Montréal, HMH, 1980, p. 454.

44 *Ibid*, p. 450.

45 Corinne Beutler, « Le rôle du blé à Montréal sous le régime seigneurial », *RHAF*, vol. 36, n° 2, septembre 1982, p. 256.

[1] Belfast Public Records Office, M/C/P/3/2, Milrow Congregation, Antrim Register of Marriages and Baptisms.

[2] Edwards 1989, p. 251.

[3] J.R.R. Adams, *The Printed Word and the Common Man: Popular Culture in Ulster* (Belfast: Queen's University Press, 1987), pp. 34-38.

[4] Edwards 1989, p. 242; Crossle Collection, mss. 2205, p. 135.

[5] Dublin Public Records Office, G.O. 539, Tenison Groves, *Names of Protestant Housekeepers 1740* Part III, Toome Walk, County Antrim, Drumaul Parish, Toome Barone, County Antrim.

[6] Crossle Collection, mss. 2214, p. 193.

[7] *Hibernian Magazine*, April 1777, quoted in Crossle Collection, mss. 2205, p. 94.

[8] Edwards 1989, p. 174; Lewis, *Topographical Dictionary of Ireland* (London, 1837); Newry *Telegraph*, April 28, 1853 (citing reminiscences of Newry in 1789), in Crossle Collection, mss. 2243, p. 87.

[9] Crossle Collection, mss. 2241(i), p. 38.

[10] *Newsletter* (Belfast), May 27, 1760 and January 30, 1761.

[11] Crossle Collection, mss. 2206, p. 82.

[12] *Gazette* (Dublin), December 23, 1800.

[13] NAC RG1 L3L Lower Canada Land Petitions: John McCord to Murray, 1760, "that ... [he] is in distress for a house for himself, family, and store for his goods," and that he be allowed to occupy the former house of the Comptroller of Marines, now in ruins. Murray presumably had no objections, since McCord occupied this house into the 1770s.

[14] *Ibid.*: John McCord to Murray, April 5, 1764; John Hay, John McCord, and Hertel de Rouville to Murray, December 5, 1765. The lands asked for in these two petitions were granted, respectively, on November 13, 1765 and February 4, 1766.

[15] *Ibid.*: John McCord, William Gilliland (of New York, merchant) and Felix O'Hara (of Gaspé, merchant) to Murray, April 22, 1765, asking for land around the houses, stores and fishing stages they had set up in Gaspé harbour the previous summer. See also Reginald Day, "Felix O'Hara," *DCB* V, pp. 637-638.

[16] *Quebec Gazette*, November 22, 1764.

[17] *Ibid.*, December 6, 1764.

[18] The *Martha*, a 60-ton schooner, advertised for sale in *ibid.* September 29, 1766 and subsequent issues throughout 1766 and 1767.

[19] Creighton 1956, passim.

[20] NAC MG21, AddMss 21661-21892; see also H. Neatby, *Justice Under the Quebec Act* (Minneapolis: Minnesota University Press, 1937), pp. 175-194.

[21] G. P. Browne, "Guy Carleton," *DCB* V, p. 142.

[22] Creighton 1956, p. 52; André Morel, "David Lynd," *DCB* V, p. 508.

[23] Creighton 1956, p. 63. A letter in the records of the Continental Congress suggests that John's American sympathies continued into the 1780s: in 1784, he was nominated as "useful to examine the Claims made on Congress in Canada" as a result of losses caused by the American Revolution, and thus presumably considered trustworthy and sympathetic to the rebel cause. (NAC MG23 B3 Continental Congress Papers, p. 25: Melcher to Mifflin, June 20, 1784).

[24] Sylvio Normand, "James G. Hanna," *DCB* V, pp. 406-407.

[25] On Alexander Fraser, see W. G. Godfrey, "Alexander Fraser," *DCB* IV, p. 276; McM 1700 and 1701; and W. S. Wallace, "Alexander Fraser of Beauchamp," *Bulletin des Recherches Historiques* 43(1937), pp. 176-179. On Malcolm Fraser, see Yvon Desloges, "Malcolm Fraser," *DCB* V, pp. 330-331; and W. S. Wallace, "Notes on the family of Malcolm Fraser of Murray Bay," *Bulletin des Recherches Historiques* 39(1933), pp. 267-271. On Josiah Bleakley, see David A. Armour, "Josiah Bleakley," *DCB* VI, pp. 72-73.

[26] Creighton 1956; Fernand Ouellet, *Economic and Social History of Quebec, 1760-1850: Structures and Conjunctures* (Ottawa: Carleton University Press, 1980), especially pp. 46-172.

[27] Advertisements in the *Quebec Gazette*, December 6, 1764, October 22, 1767, November 16, 1780, and March 2, 1786; ANQQ, Stewart NP July 6, 1789: inventory of the effects of John McCord, attached to the transfer of all of his property to John McCord Jr.

[28] ANQQ, Stewart NP July 6, 1789: transfer from John to John Jr.; and agreement of John Jr. with John's creditors.

[29] ANQQ, Stewart NP July 6, 1789: John transfer John Jr.

[30] His *inventaire après décès* contains only clothes and books; his only property was apparently the lease of 207 acres of land in Ireland, which he leased for £70 and leased out for £90, and which he transferred to his sons, John Jr. and Thomas, three days before he died (ANQM, Delisle NP January 5, 1795).

[31] While the money Margaret obtained from John Jr.'s legacy was legally hers, by virtue of the *séparation des biens* specified in her marriage contract with Josiah Bleakley (ANQQ, Stewart NP February 24, 1798), it was effectively used to support her four children, to whom it passed at any rate on her death in 1829, as per the provisions of her will (ANQM, Griffin NP December 29, 1826).

[32] For a summary of Thomas's debts, see ANQM, Delisle NP October 7, 1794 and Beek NP December 24, 1794.

[33] *Quebec Gazette*, February 7, 1793.

[34] ANQM, Beek NP September 17, 1792; Beek NP September 18, 1792; and Chaboillez NP July 2, 1794.

[35] ANQM, Beek NP August 6, 1799.

[36] Five 200-acre lots on the Ottawa River in 1791 (ANQM, Beek NP March 4, 1791); three similar lots in 1792 (ANQM, Beek NP February 1, 1792); and 500 acres on Lac St. François (ANQM, Delisle NP April 9, 1793.

[37] Robert Lahaise, *Les édifices conventuels du Vieux Montréal* (Montréal: HMH, 1980), p. 35.

[38] Claude Perrault, *Montréal en 1781* (Montréal: Payette, 1969), p. 216. Perrault describes the land as *cens arpens* (100 *arpents*); the lease gives the territorial limits but emphasizes that it is *sans garantie d'aucune mesure précise* (without any measurement precisely guaranteed). Various documents describe the date of the lease as 1791 and the ninety-nine years as terminating in 1890; however, the copy of the lease included in MCFP file no. 1964 indicates 1792 (Chaboillez NP July 23, 1792, "Emphyteutic Lease of the Fief Nazareth"). Flour mills are mentioned in André Sévigny, *L'urbanisation dans le corridor du canal de Lachine dans la deuxième moitié du 19e siècle* (Ottawa: Parks Canada, 1986), p. 60.

[39] MCFP file no. 0229, Gauthier NP May 3, 1793, "Bail à rente foncière par les Dames de la Congrégation à Thomas McCord".

[40] Louise Dechêne, "La rente du faubourg Saint-Roch à Québec _ 1750-1850", *RHAF* 24(4) (March 1981), pp. 569-596; Alan Stewart, "Settling an 18th-Century Faubourg: Property and Family in the Saint-Laurent Suburb, 1735-1810" (M.A., McGill University, 1988), chap. 2.

[41] Dechêne 1974, p. 537.

[42] *Ibid.*, p. 317.

[43] Robert Lahaise, *Les édifices conventuels du Vieux Montréal* (Montréal: HMH, 1980), p. 454.

[44] *Ibid.*, p. 450.

[45] Corinne Beutler, "Le rôle du blé à Montréal sous le régime seigneurial," *RHAF* 36(2) (Sept. 1982), p. 256.

[46] Louise Dechêne, "La croissance de Montréal au XVIIIe siècle", *RHAF* 27(2) (Sept. 1973), pp. 163-179.

[47] MCFP file no. 1964: Chaboillez NP April 10, 1804, "Agreement", Hôtel-Dieu and Mary Griffin; Mondelet NP July 30, 1818, "Agreement", Hôtel-Dieu and Thomas McCord; Lacombe NP September 10, 1840, "Agreement", Hôtel-Dieu and John Samuel McCord.

[48] Anon., *L'Hôtel-Dieu de Montréal 1642-1973* (Montréal: HMH, 1973), p. 53.

[49] The house and garden are described in ANQM, Delisle NP November 10, 1796; the windmill lease, to Joachim Déon, is in ANQM, Delisle NP November 5, 1794.

[50] ANQM, Delisle NP August 3, 1793.

[51] ANQM, Chaboillez NP May 25, 1801; Beek NP September 8, 1801.

[52] ANQM, Beek NP May 28, 1801, January 29, 1803; MCFP file no. 0213, Court of King's Bench February 19, 1803.

[53] ANQM, Gray NP September 26, 1803, April 6, 1804.

[54] On the extensive litigation surrounding this case, see MCFP file nos. 0213-0224.

46 Louise Dechêne, « La croissance de Montréal au XVIIIe siècle », *RHAF*, vol. 27, n° 2, septembre 1973, p. 163-179.

47 PFMC dossier 1964 : Chaboillez NP 10 avril 1804, « Agreement », Hôtel-Dieu et Mary Griffin; Mondelet NP 30 juillet 1818, « Agreement », Hôtel-Dieu et Thomas McCord; Lacombe NP 10 septembre 1840, « Agreement », Hôtel-Dieu et John Samuel McCord.

48 Anonyme, *L'Hôtel-Dieu de Montréal 1642-1973*, Montréal, HMH, 1973, p. 53.

49 Une description de la maison et du jardin se trouve dans ANQM, Delisle NP 10 novembre 1796; le bail de la location du moulin à vent à Joachim Déon se trouve dans ANQM, Delisle NP 5 novembre 1794.

50 ANQM, Delisle NP 3 août 1793.

51 ANQM, Chaboillez NP 25 mai 1801; Beek NP 8 septembre 1801.

52 ANQM, Beek NP 28 mai 1801, 29 janvier 1803; PFMC dossier 0213, Cour du Banc du Roi, 19 février 1803.

53 ANQM, Gray NP 26 septembre 1803, 6 avril 1804.

54 Pour les détails du procès, voir PFMC dossiers 1013-0224.

55 J.-P. Bernard, P.-A. Linteau, J.-C. Robert, « Les tablettes statistiques de Jacques Viger (1825) », dans *Rapports et Travaux 1972-1973*, vol. 2, Montréal, GRSM, 1973.

56 ANC RG43, Ministère des chemins de fer et des canaux : réunion des commissaires du canal de Lachine, 6 mai 1822.

57 Collection de cartes du Musée McCord n° 3587, « Map of the projected Lachine Canal », v. 1820.

58 Fyson 1989, p. 104.

59 PFMC dossier 0491, « Statement of monies expended by the Ladies of the Hôtel-Dieu for enregistering the several deeds of sales and concessions in Fief Nazareth ».

60 PFMC dossier 0236, « Agreement », Thomas McCord et Robert et Mary Griffin.

61 PFMC dossier 0231.

62 PFMC dossier 0232, Père Supérieur à Thomas McCord, 16 août 1816.

63 ANC RG1 E1, Minute Book B concernant les affaires d'État du Bas-Canada, 1794-1799, vol. 30, p. 309 : pétition de Thomas McCord, 3 août 1796.

64 ANQM, Gibb NP 30 juin 1837.

65 PFMC dossier 0530, William Spiers *et al.* à John Samuel McCord, 2 octobre 1840.

66 Tom Johnson, « In a Manner of Speaking: Towards a Reconstitution of Property in Mid-Nineteenth Century Quebec », *McGill Law Journal*, vol. 32, n° 3, 1987, p. 644.

67 ANQM, Mondelet NP 30 juillet 1818.

68 Elinor Kyte Senior, « Thomas McCord », *DCB* V, p. 434.

69 Donald Fyson, « Four Generations of McCord Family Wealth, 1760-1930 » (rapport de recherche non publié, Musée McCord, 1990), tableau III; Fyson 1989, p. 21.

70 PFMC dossier 0246 « Statement of the value and liabilities of the estate of the late Thomas McCord on the Ste Anne suburb in Montreal », 1841.

71 PFMC dossier 0500, « Amount of rents received... ».

72 Fyson 1989, p. 109; environ 40 % des loyers étaient payés en nature dans la région de Montréal entre 1780 et 1820 (Jennifer Waywell, *Farm Leases and Agriculture on the Island of Montreal, 1780-1820*, mémoire de maîtrise, Université McGill, 1989).

73 PFMC dossier 0495 « Statement of account current... ».

74 ANQM, Bédouin NP 23 février 1826.

75 ANQM, Bédouin NP 18 janvier 1819, 20 janvier 1819 et 23 décembre 1819; PFMC dossier 0257.

76 Fyson 1989, p. 48.

77 PFMC dossier 0254 et divers autres dossiers de factures et de reçus.

78 ANQM, Bédouin NP 24 décembre 1820.

79 ANQM, Ritchot NP 13 juillet 1825.

80 ANQM, Arnoldi NP 18 janvier 1832, et Deléry NP 17 novembre 1834. Ce dernier était davantage qu'un simple acte de fiducie : deux documents furent rédigés, l'un étant un acte de fiducie conventionnel et l'autre un acte de vente, probablement afin d'empêcher la saisie de la succession par les créanciers de William King.

81 ANQM, Lacombe NP 10 septembre 1840.

82 ANQM, Guy NP 7 avril 1841.

83 ANQM, Guy NP 7 avril 1841.

84 ANQM, Jobin NP 13 août 1840.

85 ANQM, Arnoldi NP 7 août 1832.

86 ANQM, Lacombe NP 19 avril 1836; PFMC dossier 0435.

87 La maison fut achetée par Arthur Ross, beau-frère de John Samuel, qui respectait ainsi l'une des conditions du contrat de mariage de John Samuel et de Anne Ross puisque David Ross, le père, avait convenu d'une dot de 1 000 £ à investir en immobilier par Arthur Ross et devant être gérée par John Samuel (ANQM, Arnoldi NP 10 août 1832 et Griffin NP 15 mai 1839).

88 PFMC dossiers 409-422.

89 PFMC dossier 0423, John Samuel McCord à John Shuter, 15 octobre 1825.

90 ANQM, Guy NP 2 décembre 1844.

91 ANQM, Gibb NP 30 avril 1845.

92 G. P. Browne, « Arthur Davidson », *DCB* V, p. 224.

93 Léo Rossignol, *Histoire documentaire de Hull, 1792-1900*, thèse de doctorat, Université d'Ottawa, 1941, p. 277.

94 *Journals of the Legislative Assembly*, 24 juillet 1850.

95 PFMC dossier 415.

96 Chamber of the Association of the Bar, *Report on the State of the Administration of Justice*, Montréal, Louis Perrault, 1842, p. 13.

97 PFMC dossier 1112; ANQM, Griffin NP 19 juin 1867.

98 PFMC dossier 1113.

99 ANQM, Papineau NP 4 avril 1871; ANQM, Cour du Banc de la Reine, 30 mai 1877.

100 ANQM, Cour supérieure, 21 octobre 1882.

101 Le droit de commutation initial était de 1 328 $ plus un montant de 1 072 $ demeuré impayé sur le prix d'achat initial (ANQM, Bonin NP 19 novembre 1873). En 1891, David Ross contracte une nouvelle dette de reconnaissance envers le Séminaire relativement à l'arriéré de 1 169,68 $ sur ces sommes (ANQM, Bonin NP 30 avril 1891), cet arriéré portant également intérêt (à l'époque, l'intérêt ne pouvait être composé à moins d'une stipulation à cet effet dans la reconnaissance en question). En 1901, il contracte une nouvelle obligation sur l'intérêt couru sur ces deux obligations, s'élevant à 1 310,76 $ (ANQM, Bonin NP 15 février 1900).

102 Tous les renseignements relatifs à cette affaire proviennent de ANQM, Greffes de la Cour supérieure, cause n° 857.

103 ANQM, Cushing NP 9 septembre 1882.

104 ANQM, Durand NP 11 octobre 1882.

105 ANQM, Marler de Montmollin NP 18 octobre 1893.

106 ANQM, Cushing NP 14 juin 1901; Cushing NP 8 février 1902; et Pépin NP 11 février 1902.

107 En 1917, le revenu de location net de ces maisons était de 5 554,15 $; en 1890, le revenu net du fief Nazareth se montait à 3 140 $.

108 PFMC dossier 1218.

109 Des 85 000 $ reçus de la succession de John Samuel pendant une période indéterminée avant 1914, la part des deux sœurs s'élevait à 43 000 $; elles ne touchèrent de cette somme que 23 000 $, leur frère leur devant donc 19 000 $ (PFMC dossier 1218).

110 PFMC dossier 1214.

111 PFMC dossier 1931.

112 PFMC dossier 1202; Anne McCord à W. D. Lighthall, 13 septembre 1921.

113 PFMC dossier 3157.

55 J.-P. Bernard, P.-A. Linteau et J.-C. Robert, "Les tablettes statistiques de Jacques Viger (1825)" *Rapports et Travaux 1972-1973* (Montréal: GRSM, 1973), vol. 2.

56 NAC RG43, Department of Railways and Canals: Meeting of Lachine Canal Commissioners, May 6, 1822.

57 McCord Museum Map Collection no. 3587, "Map of the projected Lachine Canal", ca. 1820.

58 Fyson 1989, p. 104.

59 MCFP file no. 0491, "Statement of monies expended by the Ladies of the Hôtel-Dieu for enregistering the several deeds of sales and concessions in Fief Nazareth".

60 MCFP file no. 0236, "Agreement", Thomas McCord and Robert and Mary Griffin.

61 MCFP file no. 0231.

62 MCFP file no. 0232, Superior to Thomas McCord, August 16, 1816.

63 NAC RG1 E1, State Minute Book B, Lower Canada, 1794-1799, vol. 30, p. 309: petition of Thomas McCord, August 3, 1796.

64 ANQM, Gibb NP June 30, 1837.

65 MCFP file no. 0530, William Speirs *et al.* to J. S. McCord, October 2, 1840.

66 Tom Johnson, "In a Manner of Speaking: Towards a Reconstitution of Property in Mid-Nineteenth Century Quebec," *McGill Law Journal* 32(3)(1987), p. 644.

67 ANQM, Mondelet NP July 30, 1818.

68 Elinor Kyte Senior, "Thomas McCord", *DCB* V, p. 434.

69 Donald Fyson, "Four Generations of McCord Family Wealth, 1760-1930", (unpublished research report, McCord Museum, 1990), table III; Fyson 1989, p. 21.

70 MCFP file no. 0246, "Statement of the value and liabilities of the estate of the late Thomas McCord on the Ste Anne suburb in Montreal", 1841.

71 MCFP file no. 0500, "Amount of rents received...".

72 Fyson 1989, p. 109; Jennifer Waywell, *Farm Leases and Agriculture on the Island of Montreal, 1780-1820* (M.A., McGill, 1989) shows that some 40% of leases were payable in kind in the Montreal area between 1780 and 1820.

73 MCFP file no. 0495, "Statement of account current..."

74 ANQM, Bédouin NP February 23, 1826.

75 ANQM, Bédouin NP January 18, 1819, January 20, 1819, and December 23, 1819; MCFP file no. 0257.

76 Fyson 1989, p. 48.

77 MCFP file no. 0254 and various other files of bills and receipts.

78 ANQM, Bédouin NP December 24, 1820.

79 ANQM, Ritchot NP July 13, 1825.

80 ANQM, Arnoldi NP January 18, 1832, and Deléry NP November 17, 1834. This last was more than a deed of trust: two documents were prepared, one a standard deed of trust and the other a deed of sale, presumably to avoid the possibility of the estate being seized to satisfy William King's creditors.

81 ANQM, Lacombe NP September 10, 1840.

82 ANQM, Guy NP April 7, 1841.

83 ANQM, Guy NP April 7, 1841.

84 ANQM, Jobin NP August 13, 1840.

85 ANQM, Arnoldi NP August 7, 1832.

86 ANQM, Lacombe NP April 19, 1836; MCFP file no. 0435.

87 The house was bought by John Samuel's brother-in-law, Arthur Ross, in fulfilment of the terms of John Samuel's marriage contract with Anne Ross, by which David Ross, her father, settled a £1,000 marriage portion on her, to be invested in real estate by Arthur Ross and managed by John Samuel (ANQM, Arnoldi NP August 10, 1832 and Griffin NP May 15, 1839).

88 MCFP file nos. 409-422.

89 MCFP file no. 0423, J. S. McCord to John Shuter, October 15, 1825.

90 ANQM, Guy NP December 2, 1844.

91 ANQM, Gibb NP April 30, 1845.

92 G. P. Browne, "Arthur Davidson", *DCB* V, p. 224.

93 Léo Rossignol, *Histoire documentaire de Hull, 1792-1900* (thèse de doctorat, Université d'Ottawa, 1941), p. 277.

94 *Journals of the Legislative Assembly*, July 24, 1850.

95 MCFP file no. 415.

96 Chamber of the Association of the Bar, *Report on the State of the Administration of Justice* (Montreal: Louis Perrault, 1842), p. 13.

97 MCFP file no. 1112; ANQM, Griffin NP June 19, 1867.

98 MCFP file no. 1113.

99 ANQM, Papineau NP April 4, 1871; ANQM, Court of Queen's Bench, May 30, 1877.

100 ANQM, Superior Court, October 21, 1882.

101 The original commutation price was $1,328, along with $1,072 still unpaid out of the original purchase price, as per ANQM, Bonin NP November 19, 1873. In 1891 David Ross signed a further obligation to the Seminary for $1,169.68 in arrears on these sums (ANQM, Bonin NP April 30, 1891), thus putting this to interest as well (under then current credit rules, interest could not compound unless specifically recognized by such an obligation). In 1901 he once again signed an obligation for accrued interest on both obligations, being $1,310.76 (ANQM, Bonin NP February 15, 1900).

102 All information concerning the suit is from ANQM, Greffes de la Cour Supérieure, case no. 857.

103 ANQM, Cushing NP September 9, 1882.

104 ANQM, Durand NP October 11, 1882.

105 ANQM, Marler de Montmollin NP October 18, 1893.

106 ANQM, Cushing NP June 14, 1901, Cushing NP February 8, 1902, and Pépin NP February 11, 1902.

107 The net rental income for these properties in 1917 was $5,554.15; the net Nazareth Fief income in 1890 was $3,140.

108 MCFP file no. 1218.

109 Of $85,000 received from John Samuel's estate for an unspecified period before 1914, the sisters' share was $43,000; of this they had received only $23,000, their brother thus owing them $19,000 (MCFP file no. 1218).

110 MCFP file no. 1214.

111 MCFP file no. 1931.

112 MCFP file no. 1202, Anne McCord to W. D. Lighthall, September 13, 1921.

113 MCFP file no. 3157.

Vies privée, familiale et communautaire

Pamela Miller et Brian Young

De nombreux objets du patrimoine familial dans les collections de David Ross McCord et de multiples documents écrits des McCord témoignent de leur vie privée et de leurs intérêts pour la collectivité. Les loisirs des McCord, des Davidson et des Ross, plus diversifiés et moins stéréotypés que leurs activités professionnelles et économiques, révèlent la richesse de la culture familiale et rendent compte de la formation de la société élitiste de la fin du dix-huitième siècle et du dix-neuvième siècle. Ce tableau de la vie privée des McCord met surtout en lumière les femmes de la famille qui, comme nous l'avons déjà vu, étaient exclues des affaires professionnelles et économiques de leurs parents masculins.

Plusieurs des intérêts des McCord méritent que l'on s'y attarde : aspirations spirituelles et intellectuelles, pratiques religieuses et éducatives, activités artistiques, sans oublier les intérêts scientifiques de John Samuel McCord. La participation des hommes à la franc-maçonnerie et à la milice illustre la complexité de la nature sociale et patriotique de ces organismes. Également d'une grande importance est l'institution la plus privée de la vie familiale : le foyer. Enfin, les propres écrits et les collections des femmes de la famille McCord nous donnent un aperçu de leur vie privée.

Religion

Écossais originaires d'Ulster, les McCord étaient bien entendu presbytériens : leurs noms figurent dans les registres des églises irlandaises jusqu'au milieu du dix-huitième siècle. Il est difficile de savoir si John McCord s'est converti à l'anglicanisme avant d'émigrer au Canada; chose certaine, la famille de sa femme, les Hannah, était l'une des familles influentes de l'Église anglicane à Newry. Au Canada, les McCord ont été déclarés presbytériens par Guy Carleton, mais le troisième mariage de John en 1768, avec Henrietta Maria Gilbert, fut célébré à l'Église anglicane[1]. Quoi qu'il en soit, la classe sociale avait à l'époque plus d'importance que la religion ou la nationalité. Il était courant que les gens fréquentent plus d'une église et même qu'un lieu de culte serve à plusieurs confessions : ainsi, les protestants des villes de Québec et de Montréal assistaient souvent à divers services, et entre autres à ceux d'églises catholiques, et les fonds pour la construction des églises étaient recueillis auprès de tous les membres de l'élite, indépendamment de leur religion[2].

Si l'on peut se fier à ses lectures, l'étude de la religion était également importante pour John McCord. Les commandes de livres placées en son nom par son ami le juge Arthur Davidson à Londres[3], ainsi que l'inventaire de sa bibliothèque établi à sa mort[4], montrent que la moitié de ses livres environ traitent de religion, le reste étant composé principalement d'ouvrages politiques et historiques, et de romans.

Thomas McCord est déjà établi à Montréal en 1774. En 1792, paroissien de l'église épiscopale de Christ Church, il signe avec d'autres une pétition demandant au lieutenant-gouverneur qu'il autorise l'église à acheter des terrains à titre de société[5]. En 1818, Thomas verse 35 £ pour l'achat du banc numéro 117 à l'église Christ Church. Sa mort et celle de son épouse sont inscrites dans le registre de cette église[6].

Le mariage de Thomas McCord avec Sarah Solomon illustre bien la liberté de religion qui existe à Montréal au dix-huitième siècle, ainsi que la façon dont l'élite montréalaise mêle famille, religion et affaires. Thomas épouse Sarah en 1798 et le mariage est célébré à l'église paroissiale anglicane de St. Leonard à Shoreditch, dans le Middlesex. Fille de Louise Loubier et de Levy Solomon, Sarah possède un héritage juif et catholique. Elle est la demi-sœur de Jacques Terroux, l'ami et l'agent de Thomas à Londres. Ce mariage s'inscrit dans la longue suite d'associations professionnelles et sociales entre les McCord et les Solomon.

Ce mélange de traditions religieuses est renforcé par Mary McCord. Après avoir pris soin de son oncle célibataire John McCord Junior jusqu'à sa mort en 1822, Mary commence à travailler avec mère Émilie Gamelin, fondatrice des Filles de la charité, servantes des pauvres[7], et se convertit au catholicisme. Mais ses activités religieuses ne semblent pas l'éloigner de sa famille protestante. La largeur d'esprit de Thomas en matière de religion est en outre démontrée par son choix d'écoles anglicanes ou catholiques, françaises ou anglaises pour ses fils.

Laïc profondément religieux, John Samuel McCord tient une place importante à la cathédrale Christ Church. Il offre à son église ses services d'avocat et participe à la fondation du Bishop's College School en plus d'être vice-chancelier et chancelier de l'Université Bishop's College de 1858 à 1865. Juge très en vue, ayant officié dans les Cantons de l'Est et la vallée de l'Outaouais, il est bien placé pour évaluer les besoins

Private, Family and Community Life

Pamela Miller and Brian Young

Numerous objects in David Ross McCord's collections, as well as extensive written records in the McCord papers, bear witness to the McCords' private family life and community interests. More diverse and less easily characterized than their professional and economic comportment, the leisure pursuits of the McCords, Davidsons and Rosses reveal a rich family culture and illustrate the formation of late-eighteenth and nineteenth-century elite society. In particular, this treatment sheds more light on the female members of the family who, as we saw above, were largely excluded from the professional and business life of the McCord men.

Several of these activities deserve closer attention: spiritual and intellectual pursuits; religious and educational practices; artistic activities; and John Samuel McCord's scientific interests. The participation of McCord men in the Freemasons and the militia illustrates the complex social and patriotic nature of these institutions. Also of importance is that most private institution of family life - the home. Finally, there are the private lives of the McCord women as revealed in their own writing and collecting.

Religion

As Ulster Scots, the McCords were inevitably Presbyterians and their names appear in Irish church registers until the mid-eighteenth century. It is not clear if John McCord became an Anglican before emigrating to Canada; certainly his wife's family, the Hannahs, were prominent members of the Church of England in Newry. In Canada the McCords were identified as Presbyterians by Guy Carleton; but John's third marriage in 1768, to Henrietta Maria Gilbert, took place in the Church of England.[1] In any case, it was social class rather than religion or ethnic background that counted most in this period. Attendance at more than one church and the sharing of places of worship was common: Protestants in Quebec City and Montreal often attended the services of several denominations, including the Catholic Church, and subscriptions for church buildings often drew on the resources of the entire elite, regardless of religion.[2]

If his reading material is any indication, the study of religion was also important to John McCord. Book orders placed for John in London by his friend Judge Arthur Davidson,[3] as well as the inventory of his library made after his death,[4] show that about half of his books dealt with religious subjects, the remainder consisting largely of politics, history and novels.

Thomas McCord settled in Montreal at least as early as 1774, and by 1792 was a member of the Church of England's Christ Church parish, joining in a petition to the Lieutenant Governor to allow the church to have the corporate capacity to purchase land.[5] In 1818 Thomas paid £35 for the purchase of pew number 117 in Christ Church. His death and that of his wife were recorded in the Christ Church register.[6]

Thomas McCord's marriage to Sarah Solomon illustrates the fluidity of religion in late-eighteenth-century Montreal, and the mixing of family, religion and business among the Montreal elite. In 1798 Thomas and Sarah were married in the parish church of St. Leonard (Church of England), Shoreditch, Middlesex. The daughter of Louise Loubier and Levy Solomon, Sarah had a Jewish and Roman Catholic heritage and was the half-sister of Jacques Terroux, Thomas's friend and agent in London. The marriage continued a long business and social association between the McCords and the Solomons.

This mixing of religious traditions was furthered by Mary McCord. After caring for her bachelor uncle, John McCord Junior, until his death in 1822, Mary began to work with Mother Émilie Gamelin, founder of the Daughters of Charity, Servants of the Poor[7], and became a Catholic. Her religious activities do not appear to have isolated her from her Protestant relatives. Thomas's broad-minded approach to religion can also be seen in his choosing a combination of Anglican, Catholic, French and English schools for his sons.

Deeply religious, John Samuel McCord became a leading layman in Christ Church Cathedral. As well as providing legal services for his church, he was active in the founding of Bishop's College School and was Vice-Chancellor and Chancellor of the University of Bishop's College from 1858 to 1865. As a prominent judge who had served throughout the Eastern Townships and Ottawa Valley, he was well-placed to evaluate church needs in the period following the secularization of the Clergy Reserves after 1854. In 1858 and 1859 he undertook a study of diocesan resources for the Church Society, a body charged with planning for church support and expansion.[8] The Church Society, predecessor of

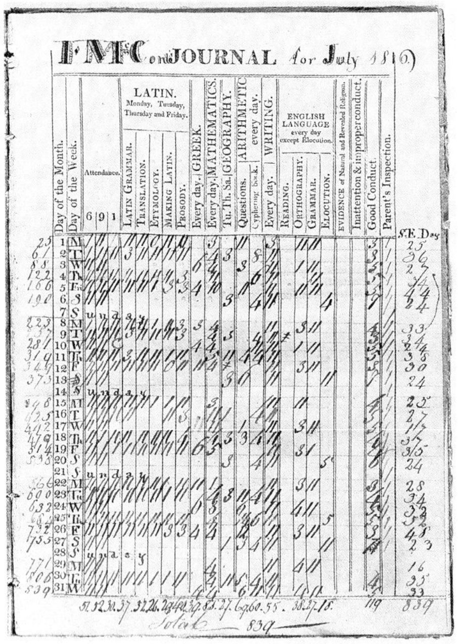

Journal des résultats scolaires de John Samuel McCord à la Classical and Mathematical School, Québec, 1er janvier - 31 décembre 1816, imprimé par J. Neilson, ville de Québec (M12958).

"Journal of John S. McCord's Progress in Education, at the Classical and Mathematical School, Quebec, January 1 - December 31, 1816", printed by J. Neilson, Quebec City (M12958).

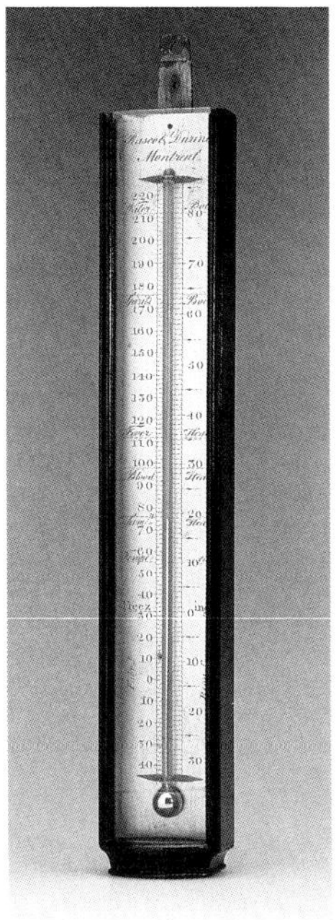

Thermomètre à mercure en degrés Fahrenheit et Réaumur de John Samuel McCord, fabriqué par Rasco and Durino, Montréal (M8461). McCord vendit la plupart de ses instruments météorologiques à l'Université McGill lorsqu'il fut nommé juge en 1843.

John Samuel McCord's mercury thermometer with Fahrenheit and Réaumur scales, made by Rasco and Durino, Montreal (M8461). McCord sold most of his meterological equipment to McGill University on being appointed to the Bench in 1843.

écclésiastiques durant la période qui suit la sécularisation des Biens du clergé, après 1854. En 1858 et 1859, il entreprend une étude des ressources du diocèse pour la Church Society, organisme chargé de planifier l'expansion de l'Église et d'évaluer ses besoins[8]. La Church Society, ancêtre du Synode, avait été créée afin de favoriser l'intégration des laïcs à l'administration de l'Église anglicane[9]. John Samuel obtient l'appui de l'évêque Francis Fulford qui continue de se fier à ses conseils financiers pour gérer l'Église[10]. John Samuel rassemble alors avec soin les cartes géographiques des comtés où se trouvent les Biens du clergé, coloriant les cours d'eau et les frontières et indiquant au besoin le nom des bailleurs[11].

Les carnets de notes de John Samuel, dans lesquels il consigne ses pensées et recopie des vers et de la prose, donnent une certaine idée de sa vie spirituelle. Un extrait tiré de la *Quebec Gazette* de 1851 nous montre sa conception du rôle de la religion dans la vie personnelle et professionnelle : « L'homme peut se leurrer autant qu'il le désire; jamais il ne pourra légitimer, ni aucune loi au monde sur la faillite ne pourra légitimer le fait de ne pas payer ses dettes... Il est peut-être facile de se protéger sous le couvert de la religion, mais si la religion n'incite pas l'homme à agir équitablement, ce n'est pas la peine d'en avoir[12]. »

David Ross McCord est également actif dans la paroisse Christ Church où il donne des conférences[13] et collabore à différentes levées de fonds. Vers la fin de sa vie cependant, il rompt ses liens avec l'église à la suite d'une violente querelle au sujet de la pertinence de l'Immaculée Conception dans l'anglicanisme. Anglican conservateur, David Ross McCord croit au pouvoir unificateur de la religion et est outré par un sermon prononcé en 1919 par le vicaire Herbert Symonds qui affirme que le dogme de l'Immaculée Conception n'est pas essentiel à la foi anglicane. Cette déclaration provoque la fureur des laïcs de la communion anglo-catholique qui demandent sans succès à l'évêque John Farthing de tenir un procès pour hérésie. Montréal se remettant alors difficilement des conséquences de la Grande Guerre et d'une épidémie de grippe espagnole, l'évêque croit que le peuple ne peut tolérer une autre crise[14]. Lorsque celui-ci refuse de réfuter l'opinion du vicaire Symonds, McCord quitte définitivement l'église Christ Church.

Si l'élément masculin de la famille McCord participe aux décisions financières et juridiques de l'Église anglicane, trois générations d'épouses et de filles vont se consacrer à des activités philanthropiques et religieuses, se dévouant notamment au Montreal Protestant Orphan Asylum. Anne Ross McCord hérite de sa mère Jane Davidson Ross un intérêt pour cet asile, où elle occupe le poste de secrétaire pendant près de trente-cinq ans. Reprenant le flambeau, sa fille Anne McCord y est secrétaire de 1874 environ à 1896. Elle contribue financièrement à différentes œuvres de charité et institutions anglicanes, et parmi celles-ci à l'Anglican Residential School de Hay River (Territoires du Nord-Ouest), au Diocesan Theological College, à la Montreal Diocesan Branch of the Women's Auxiliary et à la Missionary Society of the Church of England in Canada; en outre, elle léguera 12 000 $ à des œuvres de charité. Enfin Jane, la sœur aînée d'Anne, se rend régulièrement à la cathédrale et enseigne le catéchisme.

Les convictions religieuses des McCord sont caractérisées par une grande diversité et par une foi tempérée de tolérance, comme le démontrent les liens qu'ils entretiennent avec le presbytérianisme, le judaïsme et le catholicisme. L'anglicanisme représente aussi la situation sociale des McCord, que vient renforcer l'importance accordée par toutes les générations à l'éducation des enfants.

Éducation

Nous connaissons mal le genre d'éducation qu'ont pu recevoir les McCord avant leur arrivée au Canada, mais le fait qu'ils aient été des marchands presbytériens établis en Ulster depuis des générations nous incite fortement à penser qu'il s'agissait de gens lettrés. Nous n'en savons guère plus sur l'éducation des premiers McCord au Canada, notamment

« Historical Pastime », jeu donné par David Ross à ses enfants, début du XIXe siècle, Angleterre (M9902.1-.4).

"Historical Pastime", a game given by David Ross to his children, early-nineteenth century, English (M9902.1-.4).

the Synod, was the first attempt at bringing laymen into the government of the Church of England.[9] John Samuel received the support of Bishop Francis Fulford, who continued to rely on him for financial advice on the running of the church.[10] John Samuel meticulously compiled a notebook of maps of counties containing the reserves, colouring in the rivers and borders and listing the names of lessors when necessary.[11]

Some idea of John Samuel's spiritual life can be gleaned from his commonplace books, in which he recorded his thoughts and copied out poetry and prose. One of these extracts, copied from the *Quebec Gazette* in 1851, apparently reflected his vision of the role of religion in the ethics of personal and professional life: "Men may sophisticate as they please; they can never make it right, and all the Bankrupt laws in the universe cannot make it right, for them not to pay their debts ... Religion may be a very comfortable cloak, under which to hide, but if religion does not make a man deal justly, it is not worth having."[12]

David Ross McCord was also active in the Christ Church parish, delivering lectures[13] and supporting various financial appeals. Towards the end of his life, however, he left the Church in a bitter dispute over the virgin birth and its relevance to Anglicanism. David Ross McCord, a conservative Anglican who believed in the unifying potential of religion, was angered by a sermon delivered by Vicar Herbert Symonds in 1919, in which he maintained that the virgin birth of Christ was not an essential part of Anglican faith. This statement infuriated lay members of the Anglo-Catholic communion, who demanded unsuccessfully that Bishop John Farthing hold a heresy trial. However, with Montreal reeling from the effects of the Great War and the Spanish influenza epidemic, the Bishop felt that people could not tolerate another crisis.[14] When he refused to refute the views of Vicar Symonds, McCord left Christ Church for good.

While the McCord men participated in the financial and legal leadership of the Anglican Church, three generations of McCord women were active in philanthropic and church activities, particularly the Montreal Protestant Orphan Asylum. From her mother, Jane Davidson Ross, Anne Ross McCord inherited an interest in this asylum, and served as secretary there for almost thirty-five years. Her daughter, Anne McCord, continued this commitment, acting as secretary from about 1874 to 1896. She contributed financially to several Anglican charities and institutions, including the Anglican Residential School in Hay River, N.W.T., the Diocesan Theological College, the Montreal Diocesan Branch of the Women's Auxiliary, and the Missionary Society of the Church of England in Canada; and in her will she bequeathed $12,000 to charity. Finally, Anne's older sister Jane attended the Cathedral regularly and taught Sunday school.

The McCords' religious beliefs were characterized by considerable diversity and by faith tempered with tolerance, as can be seen from their ties to Presbyterianism, Judaism, and Catholicism. Anglicanism also represented the McCords' social standing, a status reinforced by their commitment over the generations to good education for their children.

Education

We know little about the education of the McCords before their arrival in Canada, although their activities over several generations as Presbyterian merchants in Ulster strongly suggest a tradition of literacy. Nor do we have information on the education of the early Canadian McCords, particularly John McCord's sons John and Thomas, who probably received most of their schooling in Ireland. Certainly by the early-nineteenth century Thomas McCord understood the law well enough to write a legal treatise, although much of this knowledge may have been gained through his practical experience as a magistrate.

By the end of the eighteenth century the McCords showed a concern for formal education, emphasizing professional training for the males of the family. The insistence on a broad classical education was typical of elite families like the

La Grange avec David Ross près de l'escalier, 1872, photographie de Alexander Henderson, commandée par David Ross McCord qui a demandé à Henderson d'éliminer les bâtiments industriels qui empiétaient sur le terrain (Mp033) (6).

The Grange with David Ross McCord standing by the steps, 1872, photograph by Alexander Henderson, commissioned by David Ross McCord, who had Henderson block out the industrial background that had encroached upon the house (Mp033) (6).

géologue de grande réputation, a reproduit dans son ouvrage intitulé *Travels in North America: with Geological Observations on the United States, Canada, and Nova Scotia*, publié à Londres en 1845, une esquisse de la montagne de Montréal réalisée par John Samuel, ainsi que ses observations. John Samuel correspond aussi avec sir John Herschell, de la Royal Society, et en 1838 ses « Observations on the Solar and Terrestrial Radiation Made at Montreal » sont publiées dans *The London, Edinburgh and Dublin Philosophical Magazine and Journal of Science*.

John Samuel décrit la façon dont il mène ses observations depuis l'Île Sainte-Hélène dans un article publié en 1848 par la Natural History Society de Montréal, pour laquelle il est secrétaire correspondant. Ayant tout d'abord voulu faire des observations horaires, il avait changé d'avis car la relève de la garde avait lieu toutes les deux heures et il n'osait confier les observations à un sous-officier. Il demande donc au caporal Tweedale de la Royal Artillery, qui avait déjà fait des lectures météorologiques lorsqu'il était en poste à Halifax, de superviser la procédure à intervalles de deux heures. En tant qu'auteur du rapport, John Samuel fut nommé membre associé de la London Meteorological Society, membre de la Natural History Society de Montréal et membre correspondant de la Société littéraire et historique de Québec et de l'Albany Institute, État de New York.

À la demande de John Samuel, la Natural History Society de Montréal sollicite la collaboration de la Compagnie de la Baie d'Hudson et lui demande de faire des lectures météorologiques régulières. Le gouverneur de la compagnie, George Simpson, promet que la compagnie tiendra des journaux dans les postes des « Territoires indiens »[28]. John Samuel croit que ces lectures régulières aideront à déterminer les températures moyennes et extrêmes au Canada et qu'elles pourront indiquer si la colonisation et le défrichement des terres ont réchauffé le climat, comme il le soupçonne. Les météorologues croyaient que de telles informations pourraient favoriser l'immigration et accroître l'efficacité agricole, ce qui était particulièrement important depuis l'abrogation des *Corn Laws* en 1846 alors que le blé canadien avait perdu la faveur des Britanniques[29].

À l'époque où John Samuel McCord est secrétaire de la Natural History Society de Montréal, celle-ci est très favorable à la création d'une étude géologique canadienne dont le but serait de tracer la carte des ressources naturelles du pays afin qu'elles soient exploitées de la meilleure façon possible. Comme le signale Zeller, il était naturel qu'un esprit de possession naisse de cet inventoriage[30]. Plus tard, dans ses activités muséales, le fils de John Samuel allait tabler sur cet esprit d'« inventoriage ».

Lorsqu'il est nommé juge, John Samuel McCord ne peut continuer ses observations régulières, mais il continue néanmoins à s'intéresser à la botanique en collectionnant les plantes qu'il ramasse lors de ses tournées dans les Cantons de l'Est. Son épouse Anne Ross partage cet intérêt. Aquarelliste amateur de talent, spécialisée dans la représentation de fleurs sauvages et cultivées, elle a assisté dans sa jeunesse à des conférences scientifiques. Ensemble, ils encouragent l'amour des sciences et de la nature chez leurs enfants, et en 1861 amènent Jane Catherine et David Ross à une conférence du Dr William Hingston portant sur le climat canadien.

Enfin, on trouve un dernier hommage au travail de météorologie de John Samuel McCord dans la dédicace de la page de garde de l'important livre du Dr William Hingston, *The Climate of Canada and its Relation to Life* and *Health*, publié en 1884 : « À Monsieur D. R. McCord, dont le père a attiré l'attention de l'auteur sur le sujet de ce livre, avec toute ma reconnaissance, 8 août 1885. »

Activités maçonniques

Les McCord étaient sans doute francs-maçons avant leur venue au Québec. Chez les Écossais de l'Ulster, la franc-maçonnerie jouait un rôle social et politique de premier plan, et les villes comme Dublin avaient leurs loges militaires. À Newry, d'où venait John McCord, la St. Patrick Lodge était

Bay Company in taking regular meteorological readings. The Governor of the company, George Simpson, promised to have journals kept at posts in "Indian Territories".[28] John Samuel felt that these regular readings would help determine the mean temperature of Canada and its extremes, and might indicate whether, as he suspected, the climate had warmed with settlement and the clearing of the land. Meteorologists believed that such information would encourage immigration and efficient farming, which was particularly important after the repeal of the Corn Laws in 1846 when Canadian wheat lost its British preference.[29]

While John Samuel McCord was secretary of the Natural History Society of Montreal, the Society actively supported the establishment of a geological survey of Canada to chart Canada's natural resources so that they might be exploited to Canadian advantage. As Zeller points out, it was natural that a spirit of possession should grow out of the inventory process.[30] Later, in his museum activities, John Samuel's son built on this "inventory" spirit.

Although John Samuel McCord was not able to keep up his observations on a regular basis after his appointment to the bench, he continued to pursue his interest in botany by collecting plants on his rounds of the Eastern Townships. His wife Anne Ross shared his interest. She was an accomplished amateur watercolour artist who specialized in flowers, both wild and domestic, and had attended scientific lectures in her youth. Together they encouraged a love of science and nature in their children, taking Jane Catherine and David Ross in 1861 to a lecture by Dr. William Hingston on the "Climate of Canada".

Finally, a lasting tribute to John Samuel McCord's meteorological work was provided on the fly-leaf of Dr. William Hingston's influential book *The Climate of Canada and its Relation to Life and Health,* published in 1884. It read: "To D. R. McCord Esq, To whose father the writer is indebted for having his attention directed to the subject of this volume, 8 August, 1885".

Masonic Activities

The McCords were probably Masons before coming to Quebec. Among the Ulster Scots Freemasonry played a significant social and political role, and communities like Dublin had military lodges. In Newry, the community from which John McCord emigrated, the St. Patrick's Lodge was one of the oldest in Ireland.[31] In an ideological and spiritual sense, the Masons encouraged a sense of self-awareness, of one's duties to society, and of the mysteries of life and the certainty of divine power.[32] John Samuel McCord's intellectual interests may have encouraged his Freemasonry. Masons subscribed to "the idea of a 'Great Architect of the Universe', a notion that encouraged the natural urge to explore the Architect's work scientifically." Freemasonry, along with science, could be regarded as a means to subordinating political conflict for the greater good of society.[33] More probably, however, he joined because men of his standing generally belonged to the Masons. Through the McCord papers we can trace three generations of McCord membership, both in Quebec City and in Montreal[34], in this important social and benevolent fellowship which was one of a network of social, religious, political and professional organizations.

Service in the Militia

Religion, education, science and Masonic activities represented the spiritual and intellectual aspects of the non-professional lives of the McCords and their relatives. Their participation in the militia was in a similar vein, combining social activities with service to the British Empire.

There is no evidence to indicate that John McCord belonged to the militia, but later McCords, Davidsons and Rosses were members, in particular John Samuel McCord.

Temple Grove avec David Ross McCord adossé à une colonne, 1872, photographie de Alexander Henderson, commandée par David Ross McCord (Mp033)

Temple Grove with David Ross McCord leaning against a pillar, 1872, photograph by Alexander Henderson, commissioned by David Ross McCord (Mp033).

Vue depuis la maison d'été à Temple Grove, Henry Cotton (oncle de David Ross McCord), vers 1848, aquarelle (M1859).

View from the Summer House at Temple Grove, Henry Cotton (David Ross McCord's uncle), about 1848, watercolour (M1859).

l'une des plus anciennes loges d'Irlande[31]. D'un point de vue idéologique et spirituel, les francs-maçons encourageaient la connaissance de soi et les devoirs de chacun envers la société ainsi que les mystères de la vie et la certitude de l'existence d'une puissance divine[32].

Il est possible que les intérêts intellectuels de John Samuel McCord l'aient poussé à se joindre aux rangs des francs-maçons qui croyaient « à l'idée d'un "Grand Architecte de l'Univers", notion qui stimule le besoin naturel d'explorer le travail de l'architecte d'un point de vue scientifique ». La franc-maçonnerie, comme la science, pouvait être considérée comme une façon de subordonner les conflits politiques pour le plus grand bien de la société[33]. Il est cependant plus probable que John Samuel soit devenu franc-maçon parce que la majorité des hommes de son milieu l'étaient.

Les papiers de la famille McCord nous permettent de retracer, à Québec et à Montréal, trois générations de McCord dans la franc-maçonnerie[34], cette importante association sociale bienfaisante qui faisait partie d'un réseau d'organismes sociaux, religieux, politiques et professionnels.

Service dans la milice

Les activités religieuses, éducatives, scientifiques et maçonniques représentent le côté spirituel et intellectuel de la vie privée des McCord et de leurs parents. Dans la même veine, leur participation dans la milice leur permet de conjuguer activités sociales et devoirs envers l'Empire britannique.

Nous n'avons aucune preuve de l'adhésion de John McCord à la milice, mais les McCord, Davidson et Ross des générations ultérieures en étaient membres, notamment John Samuel McCord. David Ross McCord est officier dans la milice et son frère Robert Arthur achète un brevet dans l'armée régulière, signe de situation sociale. Enfin, cinq descendants des Ross et des Fraser ont combattu en France durant la Première Guerre mondiale. Arthur Ross, qui y perdit la vie, reçut la Croix militaire pour sa bravoure.

Thomas McCord est lieutenant dans la Milice de Montréal de 1790 à 1802, bien qu'il ait séjourné en Irlande pendant la plus grande partie de cette période[35]. En Irlande, il s'est joint au régiment de cavalerie volontaire et a joué un rôle actif durant la rébellion de 1798 : pendant trois jours, il aide à pourchasser un groupe de mille rebelles qui avaient réussi à s'approcher à trente-deux kilomètres de Dublin[36].

John Samuel McCord commence sa carrière dans la milice en 1819 en qualité d'enseigne du 1er bataillon de la Milice de Montréal. Son rang élevé dans la milice lui permet d'assister, accompagné de sa femme, à bon nombre d'événements sociaux rattachés à la garnison régulière : bals, divertissements théâtraux, excursions en vapeur et banquets. En 1820, il est lieutenant et adjudant dans la Milice de Pointe-Claire et, trois ans plus tard, capitaine. En 1827, il est promu major du 5e bataillon pour le comté de Montréal, et en 1828 il joint la cavalerie montréalaise à titre de major.

Au début de la rébellion de 1837-1838 dans le Bas-Canada, John Samuel McCord est nommé lieutenant-colonel de la Royal Cavalry de Montréal et commandant de la 1re brigade volontaire. Règle générale, la brigade de McCord assiste les forces régulières servant à Montréal et dans les environs, et aide à protéger la ville d'une invasion possible. Parmi ses fonctions particulières, elle assure un service de dépêche pour les forces régulières. Commander une unité de milice en période d'insurrection civile était une tâche particulièrement délicate; des conflits armés éclatèrent dans la vallée du Richelieu et dans des villages au nord de Montréal en 1837-1838.

Maisons et jardins

La succession de maisons et de domaines occupés par les McCord et leurs parents constituent le cadre des aspects les plus intimes de leur vie familiale. S'il est vrai que ces moments d'intimité sont évidemment les plus difficiles à cerner, les objets ménagers qui se trouvent maintenant au Musée, la correspondance, l'inventaire des bibliothèques et

David Ross McCord was an officer in the militia, and his brother Robert Arthur McCord purchased a commission in the regular army, a badge of social status. Finally, five descendants of the Rosses and Frasers served in France in the First World War. Arthur Ross lost his life, receiving the Military Cross for bravery.

Although absent in Ireland for much of the period, from 1790 to 1802 Thomas McCord was a lieutenant in the Montreal militia.[35] While in Ireland he joined the Irish Yeomanry and saw active service during the Rebellion of 1798: for three days he participated in the pursuit of a group of a thousand rebels who had penetrated to within twenty miles of Dublin.[36]

John Samuel McCord's career in the militia began in 1819 with his commission as an ensign in the 1st Battalion of the Montreal Militia. John Samuel's prominent position in the militia gave him and his wife access to many of the social events connected with the regular garrison, such as balls, theatricals, steamboat excursions and dinners. In 1820 he became a lieutenant and adjutant in the Pointe Claire Militia, and three years later, captain. In 1827 he was appointed major in the 5th Battalion for the County of Montreal, and in 1828 he joined the Montreal Troop of Cavalry as a major.

With the outbreak of the Lower Canadian Rebellions in 1837-1838, John Samuel McCord was appointed lieutenant-colonel of the Royal Montreal Cavalry and commander of the 1st Volunteer Brigade. The duties of McCord's brigade were generally to supplement the regular forces serving in and around Montreal, and to help protect the city from possible invasion; one of their special duties was to maintain a dispatch service for the regular forces. Being commander of a militia unit in a civil insurrection was a particularly sensitive task as armed rebellions broke out in 1837-1838 in the Richelieu Valley and in communities to the north of Montreal.

Houses and Gardens

The succession of houses and estates occupied by the McCords and their relatives were the setting for the most intimate aspects of their family life. Though these private moments are naturally the most difficult to grasp from documentary records, some can be glimpsed through the domestic objects now in the Museum, correspondence, inventories of libraries and household furniture, and photographs.

The McCord and Ross homes tell us much about their inhabitants and the period they lived in, from the latter half of the eighteenth century and throughout the Victorian era. Their houses exemplify the family's varying tastes in architecture. The oldest is the large farm house, the *Grange des Pauvres*. Next came David Ross's neoclassical house opposite the Champ-de-Mars, then Thomas McCord's Gothic Grange, and finally John Samuel McCord's Greek temple, Temple Grove. Gardens also reflect culture, and we can see the McCords' gardening activities evolving from the utilitarian production of food into a middle-class hobby that served as a romantic shelter from urban life.[37]

As in Ireland John McCord conducted his business from his home. His first house in Quebec City included his shop. Built on the foundations of a French government official's residence which had been damaged by the British bombardment, McCord's house was again destroyed by British forces during the American siege of the city in 1775. His second house, on La Fabrique Street, still stands today. While a miniature of this second house was included in the 1808 By-Duberger model of Quebec City, we know little about its grounds or furnishings: John donated it to his son, John Junior, in 1789, and at his death in 1793 left only a small library and some clothes.

La Grange des Pauvres was Thomas McCord's first house on the Nazareth Fief. From a Henderson photograph, commissioned by David Ross McCord in the 1870s, it can clearly be identified as a stone farmhouse with a vegetable garden. Many people in Montreal kept vegetable gardens as well as cows, chickens and pigs.[38] We know from his correspondence with Jacques Terroux in London that in August 1795 Thomas McCord purchased plants and seeds from Pritchet's, Oxford Street, London. One letter shows that many plants and seeds were available to Montreal gardeners, and that Thomas chose to grow vegetables and fruits for his own use rather than flowers:

> There is Advertised for sale at Pritchets, No. 374 Oxford Street, Opposite Well Street - Montauban red and White Currents, of a Superior size and flavor, at 2/6 for 12 Cuttings - The Florida, and Millers Mouthful, Strawberry - 12 Roots for 2/6 - If Mr. Terroux thinks the above really worth taking as much trouble with, he will be good enough to have twelve of each kind put up in a box, in such a way as will preserve them the Voyage; and get them sent to Mr. William Beatson, late a Captain in this trade, who he will hear of at the New York Coffee Houses: and to whom I shall write to forward them. - Next Spring is as early as they can be sent.- the reason for troubling Mr. Terroux now, is to give him time to Enquire about them. And if a few roots, or Cuttings, of any other curious kinds of such fruit, or of Rasberries or Gooseberries, could be Added, it would be Esteemed a particular favor. There is also to be had at the same Shop, a Small Pamphlet, entitled - "twenty interesting communications on Gardening and Husbandry, by Jededeah Simmons, price 5/ it is sealed up, and like Matrimony or Masonry, not to be known but by trial - however the Sum is not large, and is unlike them in one respect; the worst is known at once - if it contains one new and Valuable Communication, it is well worth the Money - The Writer is Improving a farm, and Endeavouring in this frozen Climate to make a good Garden,- therefore would be much Oblidged to Mr. Terroux, if he can procure him a few *good* Garden seeds, that may be depended on.

In the decade following Thomas McCord's return to Montreal from Ireland in 1805 with his wife and two sons, he was fully occupied with recovering from bankruptcy, with his court challenge to the Griffins to regain the Nazareth Fief, and then, after the death of his wife in 1812, with the upbringing of his two sons. It was only in 1819 that he apparently felt financially secure enough to build a new house on the Nazareth Fief, at a total cost of over £1,850. The Henderson photograph, the only extant pictorial record, emphasizes its Gothic appearance: indeed, this house may have been one of the earliest examples of Gothic domestic architecture in

Montre en argent avec blason de la famille McCord à l'arrière ayant appartenu à John McCord, fin du XVIIIe siècle (M9776).

Silver watch with the McCord family coat-of-arms on the back which belonged to John McCord, late-eighteenth century (M9776).

du mobilier, sans oublier les photographies, nous en donnent un aperçu.

Les foyers des McCord et des Ross nous en disent long sur leurs occupants et la période durant laquelle ils y ont vécu, soit de la deuxième moitié du dix-huitième siècle à la fin de l'ère victorienne. Leurs maisons illustrent l'éclectisme des goûts architecturaux de la famille. La plus ancienne est la grande ferme appelée la « Grange des Pauvres ». Vient ensuite la demeure néoclassique de David Ross face au Champ-de-Mars, puis la « Grange » gothique de Thomas McCord et enfin « Temple Grove », le temple grec de John Samuel McCord. Les jardins sont aussi le reflet de la culture et l'on peut voir comment les activités de jardinage des McCord ont évolué, passant de la simple production utilitaire à un passe-temps propre à la classe moyenne, façon romantique de s'évader de la vie urbaine[37].

À Québec, la première maison de John McCord comprend un magasin, ce qui lui permet, tout comme en Irlande, de mener ses affaires directement de chez lui. Construite sur les fondations de la résidence bombardée par les Anglais d'un représentant du gouvernement français, la maison de John McCord est également détruite par les forces britanniques lors du siège des Américains en 1775. Sa deuxième résidence, rue de la Fabrique, existe encore aujourd'hui. La maquette de la ville de Québec réalisée par By-Duberger en 1808 comprenait un modèle réduit de cette deuxième maison, mais nous n'avons guère de renseignements sur ses jardins ou son ameublement. John la donne à son fils John Junior en 1789 et à sa mort, en 1793, il n'y reste qu'une petite bibliothèque et quelques vêtements.

La Grange des Pauvres est la première maison de Thomas McCord sur le fief Nazareth. Sur une photographie de Henderson commandée par David Ross McCord dans les années 1870, l'on distingue clairement la ferme en pierre et un potager. (Il était courant à Montréal de posséder un potager, des vaches, des poules et des cochons[38].) Nous savons d'après sa correspondance avec Jacques Terroux, de Londres, que Thomas McCord achète en août 1795 des plants et des graines de la maison Pritchet's, rue Oxford, à Londres. Une lettre indique que les jardiniers montréalais pouvaient se procurer une grande variété de plants et de graines et que Thomas préférait faire pousser à son usage personnel des fruits et des légumes plutôt que des fleurs :

> Pritchets, 374 rue Oxford, en face de Well Street, annonce la vente de groseilles Montauban rouges et blanches, d'une grosseur et d'un goût supérieurs, à 2/6 les 12 boutures. Les fraises Florida et Millers Mouthful, 12 plants pour 2/6. Si M. Terroux croit que cela en vaut vraiment la peine, serait-il assez aimable d'en faire mettre 12 de chaque sorte dans une caisse de façon à les protéger lors du voyage et de les faire parvenir à M. William Beatson, anciennement capitaine dans ce commerce et dont il entendra parler aux Coffee Houses de New York et à qui j'écrirai pour qu'il me les expédie – au plus tôt le printemps prochain. La raison d'importuner maintenant M. Terroux est qu'il faut lui laisser suffisamment de temps pour s'enquérir des plants. Et si quelques plants, ou boutures, de toute autre sorte de fruit étrange ou de framboise ou de groseille à maquereau pouvaient être ajoutés, je lui en serais extrêmement reconnaissant. Le même magasin offre aussi une petite brochure intitulée « vingt informations intéressantes sur le jardinage et l'agriculture », par Jededeah Simmons, au prix de 5/; elle est scellée, et comme le mariage ou la maçonnerie, il faut l'essayer pour en juger; toutefois, le prix en est raisonnable, et contrairement aux deux autres, on sait tout de suite si l'on a fait erreur – si elle contient un seul renseignement valable, elle vaut son prix. L'auteur, qui exploite une ferme et tente dans ce rude climat de faire un jardin convenable, serait donc très reconnaissant envers M. Terroux si celui-ci pouvait lui procurer quelques bonnes graines sur lesquelles il peut compter.

Collier de médaillons Wedgwood joints par deux chaînes en argent, début du XIXe siècle (M9803). Les médaillons Wedgwood étaient populaires auprès des McCord et des Ross, que ce fût comme bijoux ou pour être exposés dans leurs maisons.

Necklace of Wedgwood medallions joined by two silver chains, early-nineteenth century (M9803). Wedgwood medallions were popular with the McCords and Rosses, either worn as jewellery or displayed in their homes.

Pendentif avec miniature attribuée à John Ramage, début du XIXe siècle, avec mèche de cheveux au verso et initiales « E.I.D. » en or (M10562).

Pendant with miniature attributed to John Ramage, early-nineteenth century, with lock of hair on reverse and gold initials "E.I.D." (M10562).

Canada. Henderson painted out the industrial surroundings of the 1870s, leaving the house looking quite derelict; nevertheless, we can see Thomas's original ideas - Gothic arches over the doors, and Gothic windows and battlements at either wing of the house. It may have begun as a six-sided building, the wings being added in later stages. On January 5, 1823 Clarke and Appleton, Builders, submitted their account for four years of construction; their bill refers to preparing "Gothic head door frames, ribs for Gothic Groined Ceiling for Entrance door Way, making a New Gothic headed Window for Room over Wash-house, and Gothic head'd Windows". They also mention repairs to the stable, the wash-house and the greenhouse fireplace. From the invoice we learn that Jessy (Solomon) lived in the house, probably as housekeeper, along with Mary McCord (Thomas's daughter), John Samuel, William King and the servants; Thomas also had his office in the house. Flower boxes were built for both house and garden, and the walled garden sheltered a vinery and a duck pond.[39] In 1827, when the house was advertised for sale, the description noted that "The Garden is in the highest state of cultivation, and contains a Hot-House, Vinery, &c. The Ice House, Stables, Root-House, &c. are in the best order".[40]

Thomas McCord seems to have purchased much of his domestic furniture from local makers who also did general house repairs. D. W. Johnson made book cases, a writing desk and bench, and a map case; and George Gray made him a "small chest walnut drawers, a painted Table with a drawer, a chest Mahogany drawers and a pine folding Settle bed, Library steps covered with carpet and a New Key for Travelling desk", perhaps the one with "Thomas McCord, MPP" engraved on a brass plaque on the lid.[41] The Chippendale chair was probably made locally in about 1810. These bills seem to suggest that local cabinetmakers could cater to the pretentions of a man like Thomas McCord.

Thomas McCord's preferred colour for china was blue, the latest fashion. An enormous amount of imported ceramic ware was available through Montreal dealers[42], and Thomas indulged himself. Between 1808 and 1816 he bought blue-edged supper plates and blue-printed teapots and pitchers from John Shuter, along with a complete gilt tea set and two gilt cake plates, and in 1818 an "Egyptian Black Coffee pot" from Shuter & Wilkins.[43] An ornate Chamberlain's Worcester plate gives an idea of Thomas's taste.

The Ross house opposite the Champ-de-Mars, built in the neoclassical style in 1813, stood until 1952 when it was demolished to make way for a parking lot. Because of its conspicuous position on the edge of the Champ-de-Mars parade ground, the Ross home appears in many contemporary illustrations. David Ross McCord commissioned Henry Bunnett to draw the house and graceful details of the inside and outside. The construction costs for this mansion, reputed to be one of Montreal's earliest cut-stone houses, amounted to £1,007 within the first seven months.[44] Family legend held that the elaborate style of their home was the cause of the only disagreement between Jane Davidson Ross, who would have settled for something simpler, and her husband. A somewhat sardonic remark in a letter from Anne Ross, their daughter, to her brother Arthur in 1820 indicates that the children may have shared their mother's scepticism. "I am seated in my apartment (which I need not tell you, is in the eastern turret of the castle)."[45] David Ross, a highly successful lawyer who had taken over his father-in-law's practice, became a K.C. and Advocate-General. He was a prominent Anglican, a Mason, a member of the militia and Commissioner of the Lachine Canal. By the 1820s he was the fifth largest private property owner in Montreal.[46] The Ross's busy social schedule demanded a large establishment: five of their eleven children had been born by 1813, a minimum of four servants kept the house running, and at least one of David Ross's law clerks lived in the house. Relatives, friends and colleagues came regularly to dinner, tea and cards.

The furnishings were in the latest style and sometimes quite elaborate. In 1808 David Ross had purchased from his father-in-law's estate a thousand dollars worth of furnishings,

Au cours de la décennie qui suit son retour d'Irlande en 1805 avec sa femme et ses deux fils, Thomas McCord se consacre au redressement de ses affaires après sa faillite et à ses démêlés en cour contre les Griffin pour récupérer le fief Nazareth. En 1812, après la mort de sa femme, il s'occupe de l'éducation de ses deux fils. Ce n'est qu'en 1819 que sa situation financière est apparemment suffisamment stable pour qu'il puisse se faire construire une nouvelle maison sur le fief Nazareth, au coût total de plus de 1 850 £. La photographie de Henderson, seul document visuel existant, en souligne le style gothique. Cette maison était peut-être en effet l'un des premiers modèles d'architecture domestique gothique au Canada. Henderson a éliminé les bâtiments industriels qui ponctuaient les alentours dans les années 1870 et la maison semble plutôt abandonnée. Néanmoins, les idées originales de Thomas – arcs gothiques au-dessus des portes, fenêtres gothiques et créneaux à chaque aile de la maison – sont nettement visibles. À l'origine, il se peut que le bâtiment ait été hexagonal, et que les ailes aient été ajoutées plus tard. Le 5 janvier 1823, les entrepreneurs Clarke et Appleton soumettent leur compte pour quatre années de construction; leur facture indique la fabrication « de dormants de porte gothiques, d'arêtes de voûte pour plafond gothique du porche d'entrée, d'une nouvelle fenêtre gothique pour la pièce au-dessus de la buanderie, et de fenêtres gothiques ». Y figurent également des travaux de réparation à l'écurie, à la buanderie et au foyer de la serre. D'après la facture, Jessy (Solomon) vivait dans la maison, probablement comme gouvernante, avec Mary McCord (la fille de Thomas), John Samuel, William King et les domestiques; Thomas avait également installé son bureau dans la maison. Des boîtes à fleurs ornaient la maison ainsi que le jardin entouré d'un mur où l'on retrouvait une serre à vignes et une canardière[39]. En 1827, lorsque la maison est mise en vente, l'annonce indique que « Le jardin est au sommet de sa productivité et comprend une serre chaude, une serre à vignes, etc. La glacière, les écuries, le cellier, etc. sont en parfait état[40]. »

Thomas McCord semble avoir acheté la plupart de ses meubles chez des fabricants locaux qui effectuent aussi des réparations générales. Des bibliothèques, un bureau, un banc et un coffre pour cartes géographiques sont fabriqués par D. W. Johnson; George Gray réalise pour Thomas une « petite commode en noyer, une table peinte avec un tiroir, une commode en acajou et un divan-lit en pin, un escabeau recouvert de moquette pour la bibliothèque et une nouvelle clé pour un bureau de voyage », peut-être celui portant l'inscription « Thomas McCord, MPP » sur la plaque de cuivre ornant le couvercle[41]. Datant d'environ 1810, la chaise Chippendale est probablement de fabrication locale. Ces factures nous permettent de supposer que les ébénistes locaux pouvaient satisfaire les exigences d'un homme du rang de Thomas McCord:

En ce qui concerne la porcelaine, Thomas McCord préfère le bleu, alors du dernier chic. La vaisselle en céramique est importée massivement par des négociants montréalais[42], et Thomas en est un grand consommateur. Entre 1808 et 1816, il achète chez John Shuter des assiettes à dîner à bordure bleue, des théières et des pichets à motifs bleus, un service à thé complet et deux assiettes à gâteau ornés de dorure, et en 1818 une « cafetière noir égyptien » chez Shuter & Wilkins[43]. Une assiette Worcester très ornée de Chamberlain donne une idée des goûts de Thomas.

Construite en 1813 dans le style néoclassique, la maison des Ross face au Champ-de-Mars a été détruite en 1952 pour faire place à un terrain de stationnement. Bien en vue sur la limite du terrain de manœuvres du Champ-de-Mars, elle apparaît dans de nombreuses illustrations anciennes. David Ross McCord avait commandé à Henry Bunnett un dessin de la maison et des élégants détails intérieurs et extérieurs. Les coûts de construction de ce manoir, réputé être l'une des maisons en pierre de taille les plus anciennes de Montréal, se sont élevés à 1 007 £ au cours des sept premiers mois[44]. La famille soutenait que le style très décoratif de la maison représentait le seul sujet de mésentente entre Jane Davidson Ross, qui aurait préféré plus de simplicité, et son mari. Dans une lettre adressée à son frère Arthur en 1820, Anne Ross fait une remarque quelque peu sardonique qui laisse sous-entendre que les enfants partageaient le point de vue de leur mère : « Je suis assise dans mes appartements (qui, nul besoin de le préciser, sont situés dans la tourelle est du château)[45]. » David Ross, avocat de grande réputation ayant repris le cabinet de son beau-père, est devenu c.r. et procureur général. Membre influent de la communauté anglicane, il est aussi franc-maçon, membre de la milice et commissaire du canal de Lachine. Dans les années 1820, il est le cinquième propriétaire privé de Montréal[46]. En raison de leur vie mondaine très chargée, les Ross doivent vivre dans une grande résidence : cinq enfants sur onze sont nés avant 1813, quatre domestiques au minimum s'occupent de la maison et au moins un des apprentis de David Ross vit avec eux. Parents, amis et collègues sont régulièrement invités à dîner, à prendre le thé ou à jouer aux cartes.

Les meubles sont à la dernière mode, parfois très recherchés. En 1808, David Ross achète de la succession de son beau-père des meubles d'une valeur totale de mille dollars, auxquels il ajoute ses propres acquisitions. Le service à dessert Davenport Longport du style d'Imari est tout aussi raffiné que ceux que l'on trouve dans les foyers londoniens. La famille Ross aime tant ce service qu'elle l'offre en cadeau de mariage à Anne Ross et John Samuel McCord en 1832. Plusieurs garde-feu en acier taillé ornent les cheminées, et une tapisserie au petit point de Jane Davidson Ross décore le bel écran de cheminée Regency.

Le jardin, qui a une fonction à la fois utilitaire et récréative, est probablement tout aussi bien géré que la maison. Selon l'article de Richard Starke paru dans *The Canadian Horticultural Magazine*, en 1898, le célèbre melon montréalais y est récolté dans des paniers à linge[47]. Toujours selon Starke, le pavillon dans le jardin est « certainement le plus beau du Canada, et peut-être du continent; octogone aux formes délicates mesurant environ 16 pieds [4,8 mètres] de diamètre, il a coûté cent guinées et est de style anglais, maintenant communément appelé early colonial. » Le pavillon sera ensuite transporté dans les jardins de Temple Grove, sur le mont Royal, pour le plus grand plaisir de la famille McCord et des amis[48].

Les jardins de Temple Grove reflètent l'intérêt de John Samuel McCord pour la science, la nature et la vie communautaire.

> Il connaissait et aimait la flore du pays et s'entourait non seulement d'espèces en provenance d'autres régions, mais possédait aussi la seule collection de plantes indigènes à Montréal... Les hauts arbrisseaux et les parterres plus conventionnels embaumaient l'air ou offraient à la vue d'immenses tapis de plantes annuelles ou vivaces que notre climat permettait de faire croître. Un pont rustique recouvert de

to which he added his own acquisitions. The Davenport Longport dessert service in the Imari pattern was as fine as could be found in any London home. It was held in such esteem by the Ross family that it was presented to Anne Ross and John Samuel McCord at their marriage in 1832. Several cut-steel fenders graced the fireplaces, and Jane Davidson Ross's needlepoint decorated the fine regency fire screen.

The garden, a place for both food production and family enjoyment, was probably just as carefully managed as the house. The famous Montreal melon was gathered in clothes baskets from this garden, according to Richard Starke's article in *The Canadian Horticultural Magazine* of 1898.[47] Starke also described the summer-house that stood in the garden as "certainly the most beautiful in Canada, and perhaps on the continent, a delicately modelled octagon of about sixteen feet in diameter, which had cost a hundred guineas, in the English style, now popularly termed early colonial." The summer-house was moved to the gardens of Temple Grove on Mount Royal, where family and friends continued to enjoy it.[48]

The Temple Grove gardens symbolized John Samuel McCord's sense of science, nature and community.

> He knew and loved the silva and flora of the country, and he surrounded himself with not only the contributions to our climate from other lands, but here was to be found the only collection of native plants in Montreal... The long shrubberies and more conventional parterres perfumed the air, or displayed in scores of beds what our climate permitted to be grown of the perennials and annuals. A rustic bridge, covered with vines, spanned a ravine and terminated in an arbour, one of the many that suggested a book or thought. Honeysuckles, or Espalier Roses, ten feet in height, adorned the walks. The place was a succession of gracefully broken surfaces, and the paths followed them. The theory of the garden was to be directed by nature rather than direct her, and the success of the result proved the correctness of the theory. There was hardly a straight walk, and there were acres of them. A system of curves predominated, even in the more useful domain of the fruit and vegetable garden, which in their productiveness demonstrated that the love of the beautiful had not weakened the knowledge of the useful... There was more leisure in the Judge's time. We did not live so rapidly, and, at Temple Grove, Bishops, General and staff officers and their wives, with the merchants and professional men, lingered over the flower beds as they discussed the topics of the day. Many a brilliant garden party those glades have witnessed.[49]

John Samuel McCord obtained an Aeolian harp, an instrument rich in poetic associations designed to be set up in an open window or placed in the garden. Its attraction for a meteorologist is obvious: sound was produced by the wind blowing across its strings!

> Ethereal Race, inhabitants of Air,
> Who hymn your god amid the secret grove,
> Ye unseen Beings! to my harp repair,
> And raise majestic strains, or melt in love.[50]

Pelote d'aiguilles, début du XIXe siècle, laiton et velours, cadeau de mariage offert à Mme John Samuel McCord en 1832 (9706).

Pin-cushion, early-nineteenth century, brass and velvet, a wedding present to Mrs. John Samuel McCord in 1832 (9706).

Temple Grove was the last McCord family home. In 1836 John Gray's Côte-des-Neiges estate was surveyed for subdivision by John Ostell. The lot purchased by John Samuel McCord measured eight *arpents*, thirty-six *perches* and one hundred and nine feet.[51] Here John Samuel built his summer retreat in the form of a Greek temple, declaring that if the Greeks had seen such a place, they too would have erected a temple. It is likely that he designed the house himself, for his thoroughly classical education would have familiarized him with this form. The contrast between John

Bougeoir en métal, début du XIXe siècle, utilisé pour éclairer les fenêtres des résidences des McCord lors de certaines fêtes (M1272).
Metal candle-holder, early-nineteenth century, used to light the windows of McCord homes during celebrations (M1272).

◄ Tabatière en forme de globe terrestre de John Samuel McCord, début du XIXe siècle, Angleterre, émail peint sur cuivre doré (M15909).
John Samuel McCord's snuffbox in the form of a globe, early-nineteenth century, English, painted enamel on copper gilt (M15909).

> vignes enjambait un ravin et donnait sur une des nombreuses charmilles rappelant un livre ou une pensée. Des chèvrefeuilles ou des roses en espalier de dix pieds [trois mètres] de haut agrémentaient les allées. Succession d'espaces brisés où couraient des sentiers, le jardin devait en théorie être guidé par la nature, et non l'inverse, et la beauté du résultat prouvait l'exactitude de la théorie. Les allées, presque toutes sinueuses, s'étendaient sur plusieurs acres. Les lignes courbes dominaient, même dans l'univers plus pragmatique du potager qui dans son abondance offrait la preuve que l'amour du beau n'avait pas subjugué la connaissance de l'utile... À cette époque, les moments de loisir étaient plus fréquents. Le rythme de la vie était plus lent, et à Temple Grove les évêques, les officiers généraux et d'état-major, accompagnés de leurs épouses, les marchands et les hommes de professions libérales s'attardaient devant les massifs de fleurs tout en discutant des sujets du jour. Que de brillantes fêtes champêtres ces jardins ont-ils vues[49].

John Samuel McCord a fait l'acquisition d'une harpe éolienne, instrument riche de connotations poétiques devant être placé dans une fenêtre ouverte ou dans le jardin. La fascination exercée par cet instrument sur un météorologue est évidente : le son est produit par le vent qui souffle dans ses cordes!

> Créatures éthérées, habitants de l'Air,
> Qui chantez votre dieu dans le bocage secret,
> Êtres invisibles! De ma harpe puisez
> Des accords majestueux, ou à l'amour laissez-
> vous abandonner[50].

Temple Grove est la dernière résidence familiale des McCord. En 1836, le domaine de John Gray rue Côte-des-Neiges est arpenté par John Ostell à des fins de subdivision. Le lot acheté par John Samuel McCord mesure 8 arpents, 36 perches et 109 pieds (33 mètres)[51]. John Samuel y fait construire sa maison d'été dans le style d'un temple grec, déclarant que si les Grecs avaient vu un tel endroit, ils y auraient aussi érigé un temple. Il a probablement dessiné la maison lui-même, sa formation strictement classique l'ayant très certainement influencé en ce sens. Le contraste entre le choix de John Samuel et le style gothique préféré par son père dix-sept ans auparavant est significatif. Lorsque la maison fut terminée, en 1838, elle avait coûté 1 389 £.

Dans les années 1840, Montréal s'étend et les McCord peuvent convertir leur maison d'été en domicile fixe. Des rideaux en damas habillent les fenêtres et des meubles en acajou ornent les pièces. Parmi ceux-ci, certains ont été spécialement commandés, comme la table de salle à manger et la petite cave à vins, pièce relativement rare. L'immense bibliothèque occupe une place de choix, perpétuant ainsi la tradition des McCord et des Ross. Des dessins et des aquarelles de Montréal réalisés par l'artiste James Duncan et commandés par John Samuel McCord pendant vingt ans ornent les murs, ainsi que des aquarelles exécutées par Anne Ross McCord, l'un des nombreux élèves de Duncan, et des pastels de Dulongpré représentant l'*Automne et l'Hiver*. Temple Grove abrite aussi des meubles et des objets légués aux McCord. Ainsi, il est possible que la chaise verte Windsor, probablement fabriquée à Montréal et placée dans le bureau de John Samuel McCord, provienne de la maison des Davidson, où seize chaises vertes Windsor ont été inventoriées en 1808[52]. Des services en porcelaine ont été divisés et transmis de génération en génération. L'origine de la collection de médaillons, de bijoux et de petits objets Wedgwood est quelque peu mystérieuse. Dès le début de leur fabrication au dix-huitième siècle, les objets Wedgwood ont la faveur des collectionneurs. Or les Ross et les McCord suivent la mode. Un des membres de la famille pensait qu'Arthur, le frère d'Anne Ross, avait acheté une pièce lors d'un voyage à Rome, pendant ses études en Europe; cependant les Wedgwood étaient largement distribués à

Chandelier en étain peint en vert avec abat-jour sur tige de métal, vers 1835, utilisé par la famille McCord à Temple Grove (M11190).

Green-painted tin candlestick with shades elevated on iron stand, about 1835, used by the McCord family at Temple Grove (M11190).

Broc à eau en étain qui était assorti à un lave-pieds, début du XIXe siècle (M10014).

Tin water-can for carrying water to a matching footbath, early-nineteenth century (M10014).

Samuel's choice of design and the Gothic style favoured by his father seventeen years earlier is significant. When completed in 1838, the house had cost John Samuel some £1,389.

With the expansion of Montreal in the 1840s, the McCords were able to convert their summer refuge into a permanent residence. Damask curtains framed the windows and mahogany furniture filled the rooms. Some of the latter was especially commissioned, including the dining-room table and the quite rare cellarette or wine box. The large library had a prominent place, in keeping with the McCord and Ross tradition. Drawings and watercolour views of Montreal by James Duncan, commissioned by John Samuel McCord over a period of twenty years, adorned the walls, together with watercolour paintings by one of Duncan's many students, Anne Ross McCord, and Dulongpré's pastels of the seasons *Autumn* and *Winter*. Temple Grove also contained furniture and objects willed to the McCords. A green Windsor chair, probably produced in Montreal and used by John Samuel McCord in his office, may have originated in the Davidson home, which contained sixteen green Windsor chairs according to the inventory of 1808.[52] Sets of china were divided up and passed on from generation to generation. The origin of the collection of Wedgwood medallions, jewellery and small objects is somewhat mysterious. Wedgwood items were popular with collectors from the time they were first manufactured in the eighteenth century, and the Rosses and McCords kept up with fashion. One member of the family thought that Anne Ross's brother Arthur had acquired a piece on a visit to Rome while studying in Europe; however, Wedgwood products could easily be purchased in Montreal. The medallions were probably displayed at Temple Grove and those in settings were sewn on velvet bands and worn as bracelets. A daguerreotype of Anne Ross McCord shows her wearing a single large Wedgwood buckle on a black velvet band around her wrist.

David Ross McCord and his wife took over Temple Grove after their marriage in 1878, and over time their home began to resemble a museum. Family possessions took their place beside historical pieces, and photographs of the interior of Temple Grove show that David Ross McCord had literally assimilated the family treasures within the context of Canadian history.

Women in the McCord Family: the Example of Anne Ross (1807-1870) and Letitia Chambers (1841?-1928)

As the numerous references to women's activities in the McCord Family Papers demonstrate, the Davidson, Ross and McCord ladies left enough of a record to give us a glimpse into the lives of Montreal's female elite from the late eighteenth century to the 1920s. Often literate and artistic, most McCord wives came from prominent families and were important to the social aspirations of their husbands. Margaret Hannah, who emigrated to Canada with her husband John McCord, belonged to a prominent merchant family in Newry, Ireland. Sarah Solomon (? - 1812), Thomas McCord's second wife, was the daughter of a well-known Montreal Jewish merchant, Levy Solomon. Anne Ross (1807-1870), John Samuel McCord's wife, came from a family of leading Montreal lawyers. And William King McCord's wife, Aurelia Félicité Arnoldi (1807-1868) belonged to another of Montreal's most prominent families, her father being a respected physician. Only David Ross McCord broke with this family tradition in marrying Letitia Chambers (1841?-1928), who had emigrated from Ireland and by the mid-1870s was matron of the Civic Smallpox Hospital.

Traditionally the McCord wives - in a setting defined by the family, home, leisure, the arts and the church - devoted most of their considerable energies to domestic and philanthropic duties, and used their free time for an

Service à thé en porcelaine Worcester de Chamberlain, vers 1800, offert à Anne Ross par sa grand-mère Eleanor Birnie Davidson en 1822 (M9736.1-.16).

Chamberlain's Worcester porcelain tea-set, about 1800, given to Anne Ross by her grandmother Eleanor Birnie Davidson in 1822 (M9736.1-.16).

Montréal. Les médaillons étaient probablement exposés à Temple Grove et ceux qui était montés étaient cousus sur des bandes de velours et portés en bracelets. Sur un daguerréotype, Anne Ross McCord porte au poignet un médaillon Wedgwood cousu sur une bande de velours noir.

David Ross McCord et sa femme prennent possession de Temple Grove après leur mariage en 1878, et la maison prend au fil des ans l'allure d'un musée. Les biens de la famille trouvent leur place à côté de pièces historiques, et des photographies prises à l'intérieur de Temple Grove montrent que David Ross McCord a littéralement assimilé les trésors de la famille au contexte historique canadien.

Les femmes de la famille McCord : l'histoire d'Anne Ross (1807-1870) et de Letitia Chambers (1841?-1928)

Comme le démontrent les multiples références aux activités féminines dans les papiers de la famille McCord, les dames Davidson, Ross et McCord ont laissé suffisamment de documents pour nous laisser entrevoir la vie de l'élite féminine montréalaise de la fin du dix-huitième siècle aux années 1920. Souvent cultivées et douées de talents artistiques, la plupart des épouses McCord viennent de familles influentes et jouent un rôle important dans les aspirations sociales de leurs maris. Margaret Hannah, venue au Canada avec son époux John McCord, était issue d'une riche famille de marchands de Newry, en Irlande. Sarah Solomon (?-1812), la deuxième épouse de Thomas McCord, était la fille de Levy Solomon, marchand juif très connu à Montréal. Anne Ross (1807-1870), la femme de John Samuel McCord, venait d'une famille d'avocats influents de Montréal et la femme de William King McCord, Aurelia Félicité Arnoldi (1807-1868), appartenait à une autre famille très en vue de Montréal, son père étant un médecin respecté. Seul David Ross McCord rompit avec la tradition familiale en épousant Letitia Chambers (1841?-1928) qui avait émigré d'Irlande et était infirmière en chef au Civic Smallpox Hospital au milieu des années 1870.

Les épouses McCord – dans un cadre défini par la famille, la maison, les loisirs, les arts et la religion – consacrent traditionnellement la plus grande part de leur inépuisable énergie à des tâches philanthropiques et domestiques, et emploient leurs temps libres à une gamme impressionnante d'activités culturelles et scientifiques. De même, les intérêts culturels, religieux, philanthropiques et scientifiques des femmes McCord célibataires sont multiples. Alors que les McCord établissent leur situation de membres influents de l'église Christ Church, Mary McCord participe activement aux bonnes œuvres catholiques. Jessy, la demi-sœur de Sarah Solomon, a son banc à la synagogue. Quant à Anne McCord (1848-1929), elle partage son temps entre ses intérêts pour l'Église anglicane, ses esquisses, ses albums sur l'histoire canadienne, la religion, les trains et les automobiles, et les observations météorologiques commencées par son père.

Les journaux intimes, carnets de notes, aquarelles et toutes sortes d'objets ayant appartenu à Anne Ross (1807-1870) nous fournissent plus de renseignements que ne nous en ont laissés les autres femmes de la famille. Deuxième née d'une famille de onze enfants, Anne est la fille aînée de Jane Davidson (1789-1866) et de David Ross (1770-1837). Issue de l'une des familles les plus influentes de la communauté irlandaise d'ascendance écossaise, Anne épouse John Samuel McCord, alors jeune avocat, en 1832. Si sa relation avec son époux et ses enfants, empreinte de tendresse et de convenances victoriennes, est sa principale préoccupation, son intelligence et son énergie lui confèrent une forte personnalité. Elle encourage également la tradition familiale des collections et fait cadeau à David Ross McCord, pour ses vingt-deux ans, de deux aquarelles de Montréal réalisées par James Duncan en 1832. John Samuel McCord, décédé peu de temps auparavant, avait été l'un des premiers bienfaiteurs

Pièces d'un service à dessert en porcelaine de Davenport Longport, style d'Imari, début du XIXe siècle, don de David Ross à sa fille Anne Ross et à John Samuel McCord à l'occasion de leur mariage en 1832 (M2456.1-14).

Part of an Davenport Longport porcelain dessert service in the Imari style, early-nineteenth century, a gift from David Ross to his daughter Anne Ross and John Samuel McCord on the occasion of their marriage in 1832 (M2456.1-14).

impressive range of cultural and scientific activities. Unmarried McCord women, too, pursued a formidable variety of cultural, religious, philanthropic and scientific interests. While the McCords were establishing their credentials as prominent members of the Christ Church establishment, Mary McCord was actively involved with Catholic charitable works. Sarah Solomon's half-sister Jessy kept her pew in the synagogue. And Anne McCord (1848-1929) balanced her Anglican Church interests with sketching, scrapbooks on the subjects of Canadian history, religion, trains and automobiles, and with the meteorological observations begun by her father.

Through her diaries, commonplace books, watercolours and a range of objects, Anne Ross (1807-1870) provides us with more information than do her female relatives. The second child of eleven children, Anne was the first daughter of Jane Davidson (1789-1866) and David Ross (1770-1837). The product of one of the Montreal Scots-Irish community's most influential families, Anne married John Samuel McCord, a young lawyer, in 1832. Although her relationships with her husband and her children, conducted with tenderness and Victorian gentility, were the dominant factors in her life, Anne Ross's intelligence and energy made her a forceful personality. She also encouraged the family tradition of collecting: for example, on David Ross McCord's twenty-second birthday she presented him with two watercolour views of Montreal painted in 1832 by James Duncan. John Samuel McCord, who had recently died, had been an early patron of the artist, and it is conceivable that these two paintings had been in the family for thirty-three years and that she intended them to be a memorial to her husband.

Like so many of her generation and social class, Anne Ross possessed striking powers of observation and curiosity and engaged in a broad range of activities. Her daily diary, begun at the age of thirteen, records her thoughts and actions. She assembled a "museum" to which her brother, absent in England for nine years of studies, contributed some "curiosities" purchased from the collection of the late Dr. Clarke.[53] After marriage she encouraged her children's interests and stimulated her son's passion for collecting.

Most of what we know about Anne Ross is gathered from her diaries and letters to her family, written principally before her marriage in 1832. Through them we see a large comfortable, cultivated family including many Irish relatives with whom she maintained a regular correspondence. In her diary on March 17, 1821, she recorded: "St. Patrick is my saint, by adoption, though I believe I have some right to him, on my Mother's Side. I do not patronise St. Andrew, and I suppose in consequence of that, he does not patronise me."[54]

Anne Ross seems to have been very much influenced by her step-grandmother, Eleanor Birnie Davidson, the second wife of Arthur Davidson. Born in Ireland, Eleanor Birnie spent thirty years in Montreal. In 1822, she left unwillingly for Ballymena, a small market town twenty miles outside of Belfast, to be a companion to her two elderly sisters. Before she left she presented Anne with her tea set, accompanied by the following letter: "I am highly gratified to learn that you wish to possess anything for my sake, for it is only that could make you desire to have my China, as you have much better already, therefore I beg your acceptance of it, but not as an emblem, for it is much too brittle, of the affection and friendship I have ever felt for you which will last as long as the life of your Truely affectionate Grandmother."[55]

Although Anne's diary only covers an eighteen-month period from 1821 to 1822, she gives us an idea of her parents' busy lives. In addition to managing the large house, servants and family, her mother visited regularly. In 1823 she was elected treasurer at the first annual meeting of the Society of the Montreal Protestant Orphan Asylum, to which she belonged for the rest of her life.[56] She entertained and was entertained by a large circle of friends made up of English and French, Protestants and Roman Catholics.

The diaries also reveal Anne Ross's character at the age of fourteen. Her humorous affection for the Irish, for example,

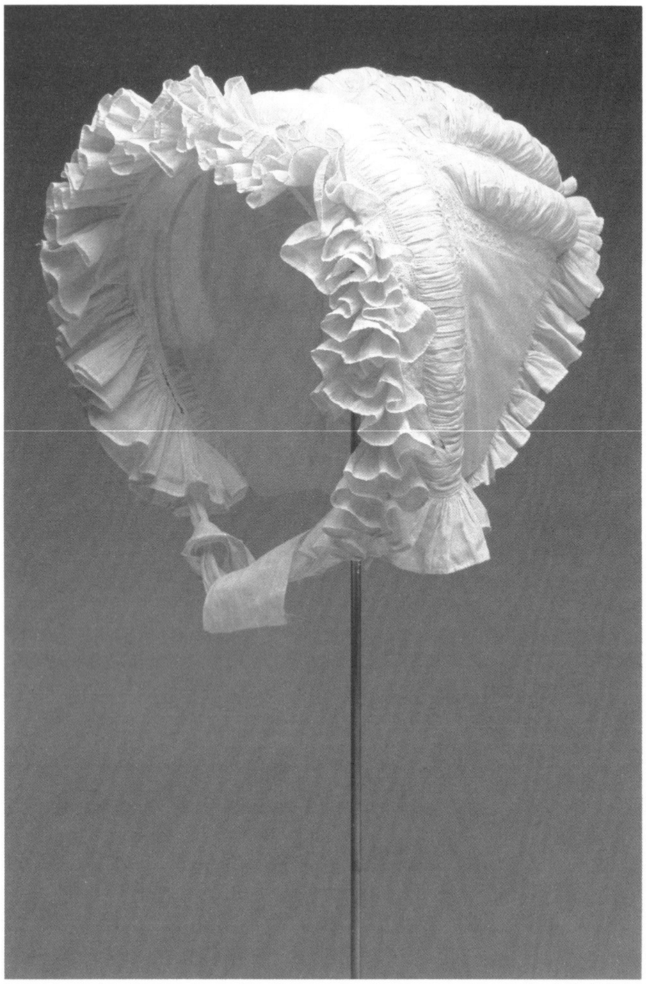

« Bonnet », vers 1840, aurait été confectionné par Mme J. S. McCord (M9677).

"Day cap", about 1840, believed to have been made by Mrs. J. S. McCord (M9677).

de l'artiste et il est possible que ces deux aquarelles soient demeurées dans la famille pendant trente-trois ans avant qu'Anne Ross ne les offre en mémoire de son mari.

Comme tant d'autres personnes de sa génération et de son milieu, Anne Ross possède un pouvoir d'observation saisissant et une curiosité insatiable; elle participe également à une foule d'activités. Dans un journal quotidien, commencé à l'âge de treize ans, elle consigne ses pensées et son emploi du temps. Elle constitue un « musée » auquel son frère, parti étudier en Angleterre pendant neuf ans, ajoute quelques « curiosités » achetées de la collection de feu le Dr Clarke[53]. Après son mariage, elle stimule les intérêts de ses enfants et la passion de son fils pour les collections.

Presque tous les renseignements que nous possédons sur Anne Ross proviennent de ses journaux intimes et des lettres qu'elle adresse à sa famille surtout avant son mariage en 1832. Ces documents dressent le portrait d'une grande famille aisée et cultivée et font état de nombreux parents irlandais avec lesquels Anne Ross correspond régulièrement. Le 17 mars 1821, elle écrit dans son journal : « Saint Patrick est mon saint, par adoption, mais je crois avoir sur lui quelque prétention, du côté de ma mère. Je n'ai pas fait de saint André mon protecteur, et je suppose qu'en raison de cela, il ne m'accorde pas sa protection[54]. »

Anne Ross semble avoir été fortement influencée par sa grand-mère par alliance, Eleanor Birnie Davidson, la deuxième femme d'Arthur Davidson. Née en Irlande, Eleanor Birnie a vécu trente ans à Montréal. En 1822, c'est à regret qu'elle s'embarque pour Ballymena, petite ville marchande située à trente-deux kilomètres de Belfast, pour s'occuper de ses deux sœurs âgées. Avant de partir, elle offre à Anne son service à thé accompagné de la lettre suivante : « Je suis très heureuse d'apprendre que tu désires avoir quelque chose de moi, car c'est la seule raison pour laquelle tu voudrais posséder mon service en porcelaine, puisque tu en possèdes déjà un bien plus beau; je te prie donc de bien vouloir l'accepter, mais non comme un symbole, car il est beaucoup trop fragile, de l'affection et de l'amitié que je te portes depuis toujours et qui dureront aussi longtemps que vivra ta grand-mère très affectionnée[55]. »

Bien qu'il ne couvre qu'une période de dix-huit mois, de 1821 à 1822, le journal intime d'Anne trace un portrait de la vie mouvementée de ses parents. Sa mère, qui s'occupe déjà d'une grande maison, de domestiques et de sa famille, rend de très nombreuses visites. En 1823, elle est élue trésorière de la Society of the Montreal Protestant Orphan Asylum lors de la première assemblée annuelle; elle appartiendra à cet organisme jusqu'à sa mort[56]. Elle reçoit aussi un important cercle d'amis composé d'anglophones, de francophones, de protestants et de catholiques et répond à de nombreuses invitations de leur part.

Ce journal nous laisse aussi entrevoir le caractère d'Anne Ross à l'âge de quatorze ans. L'affection pleine d'humour qu'elle éprouve pour les Irlandais, par exemple, transparaît dans une remarque portant sur une festivité organisée en 1821 par les commissaires du canal de Lachine en l'honneur des travailleurs. « La réception à Lachine hier s'est très bien passée, mais il y eut malheureusement quelques travailleurs irlandais qui ont perdu la tête et qui se sont bagarrés; heureusement, les Irlandais peuvent perdre la tête deux ou trois fois par jour[57]. » À la mort de Napoléon, philosophe, elle écrit :

> – il est tombé malade le jour de la Saint-Patrick; quinze jours exactement avant sa mort, une très grande comète a été vue à Sainte-Hélène. Conformément à sa volonté, il a été enterré sur l'île, à Sane Valley, endroit qu'il avait lui-même choisi, avec les plus grands honneurs militaires. Il était censé être atteint d'un cancer, ce qui a en effet été confirmé. Telle fut la fin d'un homme qui il y a quelques années était la terreur, si j'ose dire, du monde entier, et telle sera notre fin à tous[58].

Son intérêt pour le dessin se voit dans ses critiques de peintures et dans cette remarque : « M. Badgley (ortho.) m'a prêté les esquisses du Bas-Canada de M. Joey Samson, réalisées dans le plus pur style yankee, dont l'intérêt réside principalement dans les remarques au crayon[59]. » Bref, son journal révèle un être plein de sensibilité et conscient de sa situation sociale[60].

En épousant en 1832 John Samuel McCord, ami intime de son frère (et cousin éloigné), Anne Ross peut continuer à mener la vie mondaine et trépidante qu'elle a connue avec ses parents. En plus d'être avocat, juge et propriétaire foncier, son époux est franc-maçon, lieutenant-colonel dans la milice, is apparent in her remark about a celebration provided for the workers of the Lachine Canal by the Commissioners in 1821. "The Dinner at La Chine yesterday went off very well, but there were unfortunately a few broken heads among the Irish workmen, luckily, Irish heads can bear breaking two or three times in one day."[57] On the death of Napoleon she remarked philosophically:

> - he was taken ill on St. Patrick's day - exactly a fortnight before his death a very large comet was visible at St. Helena's. In conformity to his own desire he was buried on the Island, in Sane Valley - a spot he had himself pointed out, and with the greatest military honours. His disorder is supposed to be a cancer, indeed it was ascertained. Such is the end of the man who a few years ago was the terror of I may say, the whole world, and such must be the end of us all.[58]

Her interest in drawing is evident in her report of paintings she has seen, and in her remark "Mr. Badgley (sp) lent me Mr. Joey Samson's sketches of Lower Canada, in true Yankee style, the best of it are the pencilled remarks."[59] Finally, throughout her journal she shows a sensitivity and awareness of her position in society.[60]

On marrying her brother's close friend (and her own second cousin twice removed) John Samuel McCord in 1832, Anne Ross was able to continue the varied social and public life she had known with her parents. Besides his duties as a lawyer, judge and landowner, her husband was a Mason, a Lieutenant-Colonel in the militia, an accomplished amateur scientist and an elected member of the first council of the Art Association of Montreal.[61] He was also a founder of the Preparatory School of Bishop's College, Chancellor of the University of Bishop's College, director of the Montreal General Hospital and chairman of the Protestant Burying Ground. Anne Ross McCord joined her husband in many of these activities, particularly those connected with the church. As a young girl she had attended public lectures on scientific subjects, and her artistic interests matched those of her husband. She was a gifted amateur artist, a pupil of James Duncan, and executed numerous flower paintings that complemented her husband's botanical interests and preserved her memory of their renowned garden. One of her works may be found in the album of Jacques Viger, for it was customary to present small works to friends as mementos. Her paint brushes and palette were encased and proudly displayed by her family after her death.

Anne was twenty-five years old when she married John Samuel McCord, and in twelve years bore six children, all of whom survived into adulthood. The entries in John Samuel McCord's diaries marking each anniversary suggest that, from his point of view, the marriage was a happy one.[62] Writing from an American beach resort just a year after his marriage, John Samuel reported to his brother-in-law, in a humorous letter, that his wife's bathing costume was "indescribable", a flannel dressing gown and a silk oilskin cap pulled over her hair. Dressed in his brother-in-law's old blue gown, John Samuel lowered his wife, who looked like a mendicant friar, into the water. Lizzy, Anne's sister, who accompanied them, sketched the bathers with the intention of lithographing the sketch for Miss Waller's Montreal magazine.[63] Fifteen years later the depth of John Samuel's devotion is evident in a letter written on their wedding anniversary. "In sober and in honest truth, I have had, during all that period so happy a home that

◄ Chaise de bureau de style Windsor du juge John Samuel McCord, début du XIXe siècle, fabriquée à Montréal, avec peinture vert foncé originale, et reflétant l'influence orientale en vogue (M9988).

Judge John Samuel McCord's Windsor-style office chair, early-nineteenth century, made in Montreal, with original dark-green paint and showing the then-fashionable Oriental influence (M9988).

◄◄ Chaise en bois de style Chippendale, fabriquée à Montréal, vers 1810, ayant appartenu à un membre de la famille McCord (M8272).

Wooden chair in the Chippendale style, Montreal-made, about 1810, belonging to a member of the McCord family (M8272).

Bout de l'Isle, depuis le pont de la rivière des Prairies, James Duncan, 1831, plume et encre (M690). « La figure centrale du groupe sur la pointe représente mon père [John Samuel McCord], la figure debout à droite est l'artiste montrant son œuvre. », David Ross McCord.

Bout de l'Isle, from the Bridge above the Rivière des Prairies, James Duncan, 1831, pen and ink (M690). "The central figure in the group on the point represents my father [John Samuel McCord], the standing figure on the right is the artist exhibiting his work." David Ross McCord.

droit. Si son dévouement envers sa famille et ses œuvres de charité, et sa religion, répondent aux exigences de son temps, sa créativité artistique et les observations qu'elle note dans son journal nous permettent de mieux comprendre son époque. En encourageant les talents de ses enfants et leur intérêt pour l'histoire, particulièrement ceux de David Ross McCord, elle a contribué à la création du Musée McCord.

La femme de David Ross McCord, Letitia Caroline Chambers, qui semble à première vue l'antithèse de sa belle-mère, nous offre un autre exemple de femme victorienne. Elle est née en Irlande, où ses parents dirigent une institution (probablement un organisme religieux protestant) vouée aux soins des pauvres et des malades. La situation financière et sociale de sa famille est à l'opposé de celle des McCord et des Ross malgré un lien de parenté entre les Chambers et l'importante famille Maunsell[67]. Nous ne savons au juste quand Letitia et plusieurs de ses parents émigrent à Montréal, mais elle est infirmière en chef au Montreal Smallpox Hospital au milieu des années 1870, tâche dont elle s'acquitte avec efficacité. David Ross McCord est à cette époque président de la Commission de Santé de la ville de Montréal, et c'est probablement ainsi qu'ils se sont rencontrés.

Les fiançailles de David Ross McCord et de Letitia Caroline Chambers provoquent une querelle de famille. Les sœurs de David trouvent que l'origine, l'éducation et l'emploi de Letitia ne répondent pas aux critères sociaux des McCord[68], et Anne et Jane se voient contraintes de quitter Temple Grove. David Ross ne partage pas l'avis de ses sœurs. Confiant en son jugement et croyant aux qualités spirituelles de Letitia, il est sûr que son raffinement inné est masqué par ses humbles origines. Il organise donc le départ de Letitia pour Toronto, où elle habitera chez une dame chargée de lui donner des leçons de maintien, d'écriture et de musique avant son mariage. David Ross restera attaché à Letitia toute sa vie. Fortement impressionné par sa sensibilité, il l'encouragera à écrire de la poésie qu'il fera parvenir à des éditeurs et à ceux qu'elle nomme dans ses œuvres. Le couple n'aura pas d'enfant, et comme tant d'autres épouses d'hommes de lettres ou de sciences qui s'occupent de certaines des fonctions professionnelles de leurs maris, Letitia Caroline Chambers épaulera David Ross dans ses entreprises muséales. Sur la couverture intérieure de l'un de ses catalogues, David Ross a écrit :

> Un mot au sujet de ma chère épouse sans la collaboration et l'appui de laquelle je n'aurais jamais pu réussir. Issue de l'une des plus anciennes familles de l'aristocratie terrienne d'Angleterre – les Maunsell de Thorpe Malsor Hall, dans le Northamptonshire –, elle appréciait l'histoire et l'humble travail dans lequel je m'étais engagé, soit d'essayer de préserver les événements qui jalonnent l'histoire. Son travail consciencieux m'a permis, tout en exerçant ma profession, d'accumuler les connaissances sans lesquelles le peu que j'ai accompli n'aurait pu voir le jour. Elle a été pour moi une compagne de tous les instants et une collaboratrice patiente, enthousiaste et favorable à ma cause tant dans nos déplacements que dans notre quête de faits et de vestiges qui nous a amenés à visiter de multiples régions et à rencontrer de nombreuses personnes[69].

Intérieur de Temple Grove, vers 1920, photographie de William Notman, commandée par David Ross McCord (Mp2135).

Interior of Temple Grove, about 1920, photograph by William Notman, commissioned by David Ross McCord (Mp2135).

ventures. On the inside cover of one of his catalogues, David Ross inscribed:

> A word regarding my dear wife. Without her sympathy and cooperation I never could have succeeded. Of one of the oldest county families in England - the Maunsells of Thorpe Malsor Hall in Northamptonshire she appreciated history and the humble work in which I was engaged - an attempt to save the historical land marks. Her serious habits permitted me, while occupied with a profession, to keep up the knowledge, without which I could never have accomplished what little I have done. She has been my constant companion and patient sympathetic & keen assistant in the field and in our visits to many quarters and many people for facts and *vestigia.*[69]

---

1 NAC, C.O. 42/28, ff. 147-151 v. Guy Carleton to the Earl of Shelburne, Quebec, January 20, 1768.

2 MMA, Anglican Church of Canada, folder 3. "List of Subscribers for the Protestant Episcopal Church at Montreal", 1805-1815.

3 MCFP file no. 1443, Arthur Davidson to Messrs. Whieldon & Butterworth, December 7, 1791.

4 ANQM, J. G. Delisle NP 5 janvier 1795, "Inventaire des Mobiliers de feu Mr. John McCord."

5 NAC, "Q" series 74-2, p. 218, October 29, 1792.

6 MCFP file no. 0201.

7 Marguerite Jean, "Émilie Gamelin née Tavernier", *DCB* VIII.

8 Cooper 1960, p. 68.

9 *Ibid.*, p. 42.

10 *Ibid.*, p. 72.

11 MCFP file no. 0872.

12 MCFP file no. 0870, p. 128.

13 MCFP file no. 2004. In 1905 McCord was invited to address the Archdeanery Conference at St. John's, Quebec on the subject of "Men's clubs & their relation to Parochial & Diocesan life".

[1] ANC, C.O. 42/28/, fol. 147-151 v. Guy Carleton au comte de Shelburne, Québec, 20 janvier 1768.

[2] AMM, Anglican Church of Canada, dossier 3, « List of Subscribers for the Protestant Episcopal Church at Montreal, 1805-1815 ».

[3] PFMC dossier 1443, Arthur Davidson à MM. Whieldon et Butterworth, 7 décembre 1791.

[4] ANQM, J. G. Delisle NP 5 janvier 1795, « Inventaire des Mobiliers de feu Mr. John McCord ».

[5] ANC, série « Q » 74-2, p. 218, 29 octobre 1792.

[6] PFMC dossier 0201.

[7] Marguerite Jean, « Émilie Gamelin née Tavernier », *DCB* VIII.

[8] Cooper 1960, p. 68.

[9] *Ibid*, p. 42.

[10] *Ibid*, p. 72.

[11] PFMC dossier 0872.

[12] PFMC dossier 0870, p. 128.

[13] PFMC dossier 2004. En 1905, McCord est invité à prononcer un discours devant l'Archdeanery Conference de Saint-Jean, Québec, au sujet des clubs masculins et de leur lien avec la vie paroissiale et diocésaine.

[14] Archives du diocèse de Montréal, Papiers de l'évêque John Farthing, Journal, décembre 1919 à novembre 1920.

[15] PFMC dossier 1435, Arthur Davidson à James Davidson, Montréal, 2 novembre 1796.

[16] PFMC dossier 0286.

[17] PFMC dossier 1617, Walter Davidson à David Ross (en route vers Montréal), 8 mai 1820.

[18] PFMC dossier 0286, 26 novembre 1811.

[19] PFMC dossier 0287, John Doty à Thomas McCord, 6 août 1813.

[20] Céline Cyr, « Michel Bibaud », *DCB* VII.

[21] PFMC dossier 0286.

[22] ANC, RG4 B8, vol. 23, « Articles of Clerkship ».

[23] AMM, Collection Bouthillier, Anne Ross McCord à Fanny Bouthillier, 15 février 1839.

[24] Berger 1983, p. 77.

[25] Zeller 1987, p. 4, 5.

[26] Berger 1983, p. 15.

[27] Zeller 1987, p. 115.

[28] *Ibid*, p. 123.

[29] *Ibid*, p. 139, 140.

[30] *Ibid*, p. 9.

[31] Collection Crossle ms. 2241 (1).

[32] J. Webb, « The Scottish Rectified Rite, November 12, 1986 » tiré de *Ars Quatuor Coronatorum, Transactions of Quatuor Coronati Lodge No. 2076*, vol. 101, p. 3.

[33] Zeller 1987, p. 46.

[34] PFMC dossier 860.

[35] Elinor Kyte Senior, « Thomas McCord », *DCB* VI.

[36] PFMC dossier 0207, Thomas McCord à Jacques Terroux, Dublin, 1er juillet 1798.

[37] Todd Longstaffe-Gowan, « Gardening and the Middle Classes, 1700-1830 » dans *London's Pride, The Glorious History of the Capital's Gardens*, éd. Mireille Galinou du Museum of London, Londres, Anaya Publishers Ltd., 1990, p. 122-133.

[38] Fyson 1989, p. 110.

[39] PFMC dossier 0257.

[40] Annonce parue dans le *Montreal Herald*, 24 novembre 1827, trouvée dans Stephen Sewell, « Law Books », Collections de livres rares et spéciaux, bibliothèque McLennan, MS235, vol. 4.

[41] PFMC dossier 0257.

[42] Elizabeth Collard, *Nineteenth-Century Pottery and Porcelain in Canada*, Montréal, McGill University Press, 1967.

[43] PFMC dossier 0259.

[44] PFMC dossier 1619.

[45] PFMC dossier 1064.

[46] Gilbert A. Stelter et Alan F. J. Artibise, *The Canadian City. Essays in Urban History*, Ottawa, Carleton University, Institute of Canadian Studies, Carleton Library, série nº 109, 1977, p. 29.

[47] Richard G. Starke, « Notes on Old and Modern Gardens of Montreal », *The Canadian Horticultural Magazine*, vol. 1, nº 12, mars 1898. La majorité des renseignements contenus dans cet article ont été fournis par David Ross McCord.

[48] *Ibid*.

[49] *Ibid*.

[50] James Thompson, « On Aeolus' Harp » (1750), dans Andrew Brown, *The Aeolian Harp in European Literature, 1591-1892*, Cambridge, Bois de Boulogne, 1970, p. 17 (trad.).

[51] PFMC dossier 0434.

[52] PFMC dossier 1428.

[53] Collection particulière, Arthur Ross à Anne Ross, Trinity College, Cambridge, 17 novembre 1824.

[54] PFMC dossier 1002.

[55] PFMC dossier 1005.

[56] PFMC dossier 1010.

[57] PFMC dossier 1002.

[58] PFMC dossier 1002, 26 août 1821.

[59] PFMC dossier 1002, 14 mai 1821.

[60] PFMC dossier 1002, 7 mars 1821.

[61] AMM, Art Association of Montreal, « Act of Incorporation and By-Laws », Montréal, 1864, premier conseil, élu le 17 février 1860, M7475.

[62] PFMC dossiers 409-422.

[63] PFMC dossier 0423, John Samuel McCord à Arthur Ross, 15 août 1833.

[64] PFMC dossier 1001.

[65] PFMC dossiers 417-422.

[66] PFMC dossier 1000.

[67] David Ross McCord consacra beaucoup de temps à essayer d'établir le lien car le père de Letitia avait, semble-t-il, été dépossédé de son héritage, et la famille connaissait des difficultés financières.

[68] PFMC dossier 1852, David Ross McCord à Letitia Caroline Chambers, Montréal, 8 juin 1878.

[69] PFMC, catalogue de peintures de McCord, vol. I.

[14] Montreal Diocesan Archives, Bishop John Farthing Papers, Journal, December 1919 to November 1920.

[15] MCFP file no. 1435, Arthur Davidson to James Davidson, Montreal, November 2, 1796.

[16] MCFP file no. 0286.

[17] MCFP file no. 1617, Walter Davidson to David Ross (en route to Montreal), May 8, 1820.

[18] MCFP file no. 0286, November 26, 1811.

[19] MCFP file no. 0287, John Doty to Thomas McCord, August 6, 1813.

[20] Céline Cyr, "Michel Bibaud", *DCB* VII.

[21] MCFP file no. 0286.

[22] NAC, RG4 B8 vol. 23, "Articles of Clerkship".

[23] MMA, Bouthillier Collection, Anne Ross McCord to Fanny Bouthillier, February 15, 1839.

[24] Berger 1983, p. 77.

[25] Zeller 1987, pp. 4-5.

[26] Berger 1983, p. 15.

[27] Zeller 1987, p. 115.

[28] *Ibid.*, p. 123.

[29] *Ibid.*, pp. 139-140.

[30] *Ibid.*, p. 9.

[31] Crossle Collection, mss. 2241 (1).

[32] J. Webb, "The Scottish Rectified Rite, November 12, 1986", from *Ars Quatuor Coronatorum, Transactions of Quatuor Coronati Lodge No. 2076,* Vol. 101, p. 3.

[33] Zeller 1987, p. 46.

[34] MCFP file no. 860.

[35] Elinor Kyte Senior, "Thomas McCord", *DCB* VI.

[36] MCFP file no. 0207, Thomas McCord to Jacques Terroux, Dublin, July 1, 1798.

[37] Todd Longstaffe-Gowan, "Gardening and the Middle Classes, 1700-1830", *London's Pride, The Glorious History of the Capital's Gardens,* edited by Mireille Galinou of The Museum of London (London: Anaya Publishers Ltd., 1990), pp. 122-133.

[38] Fyson 1989, p. 110.

[39] MCFP file no. 0257.

[40] Advertisement from the *Montreal Herald,* November 24, 1827, found in Stephen Sewell, McGill University, "Law Books", Rare Books & Special Collections, McLennan Library, MS235. vol. 4.

[41] MCFP file no. 0257.

[42] Elizabeth Collard, *Nineteenth-Century Pottery and Porcelain in Canada* (Montreal: McGill University Press, 1967).

[43] MCFP file no. 0259.

[44] MCFP file no. 1619.

[45] MCFP file no. 1064.

[46] Gilbert A. Stelter and Alan F. J. Artibise, *The Canadian City. Essays in Urban History* (Ottawa: Carleton University, Institute of Canadian Studies, Carleton Library series no. 109, 1977), p. 29.

[47] Richard G. Starke, "Notes on Old and Modern Gardens of Montreal", *The Canadian Horticultural Magazine,* vol. I, no. 12, March 1898. Most of the information in this article was provided by David Ross McCord.

[48] *Ibid.*

[49] *Ibid.*

[50] James Thomson, "On Aeolus' Harp" (1750), in Andrew Brown, *The Aeolian Harp in European Literature, 1591-1892* (Cambridge: Bois de Boulogne, 1970), p. 17.

[51] MCFP file no. 0434.

[52] MCFP file no. 1428.

[53] Private collection, Arthur Ross to Anne Ross, Trinity College, Cambridge, November 17, 1824.

[54] MCFP file no. 1002.

[55] MCFP file no. 1005.

[56] MCFP file no. 1010.

[57] MCFP file no. 1002.

[58] MCFP file no. 1002, August 26, 1821.

[59] MCFP file no. 1002, May 14, 1821.

[60] MCFP file no. 1002, March 7, 1821.

[61] MMA, Art Association of Montreal, "Act of Incorporation and By-Laws", Montreal, 1864, First Council, elected February 17, 1860, M7475.

[62] MCFP file nos. 409-422.

[63] MCFP file no. 0423, John Samuel McCord to Arthur Ross, August 15, 1833.

[64] MCFP file no. 1001.

[65] MCFP file nos. 417-422.

[66] MCFP file no. 1000.

[67] David Ross McCord spent a great deal of time working out the connection, because Letitia's father seems to have been defrauded of his heritage, and the family fell on hard times.

[68] MCFP file no. 1852, David Ross McCord to Letitia Caroline Chambers, Montreal, June 8, 1878.

[69] MCFP, McCord's catalogue of paintings, Vol. I.

David Ross McCord

Pamela Miller

En 1919, David Ross McCord écrit à un donateur qu'il n'a pratiquement aucune idée de l'étendue de sa collection :

> Je n'ai jamais considéré ces choses comme miennes; je les ai simplement gardées en fiducie pour mon pays, et maintenant je les lui remets. McGill s'est proposée pour satisfaire à une demande, non d'elle-même mais de la nation, et a mis à ma disposition le beau bâtiment et le terrain à l'angle des rues Sherbrooke et McTavish... Je n'en ferai pas un musée protestant ou catholique mais le musée plus indien possible, le musée des premiers possesseurs de la terre.

Dans ses « Historical Note Books » (carnets de notes historiques), David Ross McCord consigne des faits, se plaît à ironiser, exprime des préférences et pose des questions. Pour comprendre le passé et le présent du Canada, il faut en connaître l'histoire et faire preuve de tolérance. Il faut aussi réunir un ensemble de preuves matérielles et documentaires afin que les générations à venir puissent interpréter et réinterpréter l'histoire du Canada.

McCord se consacre toute sa vie, mais particulièrement après les années 1880, à la création d'un musée d'histoire canadienne pour son pays. Plusieurs ont partagé cette passion avec lui. De nombreux Canadiens, passant en revue leur passé et inquiets de leur avenir, se tournent vers l'histoire pour se définir et se justifier. Pour eux, l'avenir du pays est incertain. Les prétentions territoriales grandissantes des Américains, les conflits internes, les dissensions régionales et la stagnation de la croissance économique, ponctuée de dépressions périodiques, ont sévèrement entravé les promesses de la Confédération. Vingt ans après la Confédération, l'idée du Canada semble avoir échoué. La réapparition de conflits religieux et culturels – rébellion de Riel, règlement de la question des Biens des jésuites, retour du mouvement séparatiste néo-écossais, conflit fédéral-provincial – ébranlent la confiance des Canadiens en leur capacité à résoudre leurs différends nationaux. De la même façon, l'industrialisation et l'urbanisation et leur cortège de taudis, de pauvreté, de maladie et de violences semblent menacer les idéaux de la société canadienne.

David Ross McCord réagit à ces problèmes sensiblement de la même manière que les autres intellectuels de son époque. Fondées sur les intérêts scientifiques et artistiques de sa famille, ses vastes collections fort bien documentées témoignent de son engagement envers les idéaux du mouvement « Canada First » et de l'impérialisme canadien. McCord partage en outre le point de vue victorien sur l'importance du citoyen dans la société et sa capacité à changer cette société. Les luttes, les guerres et la croyance quasi sacramentelle dans le sang à verser pour consacrer l'identité nationale incitent les hommes de cette époque à se sacrifier. Ces idées, conjuguées au goût pour l'étrange, à la valorisation du sublime et à la passion de documenter chaque événement de l'histoire canadienne par tous les moyens ont mené à la constitution d'une collection d'une étendue et d'une richesse stupéfiantes. Principalement choisies pour leurs associations historiques, les acquisitions de McCord personnifient les acteurs et leurs actes dans l'histoire du Canada.

Avant tout, la collection de McCord reflète la foi loyaliste dans l'unité par la diversité, « l'union des deux races ». Il écrit à lady Laurier : « Notre premier roi était François I, le roi de Cartier, et partant de lui, je déroulerai le beau panorama de notre histoire jusqu'aujourd'hui[1]. »

McCord connaît l'histoire à travers les dizaines de milliers de livres, de journaux et de documents qui garnissent les rayons de sa bibliothèque. À ses ouvrages sur l'histoire française et britannique et aux œuvres des historiens canadiens viennent s'ajouter des livres rares plus anciens, dont des récits de voyage et d'exploration. Ces écrits sont abondamment annotés au crayon, McCord y consignant ses opinions et des références à consulter pour approfondir le sujet. Des coupures de journaux sont parfois annexées aux pages.

Il s'intéresse aux œuvres des historiens religieux du Québec qui idéalisent l'histoire de la Nouvelle-France en soulignant la nature conservatrice, agraire, hiérarchique et religieuse du Canada français d'antan dans le but d'amener leurs contemporains à mener une existence plus spirituelle et moins matérialiste. C'était là leur réponse aux démons de l'industrialisation, du matérialisme grandissant et des excès de la démocratie[2].

McCord lit ces ouvrages historiques d'un œil critique. Il doute par exemple de la sincérité d'un François-Xavier Garneau qui, croit-il, a modifié quelques-unes de ses opinions depuis les rééditions successives de son *Histoire du Canada depuis sa découverte jusqu'à nos jours,* dans l'intention de devenir l'historien national du Canada français. Malgré ses doutes, McCord fait l'acquisition d'un portrait gravé de

David Ross McCord

Pamela Miller

By 1919 David Ross McCord hardly knew the extent of his collection. As he wrote to a donor:

> I have always held that I am not the owner of these things, I simply have held them in trust for my country, and now I have donated them to her. McGill has come forward to meet a national want - not a McGill want, and has placed at my disposal the fine building and property on the corner of Sherbrooke and McTavish Street... I am not going to make a protestant or a catholic museum. I will also make it as Indian as I possibly can, - a museum of the original owners of the land.

In his "Canadian Notebooks" he noted facts, relished ironies, expressed sympathy and asked questions. Understanding Canada's past and present needed knowledge and tolerance. It also needed a body of literary and material evidence that future generations could use to interpret and reinterpret the history of the country.

All his life, but particularly after the 1880s, McCord laboured religiously to build a museum of Canadian history for his country. He was not alone in his obsession. Many Canadians, aware of their past and anxious about their future, turned to history to define and defend themselves. To many the future of the country looked doubtful. Expanding American territorial ambitions, internal conflict, regional dissent and stagnating economic growth punctuated by periodic depression had scarcely fulfilled the promise of Confederation. Two decades later, Canada seemed a failure. The revival of religious and cultural conflict - represented by the Riel Rebellion, the Jesuits' Estates Act, the revival of Nova Scotian separatism and federal provincial conflict - shook Canadians' confidence in their ability to resolve national differences. Similarly, industrialization and urbanization with their legacy of slums, poverty, disease and violence seemed to threaten the ideals of Canadian society.

McCord responded to these problems in much the same way as did other Canadian intellectuals of his time. Building on the scientific and artistic interests of his family, McCord's broadly based and heavily documented collections demonstrate his commitment to the ideals of the Canada First movement and of Canadian imperialism. McCord further subscribed to the current Victorian belief in the importance of the individual in society and in his ability to change that society. Struggle, war, and the almost sacramental belief in the shedding of blood to consecrate national identity impelled Victorians to acts of self-sacrifice. These ideas, combined with a taste for the bizarre, an appreciation of the sublime and a passion to document every event in Canadian history by every possible means, led to a collection of astonishing breadth and depth. Chosen mainly for their historical associations, McCord's acquisitions personified the actors and actions in Canadian history.

Above all, McCord emphasized throughout his collection the Loyalist faith in unity through diversity, "l'union des deux races". To Lady Laurier he wrote, in French, "Our first monarch was Francis I, Cartier's king, and with him as a starting point I shall unfold the splendid panorama of our history up to the present day."[1]

McCord's knowledge of history was based on his library of several thousand books, journals and pamphlets. His volumes of French and British histories and the works of Canadian historians were supplemented by rare earlier works including accounts of travel and exploration.

These documents were heavily annotated in pencil with opinions and references for further reading. Newspaper clippings were sometimes attached.

He was attracted to the works of Quebec's clerical historians, who idealized the history of New France by emphasizing the conservative, agrarian, hierarchical, religious nature of early French Canada in an attempt to inspire their contemporaries to lead more spiritual, less materialistic lives. This was their answer to the evils of industrialization, growing materialism and the excesses of democracy.[2]

McCord read historical works with a critical eye. He doubted, for example, the sincerity of François-Xavier Garneau who, he felt, had changed some of his opinions with succeeding publications of his *Histoire du Canada depuis sa découverte jusqu'à nos jours,* with an eye to becoming French Canada's national historian. Despite his doubts McCord acquired an engraved portrait of Garneau. His view on William Kingsford's ten-volume *The History of Canada,* published between 1887 and 1898, tells us a great deal about his devotion to thorough research and his sensitivity to the intricacies of Canadian history. Kingsford, like McCord, had been collecting Canadian material for twenty years. McCord reacted sceptically to Kingsford's mammoth undertaking with this statement:

Garneau. Son opinion sur *The History of Canada* en dix volumes de William Kingsford, publié entre 1887 et 1898, nous en dit long sur son attachement à la recherche exhaustive et son intérêt pour les complexités de l'histoire canadienne. Kingsford, comme McCord, avait collectionné des documents sur le Canada pendant vingt ans. McCord considère avec scepticisme l'œuvre monumentale de Kingsford, déclarant :

> Kingsford, auquel personne, avant qu'il ne commence à rédiger son histoire, n'aurait songé à demander l'avis sur une question historique, doit avoir acquis ses connaissances sur le tas. Jamais il n'aurait pu accomplir quoi que ce soit sans les Archives. Ce que je veux dire, c'est qu'il n'a pas abordé les Archives, comme il se doit, après de longues années de lecture et de réflexion. Il s'y est plutôt rendu pour y faire de la lecture et mûrir son projet et pour y acquérir les connaissances particulières pour lesquelles les Archives existent. La meilleure preuve de ce que j'avance est que personne n'ayant passé par ce processus de lecture et de réflexion n'aurait eu la témérité de s'attaquer à l'ensemble des problèmes comme il l'a fait et espérer rédiger une œuvre dans un style honorable, en approfondissant le pourquoi des choses. Aucun homme n'aurait pu y parvenir dans un délai aussi court[3].

La période où McCord collectionne le plus d'objets, soit 1880-1920, correspond à une époque d'érection de nombreux monuments à la gloire des héros canadiens et d'institution de fêtes nationales. En 1893 par exemple, les ouvriers montréalais sont spécialement invités à assister à la pose de la pierre angulaire du monument érigé en l'honneur de Maisonneuve[4]. Le 13 octobre, jour de la mort du général Isaac Brock à Queenston Heights, les écoles ontariennes sont fermées. Éprouvant la même admiration pour les valeurs conservatrices, rurales et hiérarchiques que les historiens religieux, les impérialistes se tournent vers les Loyalistes pour comprendre la genèse du Canada : « ils croyaient que les United Empire Loyalists avaient implanté et protégé l'idéal de l'unité impérialiste au Canada alors que les Britanniques l'avaient mis en doute et abandonné et... ils voyaient l'histoire comme le compte rendu des étapes successives ayant abouti, au Canada, à l'acquisition des droits des citoyens britanniques[5] ». Voici ce qu'on pouvait lire dans la brochure de la Historic Landmarks Association, fondée en 1907 à Ottawa : « Quelle que soit la jubilation actuelle du Canada pour ses terres, dont l'étendue dépasse celle de toutes les autres nations de notre Empire mondial... il lui faut, même aujourd'hui, puiser toute son inspiration quant à son avenir dans son passé glorieux, source même de son existence[6]. »

Amasser de la documentation sur l'histoire du Canada ne se faisait pas sans risques. L'appropriation des héros, et particulièrement de ceux du Régime français ou de la guerre de 1812, présentait certains pièges pour les collectionneurs. Comment prouver que l'épée de Brock était bien la sienne?

Si la collection de McCord était fondée sur sa connaissance encyclopédique de l'histoire canadienne, elle s'appuyait aussi sur le rôle constant et remarquable de sa famille au Canada et sur les objets de valeur historique qu'elle avait accumulés, comme les dessins de Duncan commandés par son père ou les meubles et objets en céramique transmis de génération en génération. Lorsque David Ross McCord et son épouse déménagent à Temple Grove, ils donnent petit à petit à la maison l'allure d'un musée. Après avoir mûrement réfléchi à son projet dans le confort de son foyer et de sa bibliothèque personnelle, McCord fait son entrée dans le monde. Six principales sources lui permettent de se procurer des artefacts : les propriétaires initiaux, leurs descendants, les agents et négociants, les autres collectionneurs, et enfin lorsque McGill prend le musée en charge, les diplômés de l'Université McGill. Il arrive aussi qu'un donateur, après avoir entendu parler de la collection de McCord, fasse don d'un artefact afin d'en assurer la préservation sans avoir été sollicité.

Les propriétaires initiaux et leurs descendants constituent les sources les plus dignes de confiance. Longtemps après la mort de Dawson, McCord inonde lady Dawson de fleurs afin de ne pas rompre le lien, et l'authenticité des objets Dawson ne fait aucun doute. Les autres collectionneurs sont également des sources sûres. Mais là aussi, il arrive que McCord échoue ou qu'il se fasse passer des faux. Lors de la mise en vente de la collection d'un Montréalais bien connu, F. Williams-Taylor, président de la Banque de Montréal, avertit son ami McCord : « Je connais l'individu de qui feu notre ami... a acheté les objets ayant appartenu à Wolfe et j'ai d'excellentes raisons de croire qu'il n'est qu'un imposteur. Il a le don d'acheter n'importe quel objet et de le transformer subito en une relique de Wolfe[7]. » W. D. Lighthall, un ami de McCord, est un grand romantique dont l'enthousiasme peut altérer le jugement. Le portrait anonyme du marquis de Denonville a certainement été peint en France au dix-septième siècle, mais s'agit-il vraiment de Denonville?

Les négociants recherchaient le profit. À la fin de sa vie, lorsque McCord, pressé de remplir les vides de sa collection, a recours à des négociants privés, l'historique de l'objet est souvent perdu. On ne sait exactement comment Mme M. E. Roberts a pu prouver que sa tabatière était vraiment celle de Cornwallis, ou que sa boîte à thé avait réellement appartenu au célèbre Joseph Howe de Nouvelle-Écosse, mais ces deux objets sont toutefois typiques de leur époque. Halifax, ville garnison, pouvait produire toutes sortes d'artefacts semblables et de meilleure qualité. Soixante-quinze dossiers constitués de lettres et de factures de négociants professionnels établis au Canada, aux États-Unis, en France et en Grande-Bretagne, dont les firmes bien connues de Maggs Brothers et Bernard Quaritch, de Londres, nous renseignent sur les collections d'autographes, de livres, de cartes, d'estampes et de peintures de McCord.

Enfin, le matériel ethnologique pose certains problèmes particuliers. Chaque fois que McCord fait appel à la collaboration d'un missionnaire ou d'un négociant, il obtient la même réponse. Comme pour l'ensemble des collections ethnologiques canadiennes, les institutions américaines étaient arrivées les premières et avaient acquis les meilleurs artefacts. McCord fut prudent, et l'attribution culturelle de sa collection est en général juste. Ses acquisitions ethnologiques constituent l'une des plus belles collections du Musée.

1 PFMC dossier 5245, D.R.M. à lady Laurier, 4 novembre 1919 (en français dans le texte).

2 Gagnon 1978, p. 43-121.

3 PFMC dossier 2024, Historical Note Book n° 3, p. 282, 283.

4 Gagnon 1978, p. 146.

5 Berger 1970, p. 259.

6 Département de livres rares de l'Université McGill, Collection Lighthall, caisse 17, dossier 16, *The Historic Landmarks Association*.

7 PFMC dossier 5346, F. Williams-Taylor à D.R.M., 4 juillet 1917.

> Kingsford, to whom, no one before he began his history would have dreamed of appealing on an historical question, must have learned as he proceeded. He never could have done anything without the Archives. What I mean is, he was not one who went to the Archives, as we all must, after long years of previous reading & ripening. He went there for the reading & ripening as well as the special knowledge for which archives are created. The clearest evidence of what I say is the fact that no one brought up on the reading & ripening process would have had the *temerity* to attack the whole line of the enemy as he did and hope to carry the works in a style creditable-getting deep into the reasons of things. Such was simply impossile to any man within such limited time.[3]

McCord's most active collecting period, 1880-1920, corresponded with the era of the building of monuments to Canada's heroes and the institution of national holidays. For example, in 1893 working-class Montrealers received a special invitation to attend the laying of the first cornerstone of the monument to de Maisonneuve.[4] October 13, the day of General Isaac Brock's death at Queenston Heights, was a school holiday in Ontario. Admiring the same conservative, rural, hierarchical qualities as did clerical historians, the imperialists looked to the Loyalists for the genesis of Canada: "they thought that the United Empire Loyalists had planted and protected the ideal of imperial unity in Canada when the British people had questioned and deserted it, and . . . they saw history as the record of the gradual steps by which Canadians had acquired the rights of British citizens."[5] The Historic Landmarks Association was founded in 1907 in Ottawa. Its pamphlet stated:

> Canada, today, exultant over a heritage of lands outstretching any other in our world-wide Empire, . . . this Canada, even today, can only draw the full depth of inspiration for her future from the glories of that past which is the very source of all her being.[6]

Collecting Canadian history could be dangerous. The appurtenances of heroes, especially from the French régime or the War of 1812, provided traps for collectors. How could you prove that Brock's sword was his?

Although McCord's collection grew out of his voluminous knowledge of Canadian history, it was also based on the long and distinguished role his family had played in Canada and on the objects of historic value they had accumulated, such as the Duncan drawings commissioned by his father, and furniture and ceramics handed down through the family. Soon after David Ross McCord and his wife took possession of Temple Grove, it began to take on the allure of a museum. From his home and library, duly "ripened", McCord moved to the outside world. He had six major sources from which he could procure artifacts: original owners; the descendants of the original owners; agents or dealers; other collectors; and finally, after McGill took over the Museum, graduates of McGill University. Sometimes, too, a donor would appear unsolicited, having heard of McCord's collection and wishing to donate an artifact to insure its preservation.

Original owners and their descendants were the most reliable sources. McCord inundated Lady Dawson with flowers long after Dawson's death, in order to keep in touch with her, and there is no doubt about the authenticity of the Dawson objects. Other collectors were good sources. But here, too, he found failure and fakes. When the collection of one well-know Montreal collector came up for sale, McCord was warned by his friend F. Williams-Taylor, president of the Bank of Montreal, "I know the individual from whom our late friend . . . purchased the "Wolfiania", and I have excellent reasons for suspecting that he is a conjurer. He possesses the ability to purchase any article and hey presto make it a Wolfe relic."[7] McCord's friend, W. D. Lighthall, was a great romantic whose enthusiasm could outweigh his better judgement. The anonymous portrait of the Marquis de Denonville was almost certainly painted in France in the seventeenth century, but was it really Denonville?

Dealers were interested in profit. At the end of his life, when McCord resorted to private dealers as he hurried to fill up gaps in the collection, the object's history was often lost. How Mrs. M. E. Roberts could prove that Cornwallis's snuffbox was his, or that Joseph Howe's tea caddy had belonged to the famous Nova Scotian, is unclear. Both these items are, however, typical of their time. Halifax, being a garrison town, could produce all sorts of similar and even finer artifacts. Seventy-five files containing correspondence and bills from professional dealers in Canada, the United States, Great Britain and France provide information on McCord's collections of autographs, books, maps, prints and paintings. They include the well-known firms of Maggs Brothers and Bernard Quaritch of London.

Finally, ethnological material posed its own particular problems. Time after time when McCord approached a missionary or a dealer for help, the response was the same. As was the case with ethnological collecting across the country, the American institutions had got there first and taken the best. McCord was careful, and the cultural attribution of his material is generally correct. His ethnological acquisitions form one of the finest collections in the Museum.

---

1 MCFP, file 5245, McCord to Lady Laurier, le 4 novembre 1919.

2 Gagnon 1978, pp. 43-121.

3 MCFP, file no. 2024, Canadian Note Book no. 3, pp. 282-283.

4 Gagnon 1978, p. 146.

5 Berger 1970, p. 259.

6 McGill University Rare Book Department, The Lighthall Collection, container 17, file 16, *The Historic Landmarks Association.*

7 MCFP, file no. 5346, F. Williams-Taylor to DRM, 4 July, 1917.

La croisade de David Ross McCord

Donald Wright

« Mon musée sera pour l'histoire du Canada ce que le latin fut pour le monde. » David Ross McCord[1]

David Ross McCord croyait qu'il était investi d'une mission divine. En 1919, dans une lettre à Mme Austin-Leigh, de Londres, il se compare même à Jacob : « Le Seigneur m'a aussi trouvé sur une terre déserte, très déserte du point de vue historique, en ce sens que personne n'avait songé à en préserver les grands points de repère. Il me conduisit (sur cette terre). Il dirigea mes pas... écouta ma voix "appelant dans le désert", avec l'heureux résultat qu'un musée verra très certainement le jour[2]. » Animé d'un sentiment divin, cet homme qui se proclame lui-même le « serviteur du Canada » amasse une merveilleuse collection d'objets énigmatiques, pertinents, étranges, ordinaires, mais ayant tous une valeur historique : jarres à médicaments de Jeanne Mance, mèche de cheveux de Wolfe, coiffure de guerre de Tecumseh, planche du pont de l'*Alberta*, le yacht royal sur lequel reposa le cercueil de la reine Victoria. Lorsque le McCord National Museum ouvre officiellement ses portes le 13 octobre 1921 (date qui coïncide de façon significative avec le 109e anniversaire de la mort du général Isaac Brock), il possède l'une des plus importantes collections, sinon la plus importante, sur l'histoire du Canada au monde : entre quinze et vingt mille objets sur des thèmes aussi variés que les cultures autochtones du Canada, la Nouvelle-France, la guerre de Sept Ans, la guerre de 1812, l'Arctique et les scientifiques canadiens. « Cette œuvre historique à laquelle j'ai consacré toute ma vie, se vante McCord en 1920, dépasse de loin tout ce qui existe déjà au Canada. En fait, poursuit-il, c'est l'œuvre la plus importante en son genre de tout l'Empire[3]. »

Si McCord a pu croire qu'il avait combattu un ange et eu deux révélations, son insatiable appétit de collectionneur a cependant des origines plus terrestres : ses parents, John Samuel McCord et Anne Ross McCord. Bien que John Samuel McCord soit l'un des premiers mécènes de l'artiste James Duncan et l'un des membres du premier comité de l'Art Association of Montreal, son principal intérêt durant les années 1830 et 1840 reste pourtant la science, qui est alors plus accessible aux profanes. La science, avant qu'elle ne devienne une profession, joue en effet un rôle culturel important au début de l'ère victorienne au Canada anglais. Hommes et femmes identifient, classent et collectionnent une grande variété de spécimens de l'histoire naturelle. Captivée par l'histoire naturelle, Anne Ross, la mère de McCord, réalise de nombreuses esquisses de la flore et de la faune. Sir William Dawson affirma un jour que ses esquisses étaient de véritables œuvres d'art, tellement précises qu'il pourrait les utiliser dans ses cours de botanique. L'inclination innée de David Ross McCord apparaît à l'âge de sept ans, alors qu'il dessine l'emblème héraldique d'Ivanhoé. L'héraldique exige à la fois une discipline scientifique et une attention aux détails, qualités qu'il tient de son père, et un talent artistique, qui lui vient de sa mère. Des années plus tard, l'écrivain montréalais John Reade écrivit que cette première expérience du « dessin héraldique », sans avoir de valeur « intrinsèque », avait annoncé la vie de collectionneur de McCord[4].

Il est possible que sa passion des collections lui soit venue de ses parents, mais cela n'explique pas pourquoi celle-ci s'est transformée en un désir obsessionnel de fonder un musée national. L'explication réside dans le climat social et intellectuel de l'époque. Selon le professeur Carl Berger, l'impérialisme était au tournant du siècle une autre forme de nationalisme du Canada anglais, une volonté ferme d'élargir les frontières du Canada dans l'Empire britannique[5]. « Soyons maîtres chez nous, proclament les impérialistes, mais que ce chez nous soit l'Empire britannique. » L'impérialisme était plus qu'une école du nationalisme; c'était à bien des égards une religion séculière, une façon de vivre. C'était, pour citer Andrew Macphail, éminent professeur de médecine à McGill, intellectuel, impérialiste et contemporain de McCord, « une manière de voir les choses, une façon de penser, une affaire d'esprit[6] ». L'impérialisme était en effet si envahissant, si persuasif et si changeant qu'il avait un impact sur l'attitude des Canadiens anglais envers les États-Unis, le Canada français, les peuples aborigènes et leur propre sentiment de supériorité. Il leur offrait une vision de leur histoire – loyale, héroïque, romantique et ponctuée de grandes victoires militaires – et de leur avenir : le Canada, avec ses ressources illimitées et jusqu'alors inexploitées, dirigerait l'Empire au même titre que l'Angleterre. Bref, l'impérialisme se conjuguait au présent, au passé et au futur.

David Ross McCord est un impérialiste convaincu : l'impérialisme représente sa constitution. Et si le préambule de la constitution de McCord est, comme nous l'avons vu précédemment, un Canada indépendant au sein de l'Empire, l'Article 1 se résume au devoir. Le « patriotisme » écrit W. D. Lighthall, écrivain, réformateur, impérialiste montréalais et ami intime de McCord, « n'est rien d'autre que le devoir[7] ».

David Ross McCord's Crusade

Donald Wright

"As stood Latin to the world so will stand my museum to the history of Canada." David Ross McCord[1]

David Ross McCord believed that he had a mission from God. In a letter of 1919 to Mrs. Austin-Leigh of London he went so far as to compare himself to Jacob. "The Lord also found me in a desert land, very desert historically, in the sense that no one had thought of saving the landmarks. He led me about (the whole land). He directed my steps...listened to my voice 'crying in the wilderness,' with the happy result that more than a solid foundation has been made for a museum."[2] Fuelled by a sense of divine purpose, this self-acclaimed "handmaid of Canada" assembled a wonderland of things obscure, relevant, bizarre, ordinary but always historical, from Jeanne Mance's apothecary jars to a lock of Wolfe's hair, from Tecumseh's war bonnet to a deck plank from the royal yacht *Alberta* on which Queen Victoria's coffin rested. When the McCord National Museum officially opened on October 13, 1921, significantly the 109th anniversary of the death of General Isaac Brock, it possessed one of the largest, if not the largest, collections of Canadian history in the world, containing between fifteen and twenty thousand objects on such themes as: Canada's Native cultures, New France, the Seven Years War, the War of 1812, the Arctic, and Canadian scientists. "The historical work, to which I have dedicated my life," McCord boasted in 1920, "is on a scale far exceeding anything else in Canada. In fact," he continued, "it is the most important work of its kind in the Empire."[3]

Although McCord may have believed that he wrestled an angel and received two revelations, his insatiable appetite for collecting can be traced to more earthly beginnings: his parents, John Samuel McCord and Anne Ross McCord. Although he was an early patron of the artist James Duncan and a member of the first committee of the Art Association of Montreal, John Samuel McCord's main interest during the 1830s and 1840s was science, when it was more accessible to the layman. Indeed, before its professionalization science formed a large part of the early Victorian culture of English Canada. Men and women identified, categorized and collected a wide variety of natural history specimens. McCord's mother, Anne Ross, was interested in natural history and produced numerous sketches of flora and fauna. Sir William Dawson once remarked that her sketches were not only works of art but were so accurate that he could use them to teach his botany classes. At the age of seven McCord's innate inclinations emerged when he drew a heraldic emblem of Ivanhoe. The science of heraldry demanded the scientific discipline and attention to detail he had inherited from his father, while the artistic merit derived from his mother's skill as a painter. Many years later the Montreal writer John Reade wrote that this early attempt at "heraldic draughtsmanship", although not having any "intrinsic" worth, foreshadowed McCord's life as a collector.[4]

McCord may have inherited his appetite for collecting from his parents, but that does not explain why this appetite became an obsessive drive to build a national museum. The explanation lies in the social and intellectual climate of the time. Imperialism in turn-of-the-century English Canada, according to Professor Carl Berger, was another form of English Canadian nationalism, an aggressive commitment to expanding Canada through the British Empire.[5] "Be masters in your own house", the imperialists argued, "but let that house be the British Empire". Imperialism was more than a school of nationalism, it was very much a secular religion, a way of life. It was, to quote Andrew Macphail, a prominent McGill professor of medicine, intellectual, imperialist and contemporary of McCord's, "a way of looking at things, a frame of mind, an affair of the spirit."[6] Indeed, so pervasive, persuasive and protean was imperialism that it affected English Canadians' attitudes towards the United States, French Canada, aboriginal peoples, and towards their own sense of superiority. It supplied a vision of their history - loyal, heroic, romantic and full of great military campaigns - and of their future: Canada, with its unlimited and as yet untapped resources, would become Britain's equal in running the Empire. In short, imperialism occupied the present, the past and the future.

David Ross McCord was a staunch Canadian imperialist: imperialism was his constitution. If the preamble to McCord's constitution was, as outlined above, an independent Canada within the Empire, then Article 1 was, simply, duty. "Patriotism", wrote W. D. Lighthall, a Montreal writer, reformer, imperialist and close friend of McCord, "is nothing else than duty."[7] Being an imperialist, after all, meant much more than being a nationalist: it meant being a nation builder. For example, before McCord turned his attention to building a national museum he was a municipal politician and early social reformer at a time when rapid industrialization and

Portrait du major général Joseph Wanton Morrison, C.B. Col. 44e régiment, vers 1821, huile sur toile, acquis d'un descendant de la femme de Morrison (M401). Selon David Ross McCord, il s'agit du seul portrait connu du héros de la bataille de Crysler's Farm.

Portrait of Major General Joseph Wanton Morrison, C.B. Col. 44th Regiment, about 1821, oil on canvas, acquired from a descendant of Morrison's wife (M401). According to David Ross McCord, this is the only known portrait of the hero of the Battle of Crysler's Farm.

un musée McGill, ni un musée protestant, et certainement pas un musée anglais. Chaque objet dans le musée sera désigné et exprimé dans les deux langues... et j'enseigne les principes auxquels votre associé marital dans ce monde a dédié sa vie – l'union des deux races[14]. » C'est à cette fin, « l'union des deux races », que McCord collectionne des centaines d'objets de Nouvelle-France et du Québec, dont l'original de la lettre de Talbot Papineau à son cousin, Henri Bourassa. Papineau s'était enrôlé pour participer à la Première Guerre mondiale et ne partageait pas l'opinion de Bourassa qui s'opposait à la conscription. « Non, mon cher cousin », écrivait-il le 21 mars 1916, sept mois avant d'être tué à Passchendaele, « je crois qu'après la défaite des alliés, la prononciation allemande vous aurait davantage inquiété qu'un conflit avec les opposants ontariens au bilinguisme[15] ». Cette lettre avait une signification beaucoup plus large : en dépit de leurs différences, francophones et anglophones canadiens partageaient les mêmes intérêts. D'ailleurs, le thème des francophones et des anglophones combattant côte à côte un ennemi commun revient constamment dans les carnets de notes historiques de McCord. McCord soutient par exemple que le Québec est resté loyal envers la Couronne britannique durant l'invasion de 1775 et de nouveau en 1812. Il est particulièrement impressionné par les qualités de chef de Charles de Salaberry à la bataille de Châteauguay et par Frederic Rolette, officier des forces navales britanniques de Québec qui avait participé aux batailles du Nil et de Trafalgar durant la guerre de 1812. Les impérialistes canadiens croyaient que les forces armées créaient des patriotes, d'où l'abondance de matériel militaire dans la collection de McCord.

Pour McCord, la guerre est le leitmotiv de l'Amérique du Nord britannique. La guerre est une lutte qui affine les peuples et grandit l'homme (il est convaincu que les militaires produisent une « lignée supérieure[16] ») et la nation. Il parle un jour de « la nécessité et des avantages à sacrifier plusieurs vies » afin « de sauver l'honneur national et d'élever le caractère de la nation[17] ». De plus, la guerre fournit les mythes nationaux d'héroïsme, de sacrifice et de romantisme. Se désignant lui-même comme « l'humble portier du Walhalla canadien[18] », il fait par exemple l'acquisition d'une cheminée en gabbro (localement appelé « granit noir ») de Louisbourg, censée provenir de la maison du gouverneur[19], d'un morceau de fil barbelé de la crête de Vimy, et affirme sans cesse qu'il possède la plus grande collection au monde sur James Wolfe. Il modifie les abords de Temple Grove, domaine familial des McCord et emplacement initial du musée avant qu'il ne soit offert à l'Université McGill, afin de leur donner un aspect militaire rappelant les plaines d'Abraham. La vaste collection Wolfe de McCord comprend le seul portrait peint sur le vif de Wolfe ainsi que des caricatures réalisées par le brigadier George Townshend. Selon McCord :

> Townshend avait un dangereux talent pour la caricature. Dans un cas, la victime était Wolfe lui-même, au mess du général. La caricature (de Wolfe faisant une reconnaissance dans des latrines peu recommandables) circula de main en main avant de tomber dans celles du général qui changea de couleur devant l'affront, chiffonna (plia la caricature en quatre – si ce dessin est bien celui dont il s'agit) le papier et l'enfouit dans sa poche. « Si Dieu me prête vie, dit-il avec un méchant sourire, cette affaire n'en restera pas là; mais nous devons d'abord combattre l'ennemi. »... – Caractère de Townshend – ses caricatures « quoique grossières, étaient extrêmement astucieuses ». Celle des latrines, que je possède, – « retour de l'armée etc. » le défoula, amusa ses amis etc. L'honorable George Townshend, devenu par la suite le marquis Townshend, était le brigadier en second de Wolfe. Pour des raisons jugées suffisantes par Wolfe, on ne lui assignait aucun commandement important et il se vengeait en caricaturant le général, art dans lequel il excellait. Chacune de ses charges nous montre un aspect de Wolfe, mais les libertés prises par Townshend seraient impensables de nos jours. Son talent ne se limitait cependant pas à la caricature et le portrait le plus réussi de Wolfe connu à ce jour a été peint de sa main[20].

McCord admire le professionnalisme exigeant des soldats du dix-huitième siècle comme Wolfe et le marquis de Montcalm, dont la coupe en argent vient enrichir sa collection. On trouve un exemple de ce professionnalisme dans une lettre adressée par Wolfe à son oncle le major W. Wolfe, dans laquelle il critique la défaite désastreuse du général Braddock à Monongahela le 9 juillet 1755 :

> Au sujet de l'épouvantable catastrophe de M. Braddock, je n'en sais guère plus que ce que l'on peut en tirer des dépêches... Il semble que la panique se soit installée dès le premier coup de

he wrote on March 21, 1916, seven months before he was killed at Passchendaele, "I think you would shortly after the defeat of the allies, have been more worried over the mastery of the German consonants than you would over a conflict with the Ontario anti-bilingualists."[15] The letter bespeaks a much larger theme: despite differences, French and English Canadians shared similar interests. In fact, the theme of the French and the English fighting side by side against a common enemy recurs throughout McCord's Historical Note Books. McCord maintained, for example, that Quebec had remained loyal to the British crown during the invasion of 1775 and again in 1812; he was particularly impressed by the leadership of Charles de Salaberry at the battle of Châteauguay and by Frederic Rolette, a British naval officer from Quebec who served in the battles of the Nile and Trafalgar and in the War of 1812. Canadian imperialists felt that the military made patriots, hence the enormous amount of material relating to the military in McCord's collection.

For McCord, the leitmotif of British North America was war. War was a struggle. It refined a people. McCord believed that war uplifted both the individual (he maintained that military men necessarily produced "superior ancestry"[16]) and the nation. He once commented on "the necessity and advantage of losing many lives" in order "to save the national honour and elevate the national character."[17] Furthermore, war provided national myths of heroism, sacrifice and romance. Calling himself the "Humble door-keeper of the Canadian Valhalla"[18], he collected, for example, a gabbro (known locally as "black granite") fireplace from Louisbourg, purportedly from the Governor's house[19], a piece of barbed wire from Vimy Ridge, and he repeatedly claimed to possess the world's largest James Wolfe collection. He renovated the approach to Temple Grove, the McCord family home and original site of the museum before it was donated to McGill University, to make it resemble military features of the Plains of Abraham. McCord's extensive Wolfe collection included the only portrait of Wolfe painted from life as well as caricatures by Brigadier George Townshend. According to McCord:

> Townshend had a dangerous gift for caricature. On one occasion the victim was Wolfe himself at the General's mess. The caricature (of Wolfe reconnoitring a disreputable outhouse) being passed along, finally came to the General, who changed colour at the indignity, and crumpled (folded the caricature in four - if this drawing be the actual one) the paper into his pocket. "If I live," he said, with a dangerous smile, "this shall be inquired into; but we must beat the enemy first."... - Character of Townshend - his caricatures, which, "though gross, were exceedingly clever." The one of the latrines - which I have - "returning from the army etc." gratified his spleen and amused his friends etc...
>
> The Honourable George Townshend, subsequently Marquis Townshend, was the second of Wolfe's Brigadiers. For reasons sufficient to Wolfe he was not assigned to important commands and retaliated by caricaturing the General - an art in which he had no superior. Every one of such efforts gives us a portrait of Wolfe, but the liberties taken in the caricatures would be unthinkable in our day.

Coiffure, type iroquoien, début du XIXe siècle, peau de tête de cerf avec andouiller, peau tannée, piquants de porc-épic, laine rouge, tissu, coussinet rembourré en laine, plumes, lanières, fibre végétale, ocre rouge (M182). David Ross McCord croyait que cette coiffure avait été portée par le chef shawnee bien connu Tecumseh.

Headdress, Iroquoian type, early-nineteenth century, deer-head skin with antlers, tanned hide, porcupine quills, red stroud, cloth, wool padding, feathers, thongs, vegetable fibre, red ochre (M182). David Ross McCord believed that this headdress had been worn by the well-known Shawnee leader Tecumseh.

> Townshend's skill was not, however, limited to caricature and the finest portrait extant of Wolfe is from his brush.[20]

McCord appreciated the exigent professionalism of eighteenth-century soldiers such as Wolfe and the Marquis de Montcalm, whose silver cup he added to his collection. An example of this professionalism is found in Wolfe's letter to his uncle Major W. Wolfe commenting critically on the disastrous defeat of General Braddock at Monongahela on the 9th of July, 1755:

> Of Mr Braddock's overwhelming catastrophe I know little more than may be gather'd from the Dispatches...It appears that Panick reign'd almost from the moment the first shot was fired & you know how readily the Infantry under the present method of training are put into Disorder even on the Battlefields of Europe. How much more then when they are led on to encounter a horde of Savages ambush'd behind Timber in an Unknown trackless Country! Some day we will learn the Lesson; meanwhile we can only look on & marvel at the insensate Stupidity which tolerates this laxity in our Affairs.[21]

à Londres en 1787 et traduit en mohawk par Joseph Brant, de même que l'encrier de celui-ci, sont les objets les plus intéressants.

Une cloche à vache et des chenets nous expliquent un peu l'histoire de la famille Sneider, Loyalistes d'origine germanique typiques des groupes minoritaires ayant fui les treize colonies. McCord et ses contemporains apprécient leur foi dans un gouvernement britannique qui, selon eux, protège les droits des minorités des excès de la majorité et favorise l'unité par la diversité[29].

Comme de nombreux Canadiens, McCord considère la guerre de 1812 comme la propre guerre d'indépendance du Canada. Le rôle prépondérant joué par la milice contribue à renforcer le mythe qui l'entoure, la guerre en venant à être perçue comme une lutte où de simples hommes – Canadiens français, Canadiens anglais et autochtones – s'unissent pour protéger leur pays et combattre une force beaucoup plus importante, celle des Yankees envahisseurs. Dans ses carnets de notes historiques, McCord glorifie « notre Brock héroïque » et la célèbre marche de Fredericton à Québec « dans une forêt pratiquement vierge » effectuée en février par le 104e Regiment of Foot, unité régulière composée principalement de recrues nord-américaines loyales envoyées comme renfort au Bas-Canada[30]. L'épée du général Isaac Brock, une estampe de Charles de Salaberry, le bonnet de Laura Secord, une estampe de la bataille de Queenston Heights et une peinture de la bataille du *Chesapeake* et du *Shannon*, tous ces objets collectionnés par McCord symbolisent pour lui les exploits héroïques de la guerre de 1812 et une victoire remportée grâce à la discipline, la bravoure et l'intelligence, en dépit de forces ennemies supérieures en nombre. Le mythe de la milice sera renforcé plus tard par la bataille de Batoche lors de l'insurrection de Riel, alors que les troupes canadiennes, que l'inaction des Britanniques désespèrent, prennent les choses en main et brisent la résistance métisse.

Aucun héros militaire ne fut peut-être aussi populaire que le général Isaac Brock, dont le commandement téméraire empêcha le Haut-Canada de tomber aux mains des forces américaines durant la guerre de 1812. On dit que, lorsqu'il fut tué à la bataille de Queenston Heights le 13 octobre 1812, Brock portait une ceinture fléchée que lui avait offerte le chef shawnee Tecumseh après la bataille de Detroit[31]. Cette histoire est peut-être apocryphe, mais il ne fait aucun doute que les deux hommes se tenaient en grande estime. McCord croit fermement que la coiffure dont il a fait l'acquisition a appartenu au légendaire Tecumseh, et l'attribution culturelle de cet objet est certainement exacte.

McCord obtiendra l'uniforme de parade de Brock de Henrietta et Emilia Tupper de Guernsey, ses descendantes. Celles-ci sont en quête d'un musée pouvant abriter l'uniforme que portait Brock au moment de sa mort, précisant que son nouveau foyer doit honorer la mémoire du général. Sur les rangs se trouvent McCord, Janet Carnochan, de la Niagara Historical Society, et Arthur Doughty, des Archives publiques du Canada. McCord perd au profit des Archives publiques l'uniforme avec le trou laissé par la balle, mais il reçoit en compensation l'uniforme de parade de Brock et son « épée d'honneur ». Personne ne put malheureusement se rappeler pour quelle raison l'épée portait ce nom ou pourquoi elle n'était pas assortie au fourreau[32].

McCord collectionne les représentations des batailles navales de la guerre de 1812 illustrant tant les défaites que les victoires britanniques. La peinture, probablement réalisée d'après une estampe, de la bataille épique entre le *Chesapeake* et le *Shannon*, où le *Chesapeake* est remorqué dans le port de Halifax par un *Shannon* victorieux, est l'œuvre de J. E. Buttersworth (1817-1894), peintre de marines britannique ayant quitté l'Angleterre pour les États-Unis en 1845[33]. Selon McCord :

> Mme Dunlop, vieille infirmière au service de la famille de M. Hagarty, organiste à la cathédrale catholique de Halifax pendant de très nombreuses années, décédée à l'âge de 90 ans environ, se rappelait avoir vu, jeune fille, un <u>dimanche matin</u>, le <u>Shannon</u> amener sa prise à l'un des quais de Halifax, les ponts maculés de sang, les fusils recouverts de poudre et éparpillés et le navire présentant encore tous les signes d'une bataille. Un drapeau, à son bord ou à celui du <u>Chesapeake</u>, était en berne, en hommage à Lawrence, mort alors que les vaisseaux regagnaient le port. Si sa mémoire était bonne et que le drapeau flottait au mât du <u>Shannon</u>, il s'agissait d'un geste flatteur. Son corps fut presque aussitôt descendu à terre sur une civière. Elle se souvenait que le navire américain avait été très endommagé par notre attaque et qu'il avait l'air presque en pièces, ses mâts, etc. étant fracassés. Au contraire, le tir du <u>Shannon</u> avait atteint si précisément la coque du navire ennemi que le gréement et les voiles étaient pratiquement intacts.
>
> Ce récit en corrobore un autre : celui du vieux citoyen de Halifax qui vit les marins, à qui les Haligoniens reconnaissants donnaient du rhum à travers les hublots, apparemment morts <u>dans leur sang sur les ponts</u>, ressusciter à sa grande surprise après un certain temps[34].

Pour McCord et les hommes de sa génération, le lieutenant-colonel Charles de Salaberry présente toutes les qualités du héros canadien irréprochable. Un portrait gravé fut réalisé à la mémoire du héros de la bataille de Châteauguay, livrée le 26 octobre 1813. Trois fois moins nombreuses que celles de l'ennemi, les troupes de Salaberry (composées de 250 Voltigeurs canadiens, de la milice sédentaire, des Canadian Fencibles et d'autochtones) réussirent à faire croire aux Américains qu'elles étaient supérieures en nombre. Trompés, les Américains prirent la fuite et Montréal fut épargnée. Salaberry, quoique officier britannique d'active, devint une figure légendaire dans l'histoire canadienne.

McCord ne ferme pas les yeux devant les querelles intestines du Canada. Lorsque le « canot d'écorce » heurte le rocher de la rébellion de 1837-1838 et du soulèvement déclenché par Louis Riel quelque quarante ans plus tard, McCord rassemble du matériel illustrant ces événements. De nombreuses pages de ses carnets sont noircies de questions constitutionnelles[35], et il fait l'acquisition du fusil de Wolfred Nelson et des estampes de lord Charles Beauclerk illustrant les combats. Il obtient aussi la proclamation offrant une récompense de 500 £ pour tout renseignement pouvant mener à l'arrestation du meurtrier du lieutenant George Weir. Officier du 32e régiment, Weir fut capturé à Saint-Denis après y être arrivé accidentellement avant les troupes britanniques! Il tenta de s'échapper durant son transfert à Saint-Charles, où sur les ordres de Nelson il devait être mis en sécurité, et fut tué dans la panique qui s'ensuivit[36]. La note de McCord sur la proclamation touche un thème qui lui est cher, celui de la

The militia myth gained further credibility years later at the Battle of Batoche during the Riel uprising, when Canadian troops, despairing of British inaction, took matters into their own hands and broke Métis resistance.

Perhaps no other military hero was more popular than General Isaac Brock, whose daring leadership prevented Upper Canada from falling to American forces in the War of 1812. It was said that when Brock was killed at the Battle of Queenston Heights on the 13th of October, 1812, he was wearing a *ceinture fléchée* given him by the Shawnee chief Tecumseh after the Battle of Detroit.[31] Although the story may be apocryphal, there is no doubt that the two men held each other in high regard. McCord believed implicitly that the headdress he acquired had belonged to the legendary Tecumseh, and it is certainly correct as to cultural attribution.

McCord acquired Brock's dress coatee from his descendants, Henrietta and Emilia Tupper of Guernsey. They were searching for a suitable museum for Brock's plain coatee, which he had been wearing at the time of his death, and specified that its new home should be a place where Brock's memory would be honoured. McCord, Janet Carnochan of the Niagara Historical Society and Arthur Doughty of the Public Archives of Canada all competed for this artifact. McCord lost to the Public Archives in his bid for the plain coatee complete with bullet hole, but as compensation he received Brock's dress coatee and his "sword of honour". Unfortunately, nobody could remember why the sword bore this name or why the scabbard and sword had never matched.[32]

McCord collected depictions of naval battles from the War of 1812 which recorded British losses as well as successes. The painting, probably based on a print, of the epic naval battle between the *Chesapeake* and the *Shannon* which resulted in the *Chesapeake* being towed into Halifax harbour by the victorious *Shannon,* was executed by J. E. Buttersworth (1817-1894), a British marine artist who had emigrated from England to the United States in 1845.[33] McCord noted:

> An old nurse by name Mrs. Dunlop, in the family of Mr. Hagarty, organist of R. C. Cathedral in Halifax for very many years, who died at the age of ninety-odd - remembered as a girl having gone down one Sunday morning & seeing the *Shannon* bringing in her prize to one of the wharfs in Halifax, with her decks covered with blood - the guns soiled with powder & not yet secured in their places & the whole ship still presenting the appearance of action. A flag was flying at half mast, either on her or the *Chesapeake*, as a compliment to Lawrence who had died as the vessels were moving up the harbour. If on the former as she remembered the compliment was very pleasing. His body was shortly after borne ashore on a stretcher. She thinks the American ship had suffered much from our fire & presented a dismantled appearance - masts etc. shattered. Contra - the fire of the *Shannon* was so direct on the hull of her opponent in the duel that the rigging & sails were practically unharmed.
>
> This corroborates the other story of the old citizen of Halifax - who saw the tars, to whom rum had been handed through the portholes, by appreciative Haligonians, apparently dead in the gore on the decks, and after a certain time to his surprize coming to life again.[34]

Portrait commémoratif de Louis Riel, gravure d'après Acary Aunay, publiée à Montréal le 23 novembre 1885 (M4845). Maintenant relativement rare, la première édition, dont chaque exemplaire coûtait dix cents, fut écoulée en quelques heures et en une semaine, 50 000 portraits furent vendus.

Memorial portrait of Louis Riel, engraving after Acary Aunay, published in Montreal on November 23, 1885 (M4845). Now relatively rare, the first issue that sold for ten cents a copy ran out in a few hours and within a week 50,000 had been sold.

For McCord and his generation, Lieutenant Colonel Charles de Salaberry embodied all the qualities of a perfect Canadian hero. An engraved portrait was issued to commemorate the hero of the Battle of Châteauguay, fought on the 26th of October, 1813. Outnumbered three to one, de Salaberry's troops (made up of 250 Voltigeurs Canadiens, the sedentary militia, the Canadian Fencibles and Native people), managed to trick the Americans into thinking that they faced a more numerous force. Deceived, the Americans fled, and Montreal was saved from attack. De Salaberry, although a British regular, became a legendary figure in Canadian history.

McCord was not blind to Canada's internal conflicts. When the *canot d'écorce* struck a rock in the form of the 1837-1838 Rebellions and Louis Riel's uprising some forty years later, he gathered material to chronicle these events. He filled page after page of his notebooks with constitutional queries[35],

Médaille en argent décernée aux Voyageurs canadiens lors de l'expédition du Nil, 1884-1885. « Décernée au navire n° 4, J. Beaubien, Caughnawaga, Oct. », David Ross McCord (M1509).

Silver medal awarded to the Canadian Voyageurs during the Nile Expedition, 1884-1885; "Awarded to No. 4 boat, J. Beaubien, Caughnawaga, Oct." David Ross McCord (M1509).

dignité et de l'honneur, et fait ressortir sa croyance en l'objectivité de l'histoire. Au recto de l'affiche, McCord a inscrit au crayon : « Aussi cruelle et inexcusable qu'ait été la mort du lieutenant Weir, il en est le seul responsable, ayant tenté de s'échapper alors qu'il était prisonnier. »

Outre trois lithographies en couleurs des batailles de Cut Knife Creek, de Fish Creek et de Batoche, lors du dernier soulèvement mené par Riel au printemps 1885, publiées par le *Canadian Pictorial and Illustrated War News*, McCord se procure un portrait de Riel dessiné par Acary Aunay et publié à Montréal. Riel est représenté avec une croix et une corde autour du cou, un petit bouquet de fleurs à la boutonnière. La dernière strophe de l'ode imprimée sous son portrait se lit comme suit :

> Pour détruire l'horreur d'une coupable corde
> À l'innocent exécuté,
> Tout un peuple s'accorde,
> À le parer de fleurs de l'immortalité.

Si l'impérialisme canadien est nationaliste, il ne se limite pas au Canada. Il a un rôle messianique, le devoir de répandre ses vertus, d'imposer la liberté et de combattre le paganisme. Les membres de la tribu du Mahdî du Nil et les Boers d'Afrique du Sud sont considérés comme des bigots barbares et intolérants qu'il faut changer, par la force si nécessaire.

McCord est fier des Canadiens qui participent à la mission civilisatrice britannique. Il ajoute à sa collection une estampe de sir William Fenwick Williams (1800-1883), Néo-Écossais, soldat britannique, administrateur colonial et héros de la guerre de Crimée [37] dont la carrière est citée en exemple dans l'ouvrage de Notman et Taylor, *Portraits of British Americans*. «La gloire, ne l'oublions pas, est accessible à tous. La récompense, toutefois, se trouve souvent dans le devoir. Aujourd'hui, elle appartient au jeune garçon d'Annapolis, demain peut-être sera-t-elle gagnée par un jeune Canadien [38]. »

McCord fait l'acquisition de la médaille britannique accordée à J. Beaubien, de Caughnawaga (Kahnawake), l'un des Voyageurs canadiens qui s'étaient joints à l'expédition du Nil (1884-1886) en vue de sauver le général Gordon, dit Pacha Gordon, assiégé par les mahdistes à Khartoum.

Le Néo-Écossais William Grant Stairs meurt d'un accès de fièvre à Chinde, au Mozambique, en 1892. Une pharmacie portative, une lance, un fusil et une tasse en bois, provenant du plus haut sommet habité des monts de la Lune, sont offerts à McCord par Henry Bertram Stairs en souvenir de son frère. Dans un document de trois pages intitulé « Querere Caput Nili », McCord écrit que Stairs avait finalement déterminé la source du Nil : « Un officier britannique d'origine canadienne a ainsi définitivement réglé une question qui, depuis des temps immémoriaux, n'avait jamais trouvé de solution... Grâce à lui, les terres antiques et le Canada sont désormais unis d'une manière unique... L'on a dit avec raison des explorateurs distingués du Grand Nord qu'une fois leur lutte contre la glace commencée, l'appel de l'Arctique était dans leur sang. L'appel de l'Afrique coulait désormais dans les veines de Stairs [39]. »

Retour des troupes canadiennes d'Afrique du Sud, Octave-Henri Julien, 1900, plume et encre (M677).

The Return of the Canadian Troops from South Africa, Octave-Henri Julien, 1900, pen and ink (M677).

and collected Wolfred Nelson's rifle and Lord Charles Beauclerk's prints of the battles. He also acquired the proclamation offering a reward of £500 for information leading to the capture of the murderer of Lieutenant George Weir. Weir, an officer of the 32nd Regiment, was captured at St. Denis after having accidentally arrived there ahead of the British troops! On Nelson's orders he was being transferred to St. Charles for safekeeping when he attempted to escape, and in the ensuing panic was killed.[36] McCord's note on the proclamation touches on a theme dear to his heart, that of class and honour, and underscores his belief in the objectivity of history. On the front of the poster McCord wrote in pencil, "While the cruelty of Lieut Weir's death can not be condoned he brought it upon himself - by attempting to escape when a prisonner".

In addition to three coloured lithographs of the Battles of Cut Knife Creek, Fish Creek, and Batoche during the final Riel uprising in the spring of 1885, published by the *Canadian Pictorial and Illustrated War News*, McCord acquired a portrait of Riel drawn by Acary Aunay and published in Montreal. Riel is shown with a cross and a hangman's noose hanging from his neck, and a small bouquet of flowers on his lapel. The last verse of the ode printed beneath him reads:

> Pour détruire l'horreur d'une coupable corde,
> À l'innocent exécuté,
> Tout un peuple s'accorde,
> À le parer de fleurs de l'immortalité.

Although Canadian imperialism was nationalistic, it did not confine itself to Canada. It had a messianic role, a duty to spread its virtues, to impose liberty, to fight paganism. The Mahdi tribesmen of the Nile and the Boers in South Africa were seen as medieval, bigoted, illiberal peoples who had to be changed, by force if necessary.

McCord was proud of Canadians who participated in the British civilizing mission. He obtained a print of Sir William Fenwick Williams (1800-1883), a Nova Scotian, British soldier, colonial administrator and hero of the Crimean War[37] whose career was held up in Notman and Taylor's *Portraits of British Americans* as an example. "The race of glory, it should not be forgotten, is open to every one. The prize, however, will commonly be found in the path of duty. To-day it belongs to the boy of Annapolis, to-morrow it may be won by a youth of Canada."[38]

McCord collected the British medal awarded to J. Beaubien of Caughnawaga (Kahnawake), one of the Canadian Voyageurs who joined the Nile Expedition (1884-1886) in an attempt to relieve General "Chinese" Gordon, beseiged by the Mahdi in Khartoum.

Nova Scotian William Grant Stairs died of fever at Chinde in Mozambique in 1892. A medicine chest, a spear, a rifle and a wooden cup, taken from the highest inhabited point of the Mountains of the Moon, were all presented to McCord by Henry Bertram Stairs in memory of his brother. In a three-page document entitled "Querere Caput Nili", McCord wrote that Stairs had finally determined the source of the Nile:

L'engagement de McCord envers la guerre et la « capacité qu'elle a à faire ressortir des qualités précieuses qu'une paix éternelle pourrait faire disparaître[40] » ne se limite pas au domaine de l'histoire : il se fait un ardent défenseur de la guerre des Boers et de la Première Guerre mondiale. Pour lui, défendre les Uitlanders c'est défendre l'Empire; les Canadiens, « par leurs morts, ont fait de leurs noms des maillons de la chaîne qui soude l'Empire[41] ». Les impérialistes canadiens déclenchent un effort de guerre empreint de chauvinisme avec organisations patriotiques, parades et mauvaise poésie : McCord consigne scrupuleusement le nombre des blessés et rédige de brèves notices nécrologiques pour les officiers morts au champ d'honneur. Il acquiert le casque de guerre et le revolver sud-africains de sir Samuel Benfield Steele. Letitia, la femme de McCord, se laisse aussi entraîner par la ferveur sud-africaine. Dans un poème écrit en février 1900, intitulé « Our First Dead » (Notre premier mort), elle tombe dans le pathétique : « Quelle offrande plus précieuse de notre maternité/Que le sang de nos enfants[42]? »

La Première Guerre mondiale suscite la même réaction. Là où vont les Britanniques, les impérialistes canadiens vont aussi. En 1914, McCord est, bien entendu, engagé à fond dans sa croisade, et en 1917 il reçoit peut-être le plus touchant de tous les dons à son musée, la lettre « au cas où » de Gordon Tupper à son père : « Si vous lisez cette lettre, vous saurez alors que votre plus jeune fils "a disparu" fier comme Artaban, le plus beau jour de sa vie. Je conduis ma compagnie à l'assaut... Papa, vous ne pouvez imaginer quel sentiment merveilleux l'on peut éprouver. Un homme se dit quelque chose comme " si je dois mourir, cela en vaut mille fois la peine "... Car voyez-vous, je sais à quoi je dois me mesurer et que les chances sont contre moi[43]. » Les chances étaient en effet contre lui : le 9 avril 1917, il fut tué sur la crête de Vimy.

Collectionner des artefacts sur l'histoire canadienne, c'était légitimer le Canada. Le Canada était après tout un pays de contradictions apparentes qui avait donc un urgent besoin de mythes pour offrir une raison d'être, un sentiment d'unité, un sens de la destinée, bref une idée de ce que signifiait être Canadien. McCord découvrit ce que signifiait être Canadien dans un contexte d'impérialisme canadien, d'interprétation de l'histoire, de compréhension du présent et d'une vision de l'avenir permettant de surmonter les contradictions et de garantir la survie nationale. C'est donc dans cette perspective que McCord a fouillé l'histoire canadienne à la recherche de mythes nationaux.

---

1 PFMC, Historical Note Book, vol. 5, v. 1910, préface.

2 PFMC dossier 5007, D.R.M. à Mme Austin-Leigh, 4 septembre 1919.

3 PFMC dossier 5287, 10 juillet 1920.

4 Département de livres rares de l'Université McGill, Collection Lighthall, caisse 2, dossier 16, 16 juin 1914.

5 Berger 1970, *passim*.

6 S.E.D. Shortt, *The Search For An Ideal*, Toronto, University of Toronto Press, 1976, p. 35.

7 W. D. Lighthall, *Canada, A Modern Nation*, Montréal, Witness Printing House, 1904, p. 11.

8 Archives de la ville de Montréal, Commission de santé, procès-verbaux, 6 novembre 1871 - 4 décembre 1876, p. 39.

9 Peter Novick, *That Noble Dream*, Cambridge, Cambridge University Press, 1988, p. 4.

10 PFMC dossier 1809.

11 PFMC, Historical Note Book, vol. 5, 20 mai 1909, p. 13.

12 PFMC, Historical Note Book, vol. 3, p. 323.

13 PFMC dossier 1803, D.R.M. à Wilfrid Laurier, 8 août 1905.

14 PFMC dossier 5245, D.R.M. à lady Laurier, 4 novembre 1919 (en français dans le texte).

15 PFMC, ms. 1389.

16 PFMC, Historical Note Book, vol. 3, p. 133. Au cours de ses recherches généalogiques, McCord découvrit que ses ancêtres avaient participé à la bataille des plaines d'Abraham, à la guerre de 1812, à la rébellion de 1837, à la guerre des Boers et à la Première Guerre mondiale. Bien que lui-même n'ait jamais combattu, il fut enseigne dans la division de la compagnie numéro un, milice de réserve de la Division régimentaire de Montréal Ouest en 1869 et lieutenant en 1871.

17 PFMC, Historical Note Book, vol. 1, p. 286.

18 PFMC, Historical Note Book, vol. 5, v. 1910, préface.

19 J.S.M., « Richard Bulkeley, 1717-1800 », *Collections of the Nova Scotia Historical Society*, vol. XII, 1905, p. 69.

20 PFMC dossier 2064.

21 AMM, Collection Wolfe, James Wolfe au major W. Wolfe, Southampton, 15 septembre 1755.

22 Robert Craig Brown et Ramsay Cook, *Canada, 1896-1921: A Nation Transformed*, Toronto, McClelland and Stewart, 1974, p. 27.

23 Berger 1970, p. 78.

24 Waite 1971, p. 225.

25 PFMC, Historical Note Book, vol. 3, p. 94, fin des années 1890.

26 PFMC dossier 2040.

27 PFMC, Historical Note Book, vol. 3, p. 94, fin des années 1890.

28 *Dictionary of National Biography*, éd. Leslie Stephen et Sidney Lee, Londres, 1908, vol. I, p. 398.

29 PFMC dossier 2068, après la page 1352.

30 J. Mackay Hitsman, *The Incredible War of 1812*, Toronto, University of Toronto Press, 1965, p. 108, 109.

31 Pour un essai complet sur les reliques de Brock au Canada, voir Ludwig Kosche, *Relics of Brock, an Investigation*, Ottawa, Association of Canadian Archivists, 1980.

32 PFMC dossier 5520.

33 Rudolph J. Schaefer, *J. E. Buttersworth, 19th-Century Marine Painter*, Mystic (Connecticut), Mystic Seaport, 1975.

34 PFMC dossier 2024, Historical Note Book, vol. 3, p. 127, 128.

35 PFMC dossier 709, p. 63.

36 Elinor Kyte Senior, *Redcoats & Patriots, The Rebellions in Lower Canada, 1837-38*, Ottawa, Canadian War Museum Historical Publication, n° 20, 1985, p. 83.

37 Peter B. Waite, « Sir William Fenwick Williams », *DCB* XI.

38 William Notman et Fennings Taylor, *Portraits of British Americans*, Montréal, William Notman, 1865, p. 65.

39 Dossiers d'information du Musée McCord, Noms propres, W. G. Stairs.

40 PFMC, Historical Note Book, vol. 3, p. 44.

41 PFMC, Historical Note Book, vol. 4, p. 158.

42 « Our First Dead » est un acrostiche; les initiales de chaque vers forment les mots CANADIAN CONTINGENT (contingent canadien). Letitia McCord écrivit plusieurs poèmes célébrant la guerre des Boers. John Reade la décrivit comme quelqu'un ayant « plusieurs cordes à son arc mais un seul grand thème », l'amour de l'Empire. Le rév. J. Douglas Barthwick inclut dix de ses poèmes dans son anthologie intitulée *Poems and Songs of the South African War*, Montréal, Gazette Publishing Co., 1901.

43 Gordon Tupper était le petit-fils de l'ancien premier ministre du Canada, sir Charles Tupper. Le père de Gordon fit don de la lettre au Musée McCord. Collection McCord, M 1393.

"Thus was definitely settled by a British Officer of Canadian birth, the question which, from the dawn of knowledge, had baffled solution...His act united the classic lands to Canada in a way that can never be repeated...It has been said, and with truth, of the distinguished northern explorers that, once they began to battle with the ice, the call of the Arctic was in their blood. The call of Africa was now in Stairs' blood."[39]

McCord's commitment to war and "its stimulus to bring out valuable qualities (that) may be lost by a perpetual peace"[40] was not limited to the realm of history: he enthusiastically supported the Boer War and World War I. For him the defence of Uitlanders was the defence of the Empire, and Canadians "by their deaths, have made their names links in the chain welding the Empire together."[41] Canadian imperialists launched a jingoistic war effort complete with patriotic organizations, parades and bad poetry: McCord diligently recorded the number of wounded, wrote brief obituaries of officers killed, and obtained Sir Samuel Benfield Steele's South African War helmet and revolver. McCord's wife Letitia also followed the rush to South Africa. In a poem of February 1900 titled "Our First Dead" she achieved pure bathos: "Could we yield aught to our motherhood/Offerings more dear than our children's blood?"[42]

World War I was no different; where the British went Canadian imperialists were sure to follow. By 1914 McCord was, of course, well into his crusade and in 1917 he received perhaps his most touching donation: Gordon Tupper's "in case" letter. "If you are reading now", Tupper wrote to his father, "you will know that your youngest son 'went under' proud as punch on the most glorious day of his life. I am taking my Company over the top... Dad - you can't imagine the wonderful feeling. A man thinks something like this, 'well if I am going to die, this is worth it a thousand times.'...Mind yes, I know what I am up against and that the odds are against me."[43] The odds were indeed against him: on April 9, 1917 he was killed at Vimy Ridge.

To collect Canadian history was to legitimize Canada. Canada, after all, was a country of apparent contradictions. And Canada therefore very much needed myths that would provide a sense of purpose, a sense of unity, a sense of destiny, in short, a sense of what it meant to be Canadian. McCord found what it meant to be a Canadian in Canadian imperialism, an interpretation of history, an understanding of the present and a vision of the future which would overcome the contradictions and guarantee national survival. It was from this perspective, then, that McCord mined Canadian history for national myths.

---

1 MCFP, Historical Note Book, vol. 5, ca. 1910, preface.

2 MCFP file no. 5007, D.R.M. to Mrs. Austin-Leigh, September 4, 1919.

3 MCFP file no. 5287, July 10, 1920.

4 McGill University Rare Book Department, The Lighthall Collection, container 2, file 16, June 16, 1914.

5 Berger 1970, *passim.*

6 S.E.D. Shortt, *The Search For An Ideal* (Toronto: University of Toronto Press, 1976), p. 35.

7 W. D. Lighthall, *Canada, A Modern Nation* (Montreal: Witness Printing House, 1904), p. 11.

8 Montreal City Archives, Commission de Santé, Procès-verbaux, Nov. 6, 1871 - Dec. 4, 1876, p. 39.

9 Peter Novick, *That Noble Dream* (Cambridge: Cambridge University Press, 1988), p. 4.

10 MCFP file no. 1809.

11 MCFP, Historical Note Book, vol. 5, May 20, 1909, p. 13.

12 MCFP, Historical Note Book, vol. 3, p. 323.

13 MCFP file no. 1803, D.R.M. to Sir Wilfrid Laurier, August 8, 1905.

14 MCFP file no. 5245, D.R.M. to Lady Laurier, Nov. 4, 1919.

15 MCFP, ms. no. 1389.

16 MCFP, Historical Note Book, vol. 3, p. 133. McCord traced his genealogy to the Plains of Abraham, the War of 1812, the Rebellion of 1837, the Boer War and World War I. Although he never fought, he was an ensign in Number One Company Division, Reserve Militia of the Regimental Division of Montreal West in 1869 and a lieutenant in 1871.

17 MCFP, Historical Note Book, vol. 1. p. 286.

18 MCFP, Historical Note Book, vol. 5, ca. 1910, preface.

19 J.S.M. "Richard Bulkeley, 1717-1800", *Collections of the Nova Scotia Historical Society,* vol. XII, 1905, p. 69.

20 MCFP file no. 2064.

21 MCA, Wolfe Collection, James Wolfe to Major W. Wolfe, Southampton, September 15, 1755.

22 Robert Craig Brown and Ramsay Cook, Canada, 1896-1921: *A Nation Transformed* (Toronto: McClelland and Stewart, 1974), p. 27.

23 Berger 1970, p. 78.

24 Waite 1971, p. 225.

25 MCFP, Historical Note Book, vol. 3, p. 94, ca. late 1890s.

26 MCFP file no. 2040.

27 MCFP, Historical Note Book, vol. 3, p. 94, ca. late 1890s.

28 *Dictionary of National Biography,* ed. Leslie Stephen & Sidney Lee, London, 1908, vol. I, p. 398.

29 MCFP file no. 2068, following page 1352.

30 J. Mackay Hitsman, *The Incredible War of 1812* (Toronto: University of Toronto Press, 1965), pp. 108-109.

31 A thorough discussion of the Brock relics in Canada can be found in Ludwig Kosche, *Relics of Brock, an Investigation* (Ottawa: Association of Canadian Archivists, 1980.)

32 MCFP file no. 5520.

33 Rudolph J. Schaefer, *J. E. Buttersworth, 19th-Century Marine Painter* (Mystic, Connecticut: Mystic Seaport 1975.)

34 MCFP file no. 2024, Historical Note Book, vol. 3, pp. 127-128.

35 MCFP file no. 709, p. 63.

36 Elinor Kyte Senior, *Redcoats & Patriots, The Rebellions in Lower Canada, 1837-38,* (Ottawa: Canadian War Museum Historical Publication No. 20, 1985), p. 83.

37 Peter B. Waite, "Sir William Fenwick Williams", *DCB* XI.

38 William Notman and Fennings Taylor, *Portraits of British Americans* (Montreal: William Notman, 1865), p. 65.

39 McCord Museum Information Files, Personal Names, W. G. Stairs.

40 MCFP, Historical Note Book, vol. 3, p. 44.

41 MCFP, Historical Note Book, vol. 4, p. 158.

42 "Our First Dead" is an acrostic - the first letter of the first word in each line together spell CANADIAN CONTINGENT. Letitia McCord wrote several poems in celebration of the Boer War. John Reade described her as one "whose harp has many strings but one grand theme," love of Empire. The Rev. J. Douglas Barthwick included ten of her poems in his anthology *Poems and Songs of the South African War* (Montreal: Gazette Publishing Co., 1901).

43 Gordon Tupper was the grandson of a former prime-minister of Canada, Sir Charles Tupper. Gordon Tupper's father donated the letter to McCord's museum. McCord Collection, M 1393.

Rononshonni - le Bâtisseur
La collection McCord d'objets ethnographiques

Moira T. McCaffrey

> Il y a longtemps, lors d'une réunion du Conseil des Six Nations à Brantford, ce nom [*Rononshonni*] me fut donné. Il y avait en cela quelque chose de très prophétique qui me frappe aujourd'hui, alors que s'achève mon séjour sur terre... J'ai toujours cru que ce terme faisait référence à un membre de la Confédération iroquoise... mais il signifie bien davantage et à la lumière du travail auquel j'ai dédié toute ma vie... ce musée national – et le rôle qu'y joue la section consacrée aux Indiens – j'ignore ce que le Conseil vit en moi, mais le terme signifie bâtisseur [1].

David Ross McCord écrit ces mots en 1916, vingt-six ans après la cérémonie au cours de laquelle lui fut donné un nom iroquois par les représentants de la Confédération des Six Nations. Il reçut probablement cet honneur en reconnaissance de ses conseils juridiques relatifs aux traités et revendications territoriales [2] puisque, dans les années 1890, il n'avait pas commencé sa collection d'artefacts ethnographiques de façon systématique. Il se rappelait néanmoins la cérémonie avec une vive émotion et savourait la signification nouvellement découverte de son nom mohawk.

La décision de McCord de collectionner les objets ethnographiques était intimement liée à son désir de fonder un musée qui contribuerait à promouvoir l'identité nationale canadienne. En 1919 il écrit : « Le Canada commence à prendre sa place en tant que nation et à assumer certaines responsabilités, mais il faut lui montrer la voie [3]. » Les motifs et les aspirations complexes qui animaient la « vision » de cet homme ne sont pas toujours faciles à comprendre. De plus, le rôle des expositions d'objets autochtones dans son plan d'action reste obscur, ce qui peut être un signe de la pensée parfois confuse de McCord lui-même sur le sujet.

À bien des égards, McCord correspond au type même du collectionneur victorien, obsédé par les objets – par leur authenticité et leur signification – et toujours en quête de nouvelles acquisitions. Mais nous ne pourrions nous contenter de le décrire de cette façon sans diminuer ce qui semble avoir été un intérêt sincère et profond pour les peuples autochtones. Le racisme à l'égard des « Indiens » si présent au tournant du siècle ne transparaît aucunement dans sa correspondance et dans ses notes qui dévoilent plutôt un être très cultivé, intéressé par des sujets aussi divers que la fabrication des paniers, la religion autochtone et les droits établis en vertu des traités.

L'opinion personnelle de McCord sur la place et le sort des peuples autochtones au sein de la nouvelle nation canadienne demeure obscure. Il lui est arrivé de s'opposer violemment aux attitudes ethnocentriques, comme le prouve la remarque suivante tirée de ses notes sur l'aménagement du musée : « On accuse l'Indien d'être cruel – en temps de guerre il n'était pas tendre, mais il y a un élément de vertu stoïque qui atténue la cruauté. Et l'homme blanc, avec toutes les influences exaltantes du christianisme, fut abominablement cruel... De quel droit pouvons-nous mépriser les Indiens d'Amérique du Nord [4]? »

Mais si McCord, comme beaucoup d'anthropologues de son époque, s'identifie étroitement aux sociétés autochtones, il prend généralement ses distances devant les changements et les bouleversements qu'elles subissent. Il semble avoir adopté une vision romantique du peuple autochtone qu'il assimile parfois à la nouvelle société canadienne et qu'en d'autres occasions il voit comme une nation survivante plus ou moins inchangée, relique d'une race noble dépassée par le progrès [5].

Au cours des pages suivantes nous approfondirons ces thèmes afin de comprendre le contexte historique de la collection ethnographique de McCord. Cette étude est fondée sur le riche corpus de documents d'archives que sont les Papiers de la famille McCord et qui incluent la correspondance de David Ross McCord avec des chefs autochtones, des négociants et des intermédiaires autochtones et non autochtones, des représentants du gouvernement, des missionnaires, d'autres collectionneurs, des sympathisants et des archéologues et anthropologues professionnels travaillant dans des musées canadiens et américains. McCord a conservé les reçus de la plupart des objets qu'il a achetés ou reçus en don. Des étiquettes manuscrites étaient jointes à toutes les nouvelles acquisitions. Une version dactylographiée et enrichie de ces étiquettes forma plus tard la base des « salles indiennes » du McCord National Museum. Les Archives contiennent également des dossiers de coupures de journaux et de pamphlets annotés qui reflètent son vif intérêt pour la politique autochtone, les événements culturels et l'archéologie.

L'anthropologie victorienne et le mouvement muséal

L'attitude de David Ross McCord à l'égard du peuple autochtone reflète clairement les croyances qui ont façonné les collections d'artefacts ethnographiques à l'époque victorienne. À la fin du dix-neuvième et au début du vingtième siècle, tant les anthropologues que le grand public croient que les groupes amérindiens sont condamnés à disparaître. Des tribus s'éteignent et l'invasion de l'homme

Rononshonni - the Builder
McCord's Collection of Ethnographic Objects

Moira T. McCaffrey

Years ago at a Council of the Six Nations at Brantford this name [*Rononshonni*] was conferred upon me. There was something most prophetic in it which now impresses me as I near the end of my earthly term... I always thought it meant a member of the Iroquois Confederacy... but it was much more in fact and [in] the light of my life-work... this National Museum - and the part the Indian section of it plays - I do not know what the Council saw in me - but the name means a builder.[1]

David Ross McCord wrote these words in 1916, twenty-six years after the ceremony at which he was given an Iroquois name by representatives of the Six Nations Confederacy. He probably received this honour in recognition of legal advice he had provided regarding treaties and land claims,[2] as in the 1890s he had not yet begun to collect ethnographic artifacts systematically. Nevertheless, he recalled the ceremony with drama and emotion as he savoured the newly-discovered significance of his Mohawk name.

McCord's decision to collect ethnographic objects was intimately tied to his quest to build a museum that would help foster a Canadian national identity. As he wrote in 1919, "Canada is beginning to take her place as a nation and assume responsibilities, but she must be taught."[3] The complex motivations and aspirations that fuelled this man's "vision" are not always easy to decipher. Moreover, the role that exhibitions of aboriginal objects were to play in this agenda is not clear, which may reflect McCord's own sometimes muddled thinking on the subject.

In many ways McCord was a typical Victorian collector, obsessed by objects - their authenticity and significance - and relentless in his pursuit of new acquisitions. Yet to characterize him solely in this manner would be to trivialize what appears to have been a deep and genuine interest in aboriginal peoples. His correspondence and notes do not reflect the racist views about "Indians" which prevailed at the turn of the century. Rather, they reveal a remarkably well-read individual, with interests in subjects as diverse as basket-making, Native religion and treaty rights.

McCord's own views on the place and treatment of aboriginal peoples in the new Canadian nation remain unclear. At times he expressed strong opposition to ethnocentric attitudes, such as in the following remarks from planning notes for the Museum. "The Indian is accused of being cruel - in his methods of warfare - he was not gentle - but there is an element of stoic virtue, which dilutes the cruelty - but the white man - with all the elevating influences of Christianity - was dreadfully cruel... What right have we to make despising comments upon North American Indians?"[4]

Yet although McCord, like many anthropologists of his day, identified closely with aboriginal societies, he generally distanced himself from the changes and upheavals that were affecting them. He appears to have adopted a romantic view that envisaged Native people at times assimilated into a new Canadian society, while at other times surviving more or less unchanged as relics of a noble race that was overcome by progress.[5]

The following pages will explore these themes in order to understand the historical context of McCord's ethnographic collection. This study is based on the rich corpus of archival documents contained in the McCord Family Papers. These include David Ross McCord's correspondence with Native leaders, Native and non-Native dealers and middlemen, government agents, missionaries, other collectors, supporters and professional archaeologists and anthropologists working in both Canadian and American museums. McCord filed receipts for most of the objects he purchased or received as donations. Handwritten labels were attached to each new acquisition, and a typed and elaborated version of these became a framework for the planned "Indian rooms" of McCord's National Museum. Also preserved in the Archives are files of annotated newspaper clippings and pamphlets, reflecting his keen interest in Native politics, cultural events and archaeology.

Victorian Anthropology and the Museum Movement

David Ross McCord's attitudes towards Native people clearly reflect the beliefs that shaped ethnographic collecting in the Victorian era. During the late-nineteenth and early-twentieth centuries, both anthropologists and the general public believed that aboriginal groups were doomed to extinction. Tribes were disappearing, and the encroachment of white settlements even in northern and isolated areas of North America was rapidly transforming aboriginal lifeways. A tremendous sense of urgency prevailed among Victorian scientists regarding the need to document "vanishing" aboriginal cultures.[6]

The evolutionary orientation of nineteenth-century anthropologists was also a strong motivating factor in the process of ethnographic collecting. This approach depicted European civilization as the product of an accelerating

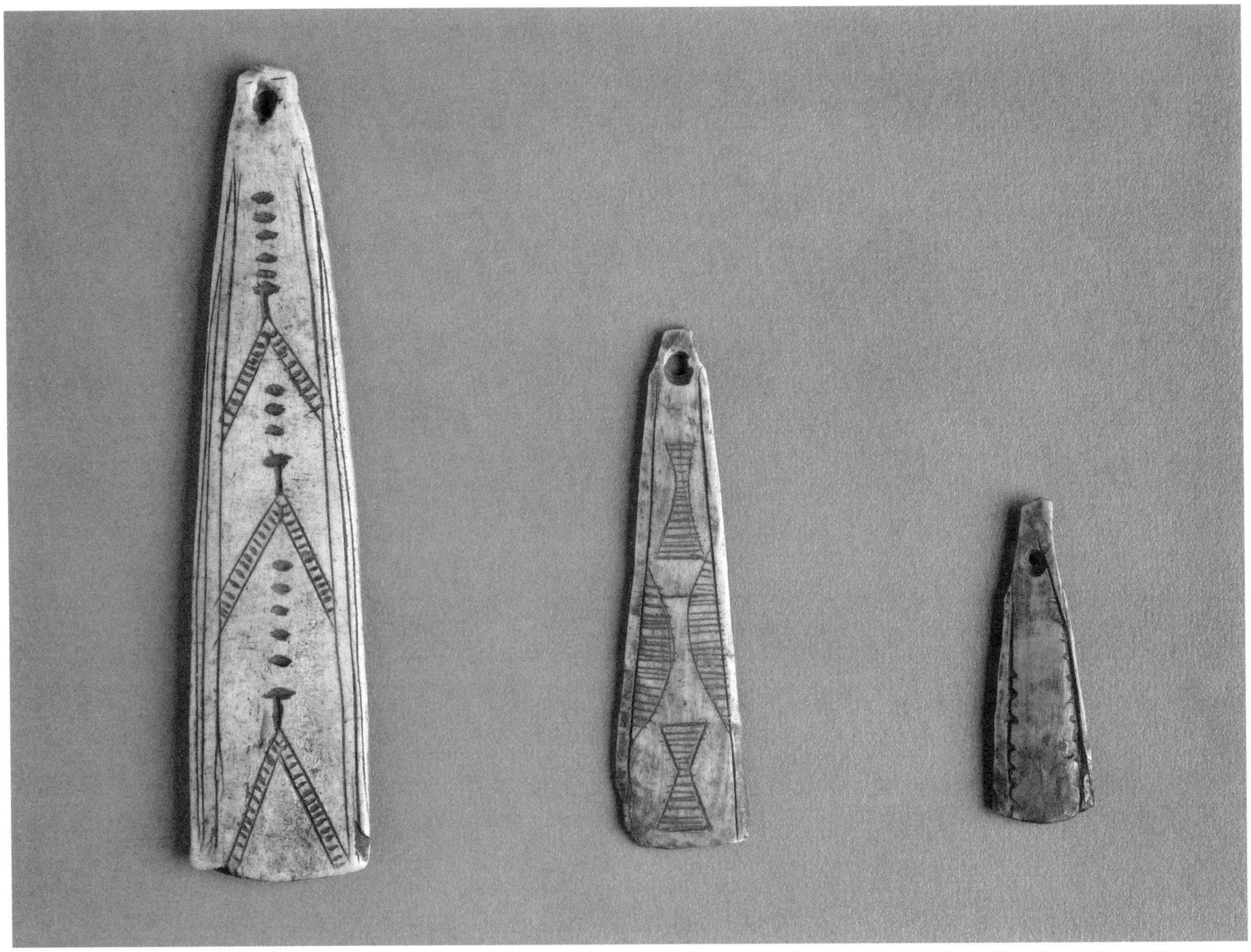

Pendentifs, Béothuk, Rencontre Island, Terre-Neuve, après 1500 ap. J.-C., os de caribou, ocre rouge, collectionnés par le révérend M. Blackmore (ACC1141). McCord était fasciné par les Béothuks et désirait ardemment faire l'acquisition d'artefacts fabriqués par ce groupe disparu. Ses tentatives échouèrent cependant et ces pendentifs furent ajoutés à la collection après la mort de McCord.

Pendants, Beothuk, Rencontre Island, Newfoundland, after 1500 A.D., caribou long-bone, red ochre, collected by the Rev. M. Blackmore (ACC1141). McCord was fascinated by the Beothuks, and very much wanted to acquire artifacts made by this extinct group. His attempts failed, however, and these pendants came into the collection after McCord's death.

blanc jusque dans les régions septentrionales ou éloignées d'Amérique du Nord transforme rapidement le mode de vie autochtone. Il existe chez les scientifiques victoriens un sentiment d'urgence très fort : il faut documenter les cultures aborigènes « en voie d'extinction »[6].

L'orientation évolutionniste des anthropologues du dix-neuvième siècle constitue également un important facteur de motivation dans le processus des collections ethnographiques. Selon cette théorie, la civilisation européenne est le produit d'un développement culturel rapide ayant favorisé le progrès technologique, social, moral et intellectuel. Les peuples autochtones, croit-on, ont évolué plus lentement et leurs cultures sont considérées comme des exemples vivants des premières phases de l'évolution de la société européenne[7].

C'est ce point de vue que sir William Dawson, contemporain de McCord, exprime dans son livre intitulé *Fossil Men and Their Modern Representatives* publié en 1880. En analysant des artefacts du peuple béothuk provenant de Terre-Neuve (maintenant au Musée McCord), Dawson s'est imaginé la rencontre de Jacques Cartier avec les Indiens dans le golfe du Saint-Laurent : « Le vieux Breton se tenait là en présence de l'équivalent parfait des hommes préhistoriques de son propre pays, exactement comme ils seraient apparus s'ils étaient sortis de leurs tombeaux dans les cavernes françaises, avec leurs flèches en silex, leurs lances en os, leurs harpons et leurs parures de coquillages[8]. » Ainsi, ce n'est pas l'étude des peuples autochtones du Canada qui est en général considérée importante, c'est le moyen de faire la lumière sur des segments de l'histoire européenne rendus obscurs par le passage du temps.

cultural development that promoted technological, social, moral and intellectual progress. Aboriginal peoples were thought to have evolved more slowly, and so their cultures were interpreted as living examples of early stages in the evolution of European society.[7]

This viewpoint was expressed by McCord's contemporary Sir William Dawson in his book *Fossil Men and Their Modern Representatives,* published in 1880. In analyzing Beothuk artifacts from Newfoundland (now in the collection of the McCord Museum), Dawson mused about Jacques Cartier's encounter with Indians in the Gulf of St. Lawrence: "The old Breton here stood in the presence of the precise equivalent of the Flint folk of his own country, just as they would have appeared, if raised from their graves in the French caverns, with their flint arrows, bone spears, harpoons, and shell ornaments".[8] Thus the study of aboriginal people in Canada was not generally seen as important in its own right, but rather as a means to illuminate segments of European history obscured by the passage of time.

From the 1890s into the 1950s, American anthropology was dominated by Franz Boas (1858-1942) and his students. Influenced by late-nineteenth-century German romanticism, Boas rejected the deterministic views of evolutionary anthropologists, including the belief that cultural variations represented degrees of development of different societies. Instead, he sought to document the immense variability of cultures and the numerous and unpredictable ways in which different economic, social, and religious practices might combine. Despite this relativist approach, Boas also believed that aboriginal peoples were dying out, and stressed the need to collect as much information about them as was possible.[9]

An outgrowth of both evolutionary and relativist approaches was the development of museums as institutions to collect, conserve and display artifacts of aboriginal cultures. The "Museum Period", as it has been called, lasted from the 1840s to the 1890s. The Smithsonian Institution, though founded in 1841, did not acquire significant holdings in ethnology until the late 1850s. The founding of the Bureau of American Ethnology, also in Washington, D.C., followed in 1879. The earliest anthropological museum to be created was the Peabody Museum of Archaeology and Ethnology, established at Harvard University in 1866. The same year, Ethnography was recognized as a department of the British Museum.[10]

In Canada, anthropology as a discipline was slow to develop, although natural history societies were active in the eastern part of the country as early as the 1820s. The Geological Survey of Canada established a separate anthropology department in 1910, providing employment for professional anthropologists in Canada for the first time. T. F. McIlwraith (1899-1964), who came to the University of Toronto in the 1920s, was the first anthropologist to teach the subject full-time in a Canadian university. Nevertheless, a small group of professional anthropologists was living and working in Canada in the second half of the nineteenth century. Remarks in McCord's notes and letters indicate that the three most prominent - Daniel Wilson, Sir William Dawson and Horatio Hale - played a significant part in shaping his views.[11]

Daniel Wilson (1816-1892), an archaeologist by training, was president of the University of Toronto from 1887 until his death in 1892. He was keenly interested in parallels between aboriginal groups in Canada and prehistoric European society, and his most influential publication, *Prehistoric Man: Researches into the Origin of Civilization in the Old and the New Worlds,* was well known to McCord. Wilson differed from many evolutionary anthropologists in that he rejected the racist views prevalent in American physical anthropology. He held that peoples in small-scale societies had the same inherent intellectual abilities as those in complex societies.[12]

McCord was also a great admirer of Sir John William Dawson (1820-1899), a highly esteemed geologist who was principal of McGill University from 1855 to 1893. In 1860 Dawson carried out a rescue excavation of an Iroquoian site located in downtown Montreal. Typically, Dawson's main interest in aboriginal culture was as a means of understanding the early development of European societies; however, his conservative views on religion led him to oppose the concept of evolution. Dawson maintained that degeneration was as characteristic of human history as was progress. Thus, he viewed anthropological studies as a way to widen sympathies with groups from all periods of human history.[13]

McCord also read the work of Horatio Hale (1817-1896), a graduate of Harvard University who carried out important linguistic and ethnographic research in Oregon and Polynesia. Hale moved to Ontario in 1856 and, after devoting nearly two decades to his law practice, returned to his interest in aboriginal cultures. In 1870 he visited the Six Nations Reserve near Brantford and began to collect information about Iroquoian languages and traditions, culminating in his publication of *The Iroquois Book of Rites* in 1883. Like Wilson, Hale rejected the idea that Western civilization was inherently superior to aboriginal culture.

At a time when both scientific and popular attitudes towards aboriginal people were riddled with negative imagery, and government policies were attempting to obliterate Native lifeways, these three scholars seem out of place. The views of McCord's mentors appear to antedate the development of a close link between evolutionary anthropology and scientific racism. In effect, their old-fashioned view of human nature "led all three to reject what modern anthropologists regard as some of the most abhorrent views of nineteenth-century anthropologists."[14]

Thus, within an intellectual climate that ranged from blatant racism to enlightened cultural pluralism, McCord set out to build a collection "that would stand unrivalled on the continent" as a testimony to "the skill and industry of the original Masters of the Forest and the Prairie".[15] As the following discussion will show, the objects McCord collected must be understood as reflections of this one man's now antiquated views and motivations, as well as being remarkable glimpses of aboriginal life and values.

McCord the Collector

McCord's collecting practices reflect a typically Victorian bias toward older "traditional" objects presumably representative of aboriginal life before European contact. McCord does not appear to have travelled to acquire these objects: much of his collecting was done by mail during the period 1890-1920. He sent appeals to a wide range of individuals and groups, including aboriginal friends and contacts, missionaries, government agents, McGill alumni and other collectors. In a typical letter he wrote as follows:

Des années 1890 aux années 1950, Franz Boas (1858-1942) et ses étudiants dominent la scène anthropologique américaine. Influencé par le romantisme allemand de la fin du dix-neuvième siècle, Boas rejette les vues déterministes des anthropologues évolutionnistes, comme la croyance voulant que les variations culturelles représentent le degré d'évolution de différentes sociétés. Boas cherche plutôt à documenter l'immense variabilité des cultures et les nombreuses et imprévisibles combinaisons possibles des diverses pratiques économiques, sociales et religieuses. Cette approche relativiste ne l'empêche pas de penser que les peuples autochtones s'éteignent et il souligne l'importance de rassembler le plus d'informations possible sur eux[9].

Avec les théories évolutionnistes et relativistes les musées deviennent des institutions vouées au collectionnement, à la conservation et à l'exposition d'artefacts de cultures amérindiennes. Cette « période muséale », comme elle s'est appelée, s'est échelonnée des années 1840 aux années 1890. Bien que fondée en 1841, ce n'est qu'à la fin des années 1850 que la Smithsonian Institution fera d'importantes acquisitions en ethnologie. Le Bureau of American Ethnology, également à Washington, D.C., est créé en 1879. Le plus vieux musée d'anthropologie est le Peabody Museum of Archaeology and Ethnology, établi à l'Université Harvard en 1866. La même année, un département d'ethnographie voit le jour au British Museum[10].

Au Canada, l'anthropologie est lente à évoluer bien que des sociétés d'histoire naturelle soient actives dans l'est du pays dès les années 1820. La Commission géologique du Canada fonde une section d'anthropologie en 1910, offrant ainsi pour la première fois des emplois aux anthropologues canadiens de profession. T. F. McIlwraith (1899-1964), qui s'est joint à l'Université de Toronto dans les années 1920, fut le premier anthropologue à enseigner cette discipline à temps plein dans une université canadienne. Néanmoins, seul un petit nombre de ces anthropologues vivent et travaillent au Canada durant la seconde moitié du dix-neuvième siècle. Les notes et les lettres de McCord nous indiquent que les trois anthropologues les plus réputés, soit Daniel Wilson, sir William Dawson et Horatio Hale, l'ont grandement influencé[11].

Daniel Wilson (1816-1892), archéologue de formation, est président de l'Université de Toronto de 1887 à sa mort, en 1892. Il s'intéresse de très près aux parallèles à établir entre les groupes autochtones du Canada et la société préhistorique européenne, et McCord connaît bien son ouvrage le plus important, *Prehistoric Man: Researches into the Origin of Civilization in the Old and the New Worlds*. Contrairement à de nombreux anthropologues évolutionnistes, Wilson rejette le racisme de l'anthropologie physique américaine et soutient que les peuples des petites sociétés possèdent les mêmes capacités intellectuelles intrinsèques que les peuples des sociétés complexes[12].

McCord est aussi un fervent admirateur de sir John William Dawson (1820-1899), géologue de grande renommée et directeur de l'Université McGill de 1855 à 1893. En 1860, Dawson effectue une fouille de sauvetage d'un site iroquoien situé au centre-ville de Montréal. À l'instar de ses contemporains, il s'intéresse surtout à la culture autochtone en tant que moyen de comprendre le développement des sociétés européennes, mais son conservatisme en matière de religion l'amène à s'opposer au concept d'évolution. Dawson affirme que la dégénération est propre à l'histoire de l'humanité, au même titre que le progrès. Il considère ainsi les études anthropologiques comme une façon de resserrer les liens entre les groupes de toutes les époques de l'histoire de l'humanité[13].

McCord lit également les ouvrages de Horatio Hale (1817-1896), ce diplômé de l'Université Harvard ayant mené d'importantes recherches linguistiques et ethnographiques en Oregon et en Polynésie. Hale s'installe en Ontario en 1856, et après s'être consacré pendant près de vingt ans au droit, il revient à l'étude des cultures amérindiennes. En 1870, il visite la Réserve des Six nations près de Brantford et commence à rassembler des informations sur les langues et les traditions iroquoiennes qu'il publiera en 1883, dans son ouvrage intitulé *The Iroquois Book of Rites*. Tout comme Wilson, Hale rejette l'idée de la supériorité intrinsèque de la civilisation occidentale sur la culture autochtone.

À une époque où l'attitude des hommes de sciences tout autant que celle de la population est teintée de mépris à l'égard des peuples autochtones, et où les politiques gouvernementales visent à effacer leurs modes de vie, ces trois hommes semblent d'un autre monde. Les idées des mentors de McCord apparaissent antérieures à l'établissement d'un lien étroit entre l'anthropologie évolutionniste et le racisme scientifique. En fait, leur opinion surannée de la nature humaine « les a amenés tous les trois à rejeter ce que les anthropologues modernes considèrent comme certaines des théories les plus odieuses des anthropologues du dix-neuvième siècle[14] ».

Ainsi, dans un contexte intellectuel allant du racisme le plus pur au pluralisme culturel éclairé, McCord s'apprête à constituer une collection « unique en son genre sur le continent » en reconnaissance « de l'adresse et de l'industrie des premiers Maîtres des forêts et des prairies[15] ». Comme nous le verrons par la suite, les objets collectionnés par McCord doivent être perçus comme le miroir des opinions et des motivations maintenant vieillottes d'un seul homme, mais offrant un aperçu remarquable de la vie et des valeurs autochtones.

McCord le collectionneur

L'activité de collectionneur de McCord se caractérise par un penchant typiquement victorien pour des objets « traditionnels » plus anciens, qui représenteraient la vie autochtone avant le contact avec les Européens. Il ne semble pas que McCord ait dû voyager pour acquérir ces objets : celui-ci amasse la plus grande partie de sa collection par correspondance, de 1890 à 1920, faisant appel à des personnes et à des groupes de tous les milieux, dont des amis et des connaissances autochtones, des missionnaires, des représentants gouvernementaux, des anciens étudiants de McGill et d'autres collectionneurs. Voici un exemple de sa correspondance :

> Je vous serais très obligé, je dirais même plus, le Canada serait privilégié, si vous aviez l'amabilité d'obtenir de votre entourage des dons d'objets de fabrication indienne – costumes, armes, wampum, etc. – pour ce musée national. J'aimerais souligner que les objets anciens ont plus de valeur que les objets récents, mais il est possible que l'on ne puisse se procurer que ces derniers... Des ustensiles domestiques, utilisés par exemple pour cuisiner, ayant été remplacés

> I would be very much obliged, nay more, Canada would be benefitted, if you would kindly obtain donations in your neighbourhood of objects of Indian manufacture - costumes, arms, wampum, etc. - for this National Museum. I may remark that the earlier objects are of greater value than the recent ones, but it may happen that the latter are the only ones procurable... Domestic utensils, such as cookery and the like, which have been superceded by those of European manufacture are specially desirable. Neglect nothing however humble it may appear... When objects have belonged to a particular Chief, or have a history, such should be noted. In fact as many notes as possible should be procured with objects.[16]

McCord was determined to collect as diverse a range of aboriginal artifacts as possible, confident that the fledgling discipline of ethnology would one day sort out these disparate elements. As he explained in a letter to a prospective supporter, "... no object connected with Indian life [is] too small or insignificant to donate. We see connections, often of the greatest value, which are naturally passed over by others highly educated, but whose attention has not been directed, as ours is, to special departments".[17] It is uncertain how successful McCord's general solicitations actually were. He appears to have acquired objects more reliably when his letters targeted specific individuals for the purchase of specific pieces. He typically paid very high prices, a factor that surely contributed to his collecting success.

When McCord began to collect actively, he evidently built on pre-existing Native contacts to acquire donations, as is suggested by the following letter of thanks to Maurice Bastien, Chief of the Huron Tribe at Lorette.

> Dear Brother Chief, Allow me to thank you from the bottom of my heart for the splendid Turtle totemed Papoose cradle, which I trust may be only the beginning of the interest of all our Tribes in this National Museum... We expect that you and fellow Chiefs will represent your great Tribe at our opening; and if you be in Montreal fail not to come to see us. In the Pipe of Peace, Your brother...[18]

McCord typically wrote letters as though his honorary Mohawk name had made him part of the aboriginal community. He expressed this forcefully in notes for a letter to a Reverend Trench in Alberta, dated 1913. "I asked Mr. Trench if he could not, in his kind work for me, get the chiefs and "warriors" to appreciate that I was not a pale face, but a brother by adoption into the six nations, endeavouring to preserve to posterity [what] was in fact becoming lost - the traces of the former greatness of the Indian."[19] Appropriating a Native identity was a means for McCord to naturalize his role as a cultural and national spokesperson. Being a member of a dominant elite, McCord viewed class structure as imbedded in the natural progression of Canadian society. By invariably linking the objects he collected to chiefs, warriors and princesses, he could reinforce to the public not only the inviolate presence of class structure even in societies considered "primitive", but also increase his own influence by demonstrating his membership in this elite group.

McCord sometimes exaggerated his Native affiliation in appeals to aboriginal people. Take for instance this excerpt from a letter to Chief William Loft of the Six Nations, Ontario, in 1916, requesting assistance with regard to purchasing objects: "I am a true Indian brother... devoting my life to preserving for posterity, the past greatness of us Indians. No one has ever done anything of what I have - everyone else is buying and selling! Profit (alas) I am not thinking of profit - I am only thinking of the preservation of our Indian glory".[20] Apparently, not all Native people appreciated McCord's enthusiastic "hard sell", as can be seen in Chief Loft's reply. "I will do all in my power to do as you suggest in your letter [purchase objects], at the same time you may be aware that many of our people are quite hard to approach in that regard".[21]

McCord felt that the race against time to collect vanishing ethnological specimens was also a race against rival collectors, particularly Americans.[22] He lost no opportunity to impress upon potential supporters the urgency of his task. Take, for example, this letter of 1919 soliciting money from a Miss Wheeler of Montreal. "You don't require to be told how far behind the Americans we are in museum work, and I want to see if Montreal will not wake to a sense of her duty."[23]

He sometimes thanked donors with ominous references such as the following. "Canada has unfortunately suffered so much by the energy of the American that every such object is doubly valuable."[24] Astute Native dealers exploited this rivalry in order to raise the value of artifacts to a sum they found satisfactory. The following extract from a letter written by David Swan of Oka in 1911 exemplifies this tactic. "Bro[ther] Rononshonni... Been at lake huron among natives looking for relics. The American with the big silver dollar has been ahead of me almost everywhere I went[,] more so at Six Nations and he has been busy buying up Indian relics. So to say that good relics are scarce is puting [sic] it mild and at two Hundred and Fifty dollars I know of only one."[25] (Apparently McCord had written previously that Swan should pay no more than $75 for the object in question.)

McCord recognized early in his collecting career that missionaries working in aboriginal communities could be valuable allies. In letters to church workers, such as this one written in 1917, he did not hesitate to adopt an appropriately pious tone. "I have been much blessed in my whole work. This has been the secret of my success. It has been all done to the Glory of God. I have only been the humble instrument."[26] In general, missionaries encouraged Native people to shed traditional material culture, in an effort to speed their acculturation. The sale of craft items was also used to raise money for mission-inspired community projects.[27] This is clear in a letter to McCord in 1915 by a Reverend MacPherson of Glendale, New Brunswick. "The Papoose Carrier I have was made last year for Doctor Clarke. I have given the Indian who made it an order for another, which will be yours. It will cost you $15.00. Let me know if this is satisfactory. Intrinsically the thing is not worth near that much but we are selling these articles to raise money to finish our little church."[28]

Another method McCord used to augment his collection was convincing other collectors to consolidate their ethnographic material in his future museum. His own ego-driven desire to oversee the largest collection in Canada may have been the main motivating force behind this, yet he was quite right when he argued that "These things remaining in private families means they will be lost and alas, sometimes very soon. I have had plenty of experience of such."[29] In some

> par d'autres de fabrication européenne, seraient particulièrement appréciés. Ne négligez aucun objet, aussi humble puisse-t-il vous sembler... Lorsqu'un objet a appartenu à un Chef, ou qu'une histoire y est rattachée, veuillez en prendre note. En fait, il est préférable de relever le plus de renseignements possible sur les objets[16].

McCord est déterminé à amasser l'éventail le plus large possible d'artefacts autochtones, ne doutant pas que la discipline naissante de l'ethnologie triera un jour ces éléments disparates. Comme il l'explique dans une lettre à un éventuel donateur, « ...aucun objet relié à la vie indienne n'est trop petit ou insignifiant pour être donné. Nous voyons des liens, parfois de la plus grande importance, sur lesquels des gens très érudits ne se sont pas attardés parce que leur attention n'a pas été dirigée, comme la nôtre, vers des éléments particuliers[17] ». L'on ne sait au juste quel est le succès de McCord dans ses démarches. Il semble qu'il lui est plus facile d'obtenir des objets lorsque ses lettres sont adressées à des personnes en particulier et qu'elles concernent des pièces précises. Reconnu pour acheter des objets au prix fort, ce facteur joue sans aucun doute en sa faveur.

Lorsque McCord se met tout de bon à collectionner, il compte de toute évidence sur ses relations au sein de la communauté autochtone, comme en fait foi la lettre de remerciements suivante adressée à Maurice Bastien, chef des Hurons à Lorette :

> Chef, mon cher frère, permettez-moi de vous remercier du fond du cœur pour le splendide porte-bébé à totem de tortue qui, je le souhaite, n'est que le début de l'intérêt de toutes nos Tribus pour ce musée national... Nous espérons que vous et les autres Chefs représenteront votre grande Tribu lors de notre inauguration; et si vous êtes de passage à Montréal, ne manquez pas de venir nous saluer. Au nom du Calumet de la Paix, je demeure votre frère...[18].

McCord rédige ses lettres comme si son nom honorifique mohawk avait fait de lui un membre à part entière de la communauté autochtone. Ce sentiment d'appartenance est exprimé avec vigueur dans des notes prises dans la marge d'une lettre d'un certain révérend Trench, d'Alberta, datée de 1913 : « J'ai demandé à M. Trench s'il aurait l'amabilité de faire comprendre aux chefs et aux « guerriers » que je ne suis pas un visage pâle, mais un frère d'adoption au sein des six nations, s'efforçant de préserver pour la postérité ce qui en fait était en train de se perdre – les traces de la grandeur passée des Indiens[19]. » S'approprier une identité autochtone constitue pour McCord une façon de naturaliser son rôle de porte-parole culturel et national. En tant que membre d'une élite dominante, McCord perçoit les structures sociales comme une partie intégrante de la progression naturelle de la société canadienne. En associant invariablement les objets qu'il collectionne à des princesses, des chefs et des guerriers, il peut non seulement convaincre le public de la présence inviolée des structures sociales même dans les sociétés dites « primitives », mais aussi accroître sa propre influence en affichant son appartenance à ce groupe élitaire.

Il arrive parfois que McCord exagère son affiliation au peuple autochtone dans les demandes qu'il lui adresse. Prenons par exemple cet extrait d'une lettre adressée en 1916 au chef William Loft des Six nations, en Ontario, dans laquelle il demande de l'aide pour acquérir certains objets : « Je suis un vrai frère indien... consacrant sa vie à préserver pour la postérité la grandeur passée de notre peuple. Personne n'a jamais accompli cela avant moi – tous les autres achètent et vendent! Le profit (hélas) ne m'intéresse pas. Je ne m'intéresse qu'à la préservation de notre gloire indienne[20]. » Il semble que les autochtones n'apprécient pas tous l'enthousiasme « agressif » de McCord, comme en fait foi la réponse du chef Loft : « Je ferai tout en mon pouvoir pour faire ce que vous proposez dans votre lettre [acheter des objets], mais sachez que nombreux sont ceux chez nous qui n'aiment pas être abordés à ce sujet[21]. »

Pour McCord la course contre la montre qu'il mène pour faire l'acquisition d'artefacts ethnologiques en voie de disparition est aussi une course contre les collectionneurs rivaux, notamment contre les Américains[22]. Il ne perd aucune occasion de faire part de l'urgence de sa tâche à d'éventuels alliés. Ainsi, dans une lettre adressée en 1919 à une demoiselle Wheeler de Montréal, à laquelle il demande de l'argent, McCord affirme : « Je n'ai pas à vous dire à quel point nous sommes loin derrière les Américains dans le domaine muséal, et j'aimerais voir Montréal prendre ses responsabilités[23]. »

Ses lettres de remerciement sont parfois empreintes de pessimisme : « Le Canada a malheureusement tant souffert de l'énergie des Américains que chacun de ces objets vaut le double de sa valeur[24]. » Des négociants autochtones astucieux profitent de cette rivalité pour hausser la valeur d'artefacts à une somme qu'ils jugent satisfaisante. L'extrait suivant d'une lettre écrite en 1911 par David Swan d'Oka illustre bien cette tactique : « Frère Rononshonni... Je suis allé au lac Huron chez les autochtones à la recherche de reliques. L'Américain avec ses gros billets verts m'a devancé presque partout où je suis allé, particulièrement aux Six nations, et il a acheté beaucoup de reliques. Disons que les reliques sont rares et à deux cent cinquante dollars je n'en connais qu'une seule[25]. » (McCord avait semble-t-il déjà écrit à Swan de ne pas payer plus de 75 $ pour l'objet en question.)

McCord ne tarde pas à se rendre compte que les missionnaires des communautés autochtones peuvent l'aider efficacement. Dans des lettres adressées à des personnes actives au sein de l'Église, comme celle-ci, écrite en 1917, il n'hésite pas à adopter le ton pieux qu'il faut : « J'ai bénéficié de la protection divine tout au long de mon travail. Ce fut la clef de mon succès. Toute mon œuvre a été dédiée à la gloire de Dieu. Je n'ai été qu'un humble instrument[26]. » En général, les missionnaires encouragent les autochtones à se départir de leur culture matérielle traditionnelle afin d'accélérer leur acculturation. L'on vend aussi des objets de fabrication artisanale pour amasser des fonds destinés à des projets communautaires visant le bien de la mission[27], comme en témoigne une lettre adressée à McCord en 1915 par le révérend MacPherson de Glendale, au Nouveau-Brunswick : « Le porte-bébé que je possède a été fabriqué l'an dernier pour le docteur Clarke. J'en ai commandé un autre à l'Indien qui l'a fait. Il vous est destiné et vous coûtera 15,00 $. Laissez-moi savoir si cela vous convient. L'objet comme tel est loin de valoir cette somme, mais nous vendons ces articles pour réunir la somme qui nous permettra d'achever la construction de notre petite église[28]. »

Pour accroître sa collection, McCord tente également de convaincre d'autres collectionneurs de réunir tout leur matériel ethnographique dans son futur musée. Il se peut que son principal motif soit son désir égocentrique de gérer la plus vaste collection au Canada, mais il reste qu'il a raison lorsqu'il affirme : « Les choses qui restent dans les familles privées

Enveloppe de porte-bébé, Iroquois, milieu du XIXe siècle, laine, ruban de soie, ornements en argent, perles de verre (M208).

Cradleboard wrapper, Iroquois, mid-nineteenth century, stroud, silk ribbon, silver ornaments, glass beads (M208).

instances, he was able to raise enough money personally or through supporters to purchase large private collections. For example, the E. W. Gill collection of Plains Indian material and a segment of the J. B. Learmont ethnographic collection became part of the McCord National Museum in just such a manner.[30]

McCord was not always successful, however, in convincing other collectors that his mission should take precedence. Take, for instance, his dramatic appeal in 1919 to Cyrille Tessier, a Quebec City notary.

> It is a national museum, and will be known as such; not a museum of any particular educational institution. I am not going to make a protestant museum or a catholic museum, and above all, I am not going to make an English museum. I will make it an Indian museum as much as I possibly can, - the museum of the original owners of the land. And here our wampum plays a conspicuous part.[31]

Apparently Tessier remained unmoved by this impassioned plea, for his wampum did not join the Museum's collection.

As McCord developed into a more discerning collector, he became less credulous and frequently badgered donors for information on the age and authenticity of objects he had acquired. In 1910 an exasperated Chief Moses Stacey of Kahnawake responded to one of many letters doubting the age of a cradle shade. "Regarding my claim about the age and make of the cover, I was under the impression that you understood fully all about the cover. I have fully ascertained that the age of the cover is 72 or 73 years old, but the new

> Vous savez que j'ai en général une bonne opinion de vous tout comme j'ai en général une bonne opinion des paniers, et que je suis fâché que l'Art Association ait obtenu les paniers de Mme Molson plutôt que le McCord National Museum. Je félicite d'en avoir fait l'acquisition celui qui après l'auteur de cette lettre se distingue le plus dans les hauts faits de la « mainmise ». Mais passons aux choses sérieuses. Si j'avais obtenu les paniers, je n'aurais pas manqué de les soumettre à l'examen d'un expert... n'est-ce pas là une acquisition quelque peu étrangère à la vocation de l'Art Association? La place de ces paniers ne serait-elle pas plutôt dans un musée comme le mien...[38] [?]

Ironiquement, la collection de paniers Molson finit par faire partie de la collection de McCord en 1928[39].

Il ne subsiste que peu de plans et de descriptions détaillées de la première exposition de McCord, mais tant ses notes que les critiques de journaux et de revues traitant du nouveau musée nous donnent un aperçu de la façon dont McCord a finalement présenté au public sa collection d'ethnologie. Voici ce que l'on peut lire dans un article paru en 1931, soit dix ans après l'ouverture, dans *The Teachers' Magazine* : « Les deux salles présentant du matériel indien sont au rez-de-chaussée du Musée; à gauche de l'entrée se trouvent les artefacts consacrés aux Esquimaux et aux Indiens de l'Ouest, et à droite ceux des Indiens de l'Est du Canada. Dans le hall, une vitrine contient des objets fabriqués par les Indiens Haïdas des Îles de la Reine-Charlotte – sculptures sur ardoise noire, modèles de mâts totémiques et une couverture chilkat[40]. » À l'intérieur de ces grandes divisions géographiques la collection était disposée typologiquement, apparamment par ordre alphabétique. Par exemple, les étiquettes micmacs étaient : *Art, Basket* (paniers), *Beads* (perles), *Costumes, Design* (motifs), *Games* (jeux), *Gorget* (parures de cou), *Implements* (outils domestiques), *Missions, Moosecall* (cornes pour appeler l'orignal), *Necklaces* (colliers), *Ornaments* (ornements), *Pipes, Pouches* (sacs), *Toys* (jouets), *Weapons* (armes)[41]. Il est difficile d'évaluer la réaction du public à ces objets ethnologiques, mais le dépouillement d'articles de journaux des années vingt et trente pourrait finir par nous en donner une idée.

Conclusion

> Un objet n'a pas de réalité propre et ne peut être un sujet d'étude approprié; ce sont les gens qui donnent une réalité aux objets[42].

Il ne fait aucun doute que David Ross McCord était convaincu que la « réalité » présentée dans son exposition d'objets des cultures autochtones du Canada était fondée sur la pensée scientifique la plus avancée de l'époque. Avec le recul, nous voyons maintenant que, tout comme la majorité des expositions muséales du début du vingtième siècle, la présentation de McCord a contribué à faire vivre un stéréotype tenace, celui d'une culture autochtone simple et immuable, voire même attirante par son côté romantique, ses guerriers héroïques, ses princesses exotiques et ses artisans rusés. Ce stéréotype fut en outre renforcé par la juxtaposition d'artefacts autochtones et d'objets reliés à l'histoire coloniale, empreints de l'imagerie exaltante d'une nation canadienne dynamique, moderne, complexe et connaissant un essor rapide.

Comme la majorité de ses contemporains, McCord est alors incapable de s'imaginer que ces peuples en voie de « disparition » vont non seulement survivre, mais prendre un jour leur propre histoire en main. Les groupes autochtones au Canada remettent aujourd'hui en question bon nombre des méthodes de conservation et d'exposition d'objets de leur patrimoine. Ils constituent graduellement leurs propres musées et défient les institutions non autochtones de reconnaître et de supprimer les vestiges de ces attitudes victoriennes[43].

Aujourd'hui, la collection ethnologique du McCord épouse une vocation plus large et plus importante que n'aurait pu l'imaginer David Ross McCord. Les inventaires des collections, facilitant les prêts et la recherche, sont mis à la disposition des groupes autochtones intéressés. La collection jouera un rôle prépondérant dans les programmes reliés aux cours de muséologie s'adressant aux Amérindiens. Grâce à un programme d'expositions itinérantes, établi en collaboration avec les groupes autochtones, les objets finiront par être ramenés dans les communautés auxquelles ils appartiennent. Des programmes sont actuellement mis sur pied afin de mettre à la disposition des Aînés les objets nécessaires aux pratiques cérémonielles ou à l'instruction des jeunes. Enfin, les expositions viseront à sensibiliser le public à la diversité culturelle des peuples autochtones du Canada et au rôle intégral et dynamique qu'ils jouent dans l'histoire canadienne. Si McCord a ostensiblement cherché à « préserver la gloire passée » des peuples autochtones, les objets qu'il a collectionnés et les descendants de ceux qui les ont fabriqués parlent haut et fort des réalités contemporaines et des aspirations futures.

---

1 PFMC dossier 1988, Community and Club Activities, 13 septembre 1916. Selon Brian Deer, du centre culturel Kanien'kehaka Raotitiohkwa à Kahnawake, le nom mohawk *Ronomshonni* signifie littéralement « il a bâti une maison ».

2 Nous ne possédons que peu de renseignements sur l'engagement professionnel de McCord dans les affaires autochtones avant 1890. Cependant, d'après sa correspondance avec le chef iroquoien Jeremiah Hill, de Marysville, au cours des années 1893, 1894 et 1895, McCord était, aux dires de Hill, « très au courant des affaires indiennes ». Voir PFMC dossier 1994, Legal Correspondence.

3 PFMC dossier 5324, D.R.M. à Mlles Horden et Broughton, 13 février 1919.

4 PFMC dossier 2062, First Museum Arrangement.

5 Pour en savoir davantage sur ce sujet, voir George W. Stocking, *Victorian Anthropology*, New York, Free Press, 1987, p. 289 et *passim*.

6 Voir Cole 1985, p. 287, 288 et Bruce G. Trigger, « A present of their past? Anthropologists, Native people, and their heritage », *Culture*, vol. VIII, nº 1, 1988, p. 75 pour un essai détaillé sur les comportements qui ont façonné la collection d'objets ethnographiques à l'ère victorienne.

7 Trigger 1985, p. 17.

8 John William Dawson, *Fossil Men and Their Modern Representatives: An Attempt to Illustrate the Characters and Condition of Prehistoric Men in Europe by Those of the American Races*, Montréal, Dawson Brothers Publishers, 1880, p. 18. Par le passé, les ethnohistoriens ne s'entendaient pas sur l'identité du peuple que rencontra Jacques Cartier en 1534. Le consensus actuel est qu'il s'agissait probablement du peuple béothuk ou montagnais. Voir Charles A. Martijn, « The Iroquoian Presence in the Estuary and Gulf of the Saint Lawrence River Valley: A Reevaluation », *Man in the Northeast*, nº 40, 1990, p. 45-63.

9 Trigger 1985, p. 112-114.

Tambour et baguette, Plaines du Nord-Ouest, fin du XIXe siècle, cuir vert, bois, peinture, poil d'animal, acquis par David Ross McCord de Mme J. B. Learmont (M4920.0-1).

Drum and drumstick, Northwest Plains, late-nineteenth century, rawhide, wood, paint, animal hair, acquired by David Ross McCord from Mrs. J. B. Learmont (M4920.0-1).

Conclusion

Objects are not an appropriate or separate reality for study; people make reality out of objects.[42]

David Ross McCord was no doubt convinced that the "reality" presented in his exhibit on the aboriginal cultures of Canada was grounded in the most advanced scientific thinking of the day. In retrospect, we now realize that like most museum exhibits conceived in the early twentieth century, McCord's display contributed to a tenacious stereotype of aboriginal culture as simple and unchanging, if romantically appealing, with its warrior figures, exotic princesses and clever artisans. This stereotype was only enhanced by its juxtaposition with displays on colonial history, filled as they were with exciting imagery of a dynamic Canadian nation, modern, complex and rapidly progressing.

McCord, and most of his contemporaries, were unable at the time to envisage that these "vanishing" peoples would not only survive but would one day take charge of their own history. Aboriginal groups in Canada are now questioning a wide range of practices related to the care and display of objects of Native heritage. They are gradually building their own museums, and are challenging non-Native institutions to recognize and eradicate remnants of these Victorian attitudes.[43]

Today, the McCord ethnology collection is taking on a vocation that is wider and more significant than David Ross McCord could have imagined. Inventories of the collection, facilitating loans and research, are available to interested Native groups. The collection will play a critical role in training programs linked to aboriginal museology courses. A travelling exhibit program, carried out in collaboration with Native groups, will ultimately bring objects back to the communities where they originated. Programs are being designed to make accessible to Elders objects important to ceremonial practices and to the instruction of their young. Finally, displays will seek to promote public awareness of the ongoing cultural diversity of aboriginal people in Canada, and the integral and dynamic role they have played in shaping Canadian history. Though McCord ostensibly set out to "preserve the past glory" of Native people, both the objects he collected and the descendants of their makers speak eloquently and forcefully of contemporary realities and future aspirations.

[10] Pour plus de renseignements sur la période muséale, voir Cole 1985; Curtis M. Hinsley Jr., *Savages and Scientists. The Smithsonian Institution and the Development of American Anthropology 1846-1910*, Washington, D.C., Smithsonian Institution Press, 1981; George W. Stocking, éd., *Objects and Others. Essays on Museums and Material Culture*, History of Anthropology, vol. 3, Madison (Wisconsin), University of Wisconsin Press, 1985; William C. Sturtevant, « Does Anthropology Need Museums? », *Proceedings of the Biological Society of Washington*, vol. 82, 1969, p. 619-650.

[11] Sur l'anthropologie victorienne au Canada, voir Trigger 1985, p. 39-44.

[12] Trigger 1985, p. 40.

[13] *Ibid*, p. 42.

[14] *Ibid*.

[15] PFMC dossier 5317, D.R.M à la société Alma Mater de McGill, février 1920.

[16] PFMC dossier 2055, lettre type de D.R.M., février 1920.

[17] PFMC dossier 5318, D.R.M. à M. Charles G. Hallowell, 5 février 1921. Voir Zeller 1987, p. 4, pour un essai sur l'esprit d'accumulation de la science de l'inventaire victorienne.

[18] PFMC dossier 5306, D.R.M. au chef Maurice Bastien, 16 juin 1921.

[19] PFMC dossier 5318, rév. A. C. Trench à D.R.M. (annotations en marge de D.R.M.), 28 août 1913.

[20] PFMC dossier 5296, D.R.M. au chef William Loft, 6 février 1916.

[21] PFMC dossier 5296, chef William Loft à D.R.M., 18 mars 1916.

[22] Cole 1985, p. 288.

[23] PFMC dossier 2055, D.R.M. à Mlle Wheeler, 18 septembre 1919.

[24] PFMC dossier 5318, D.R.M. à M. Charles G. Hallowell, 5 février 1921.

[25] PFMC dossier 5302, David Swan à D.R.M., 29 décembre 1911.

[26] PFMC dossier 5319, D.R.M. à Mme Alfred Dudoward, 7 décembre 1917.

[27] Voir Barbara Lawson, *Collected Curios – Missionary Tales from the South Seas*. Fontanus Monograph Series, n° 2, Montréal, McGill University Libraries, 1992. En général, les observations de Lawson s'appliquent aussi bien au processus d'évangélisation des peuples autochtones du Canada.

[28] PFMC dossier 5306, D. MacPherson à D.R.M., 8 avril 1915.

[29] PFMC dossier 5319, D.R.M. à Mme Alfred Dudoward, 7 décembre 1917.

[30] Voir PFMC dossier 5346 pour la correspondance avec Mme J. B. Learmont.

[31] PFMC dossier 5317, D.R.M. à Cyrille Tessier, août 1919.

[32] PFMC dossier 5305, chef Moses Stacey à D.R.M., 30 novembre 1910.

[33] AMM, étiquettes originales – Ethnologie, M103.

[34] Pour consulter l'une des nombreuses lettres de McCord traitant de la recherche relative aux artefacts, voir PFMC dossiers 5296, 5307, 5310, 5317.

[35] PFMC dossier 5305, D.R.M. à Mme W. S. Robertson, 14 mai 1921.

[36] PFMC dossier 5308, D.R.M. au directeur de la Smithsonian Institution, Washington, D.C., 1er novembre 1920.

[37] Voir Sally Price, *Primitive Art in Civilized Places*, Chicago et Londres, University of Chicago Press, 1989, et James Clifford, *The Predicament of Culture. Twentieth Century Ethnography, Literature and Art*, Cambridge, Harvard University Press, 1988, p. 189-214 pour un essai sur l'exposition d'artefacts ethnographiques dans les musées d'art.

[38] AMM, documents administratifs, 1920-1940, dossier 7731, D.R.M. à F. Cleveland Morgan, 6 décembre 1919.

[39] AMM, dossiers d'information, Art Association of Montreal.

[40] Isabel Craig, « The McCord National Museum », *The Teachers' Magazine*, vol. 13, n° 57, 1931, p. 11-13. Pour un aperçu de l'agencement général de l'exposition d'ethnologie, voir également Cyril Fox, *A Survey of McGill University Museums*, Montréal, McGill University, 1932.

[41] PFMC dossiers 2059, 2060, 2061, 2062, First Museum Arrangement. Voir aussi AMM, carnet de notes manuscrites intitulé « McCord's Original Plan for Museum ».

[42] Michael Shanks et Christopher Tilley, cités dans *A Key into the Language of Woodsplint Baskets*, éd. Ann McMullen et Russel G. Handsman, Washington (Connecticut), American Indian Archeological Institute, 1987, p. 167.

[43] Voir « Museums and First Nations », *MUSE: A Special Issue*, vol. 6, n° 3, automne 1988, et « Museums and Native Americans: Renegotiating the Contract », *Museum News*, janvier-février 1991. Avant d'aller sous presse, un groupe de travail national mis sur pied conjointement par l'Assemblée des Premières Nations et l'Association des musées canadiens mettait la dernière main à un énoncé de politique intitulé « Tourner la page : forger de nouveaux partenariats entre les musées et les Premières Nations ».

[1] MCFP file no. 1998, Community and Club Activities, September 13, 1916. According to Brian Deer of the Kanien'kehaka Raotitiohkwa Cultural Center at Kahnawake, the Mohawk name *Rononshonni* means literally "he built a house".

[2] There is little information concerning McCord's professional involvement in aboriginal affairs prior to 1890; however, his correspondence with the Iroquoian leader Jeremiah Hill of Marysville during the years 1893, 1894 and 1895 suggests that McCord was, as Hill put it, "well posted in the Indian matters". See MCFP, Legal Correspondence, file no. 1994.

[3] MCFP file no. 5324, D.R.M. to Miss Horden and Miss Broughton, February 13, 1919.

[4] MCFP file no. 2062, First Museum Arrangement.

[5] For a more detailed discussion of these attitudes, see George W. Stocking, *Victorian Anthropology* (New York: Free Press, 1987), p. 289 and *passim*.

[6] See Cole 1985, pp. 287-288 and Bruce G. Trigger, "A present of their past? Anthropologists, Native people, and their heritage", *Culture* vol. VIII, no. 1, 1988, p. 75, for a detailed discussion of the attitudes that shaped ethnographic collecting in the Victorian era.

[7] Trigger 1985, p. 17.

[8] John William Dawson, *Fossil Men and Their Modern Representatives: An Attempt to Illustrate the Characters and Condition of Prehistoric Men in Europe by Those of the American Races* (Montreal: Dawson Brothers Publishers, 1880), p. 18. Ethnohistorians have disagreed in the past on the identity of the aboriginal people met by Jacques Cartier in 1534. The current concensus is that they were most likely Beothuk or Montagnais. See Charles A. Martijn, "The Iroquoian Presence in the Estuary and Gulf of the Saint Lawrence River Valley: A Reevaluation", *Man in the Northeast*, no. 40, 1990, pp. 45-63.

[9] Trigger 1985, pp. 112-114.

[10] For more information on the Museum Period, see Cole 1985; Curtis M. Hinsley Jr., *Savages and Scientists. The Smithsonian Institution and the Development of American Anthropology 1846-1910*, (Washington, D.C.: Smithsonian Institution Press, 1981); George W. Stocking (ed.), *Objects and Others. Essays on Museums and Material Culture*, History of Anthropology, vol. 3 (Madison, Wisconsin: University of Wisconsin Press, 1985); William C. Sturtevant, "Does Anthropology Need Museums?", *Proceedings of the Biological Society of Washington*, vol. 82, 1969, pp. 619-650.

[11] For an overview of Victorian anthropology in Canada, see Trigger 1985, pp. 39-44.

[12] Trigger 1985, p. 40.

[13] *Ibid.*, p. 42.

[14] *Ibid.*

[15] MCFP file no. 5317, D.R.M. to McGill Alma Mater, February 1920.

[16] MCFP file no. 2055, D.R.M. form letter, February 1920.

[17] MCFP file no. 5318, D.R.M. to Charles G. Hallowell Esq., February 5, 1921. See Zeller 1987, p. 4, for a discussion of the incremental spirit of Victorian inventory science.

[18] MCFP file no. 5306, D.R.M. to Chief Maurice Bastien, June 16, 1921.

[19] MCFP file no. 5318, Rev. A. C. Trench to D.R.M. (margin annotations by DRM). August 28, 1913.

[20] MCFP file no. 5296, D.R.M. to Chief William Loft, February 6, 1916.

[21] MCFP file no. 5296, Chief William Loft to D.R.M., March 18, 1916.

[22] Cole 1985, p. 288.

[23] MCFP file no. 2055, D.R.M. to Miss Wheeler, September 18, 1919.

[24] MCFP file no. 5318, D.R.M. to Charles G. Hallowell Esq., February 5, 1921.

[25] MCFP file no. 5302, David Swan to D.R.M., December 29, 1911.

[26] MCFP file no. 5319, D.R.M. to Mrs. Alfred Dudoward, December 7, 1917.

[27] See Barbara Lawson, *Collected Curios – Missionary Tales from the South Seas*. Fontanus Monograph Series, no. 2 (Montreal: McGill University Libraries, 1992). In general, the observations presented by Lawson apply equally well to the missionization process among aboriginal people in Canada.

[28] MCFP file no. 5306, D. MacPherson to D.R.M., April 8, 1915.

[29] MCFP file no. 5319, D.R.M. to Mrs. Alfred Dudoward, December 7, 1917.

[30] See MCFP file no. 5346 for the correspondence with Mrs. J. B. Learmont.

[31] MCFP file no. 5317, D.R.M. to Cyrille Tessier, August 1919.

[32] MCFP file no. 5305, Chief Moses Stacey to D.R.M., November 30, 1910.

[33] MMA, Original Labels - Ethnology, M103.

[34] For a sampling of McCord's many letters related to artifact research, see MCFP file nos. 5296, 5307, 5310, 5317.

[35] MCFP file no. 5305, D.R.M. to Mrs. W. S. Robertson, May 14, 1921.

[36] MCFP file no. 5308, D.R.M. to Director of Smithsonian Institution, Washington, D.C., November 1, 1920.

[37] See Sally Price, *Primitive Art in Civilized Places* (Chicago and London: University of Chicago Press, 1989) and James Clifford, *The Predicament of Culture. Twentieth Century Ethnography, Literature, and Art* (Cambridge: Harvard University Press, 1988) pp. 189-214, for a discussion on exhibitions of ethnographic artifacts in art museums.

[38] MMA, Administrative Papers, 1920-1940, file no. 7731, D.R.M. to F. Cleveland Morgan, December 6, 1919.

[39] MMA, Information Files, Art Association of Mtl.

[40] Isabel Craig, "The McCord National Museum", *The Teachers' Magazine*, vol. 13, no. 57, 1931, pp. 11-13. For a general overview of the ethnology exhibit layout, see also Cyril Fox, *A Survey of McGill University Museums* (Montreal: McGill University, 1932).

[41] MCFP, First Museum Arrangement, file nos. 2059, 2060, 2061, 2062. See also a handwritten notebook entitled "McCord's Original Plan for Museum" in the McCord Museum Archives.

[42] Michael Shanks and Christopher Tilley, quoted in *A Key into the Language of Woodsplint Baskets*, ed. Ann McMullen and Russel G. Handsman, (Washington, Connecticut: American Indian Archeological Institute, 1987), p. 167.

[43] See "Museums and First Nations", *MUSE: A Special Issue*, vol. 6, no. 3, Fall 1988, and "Museums and Native Americans: Renegotiating the Contract.", *Museum News*, January/February, 1991. At writing, a national Task Force jointly organized by the Assembly of First Nations and the Canadian Museums Association is finalizing a policy paper entitled "Turning the Page: Forging New Partnerships between Museums and First Peoples."

Commerce des fourrures et exploration

Pamela Miller

Le 1er août 1859, deux marchands de fourrures âgés, qui pressentent que leur rencontre à Gray's Creek, Cornwall, allait être la dernière, écrivent dans l'un des livres de la ferme le texte suivant :

> Nous sommes les derniers des vieux associés de la N. O. Nous nous connaissons depuis des années et ne savons lequel de nous deux survivra à l'autre. Nous sommes tous les deux âgés et éprouvons l'un pour l'autre beaucoup de respect et d'amitié. Nous avons accompli notre devoir sans peur et sans reproche dans les postes où nous étions affectés, nous avons affronté de nombreux dangers et pris beaucoup de risques. Nous ne pouvons nous accuser mutuellement d'avoir agi avec méchanceté ou déloyauté. Nous n'avons pas honte de nos actes et nous n'avons pas fait de mal aux autres. Nous avons été craints, aimés et respectés des autochtones, nous avons gardé nos hommes sous notre autorité; nous avons donc vécu longtemps.
>
> Nous avons tous deux traversé ce continent, exploré de nouvelles régions, rencontré de nouvelles tribus. Nous sommes tous deux arrivés au terme de notre vie et puisque ceci est probablement notre dernière rencontre sur Terre, nous nous quittons comme nous avons vécu, en toute amitié et bienveillance mutuelle.

Les deux amis ont ensuite apposé leur signature. Les derniers vieux associés de la Compagnie du Nord-Ouest étaient John McDonald de Garth, important négociant de la compagnie, et Simon Fraser, négociant, explorateur et premier Européen à avoir atteint l'embouchure du fleuve Fraser. L'inscription fut retirée du livre et donnée au Musée par un ami de McCord, le collectionneur A. de Léry Macdonald. Pour McCord et ses amis, ce texte symbolisait le charme romantique du commerce des fourrures et la lutte pour la croissance du pays en dépit d'énormes obstacles. Il évoquait les immenses étendues de terre, les explorateurs, les coureurs des bois, les autochtones, les fortunes amassées et perdues et les aventures héroïques ayant mené à la création du Canada.

Cette déclaration, jointe au reste des documents de McCord sur le commerce des fourrures, incluant d'anciennes publications, un rare livre de comptes, les procès-verbaux du célèbre Beaver Club, des permis de canoë, des listes de fournitures, des cartes, des lettres et des journaux intimes, vint à faire partie d'une vaste collection de matériel relié au commerce des fourrures. McCord collectionne aussi de nombreux objets qui témoignent du rôle du commerce des fourrures au Canada : spectaculaires pièces d'argenterie, peintures à l'huile d'importants négociants tels Isaac Todd, Joseph Frobisher et James McGill, médailles en or du Beaver Club, drapeau de lord Selkirk peint à la main par George Godsell Tresher à Montréal, estampes, porcelaine et meubles.

L'*Edit Du Roy Pour l'Establissement De La Compagnie Des Indes Occidentales*, publié à Paris en 1644, donne un aperçu de l'exploitation du commerce des fourrures en Nouvelle-France. L'on y retrouve non seulement la liste des obligations de la compagnie relativement au commerce des fourrures au Canada, mais aussi celle qui a trait à ses autres activités commerciales en Virginie et en Floride, de même que dans les colonies africaines de la France. Le livre de comptes de Maurice Blondeau pour la période allant de 1777 à 1789 contient la liste des marchandises, réservées aux échanges, expédiées de Montréal aux négociants établis dans la région du lac Supérieur[1]. La cargaison comprenait des bijoux en argent fabriqués à Montréal dont quelques belles pièces figurent dans la collection de McCord. Dans son livre de comptes, Blondeau a inscrit des boucles d'oreille, des bracelets, des brassards, des reliquaires, des crucifix, des bagues et plus de mille broches – grandes, petites, convexes ou en forme de coquille[2]. La majorité de ces objets avaient été achetés chez l'orfèvre Robert Cruickshank. Le plus important client de Blondeau était Jean-Baptiste Cadot. Né en 1723, celui-ci faisait partie de la troisième génération d'une famille de négociants en fourrures. Son père et son grand-père avaient pratiqué ce commerce dans des régions aussi éloignées que Fort Michilimackinac, sur l'île Mackinac, près du confluent des lacs Huron et Michigan. McCord fait l'acquisition d'une gravure réalisée en 1813 par Richard Dillon représentant ce poste d'échange capital. Parmi les clients les plus connus inscrits dans le livre de comptes de Blondeau, mentionnons Benjamin et Joseph Frobisher et James McGill. L'un des objets les plus inusités de McGill est une théière commémorative en argent. D'apparence funèbre et portant une inscription à la mémoire de John Paterson, vieil associé de McGill mort à Bristol en 1806, elle devait plutôt

Fur Trade and Exploration

Pamela Miller

On August 1, 1859, anticipating that this meeting would be their last, two old fur traders met at Gray's Creek, Cornwall, and recorded the following in one of the farm books:

> We are the last of the old N. W. Partners - We have known one another for many years - which of the two survives the other we know not - we are both aged - we have lived in mutual esteem and fellowship - we have done our duty in the stations allotted us without fear, or reproach - we have braved many dangers - we have run many risks - we can not accuse one another of any thing mean and dirty through life - nor done any disgraceful actions - nor wrong to others - we have been feared, loved and respected by natives - we have kept our men under subordination - we have thus lived long lives.
>
> We have both crossed this continent - we have explored many new points - we have met many new Tribes - we have run our race & as this is probably the last time we meet on earth - we part as we have lived in sincere friendship & mutual good will.

Then the friends signed their names. The last of the old North West Company partners were John McDonald of Garth, a prominent Company trader, and Simon Fraser, trader, explorer and the first European to reach the mouth of the Fraser River. The inscription was removed from the book and donated to the Museum by McCord's antiquarian friend A. de Léry Macdonald. For McCord and his friends this text symbolized the romantic lure of the fur trade, the struggle to open up the country in the face of overwhelming obstacles. It conjured up vast expanses of territory, explorers, coureurs de bois, Native peoples, fortunes made and lost, the heroic enterprises that led to the creation of Canada.

Together with the rest of McCord's fur-trade documents, which included early publications, a rare fur-trade account book, the minutes of the famous Beaver Club, canoe licences, lists of supplies, maps, letters and diaries, the declaration became part of an extensive collection of fur-trade material. McCord also collected many objects that served as material witnesses to the role the fur trade played in Canada's past: spectacular trade silver, oil paintings of prominent traders - Isaac Todd, Joseph Frobisher and James McGill - Beaver Club gold medals, Lord Selkirk's flag hand-painted by George Godsell Thresher in Montreal, prints, porcelain and furniture.

An example of New France's exploitation of the fur trade is provided by the *Edit Du Roy Pour L'Establissement De La Compagnie Des Indes Occidentales* published in Paris in 1664, which lists not only the company's obligations in connection with the fur trade in Canada but also with its general trade in Virginia and Florida, as well as in France's African colonies. Maurice Blondeau's fur-trade account book for the years 1777-1789 lists trade goods shipped from Montreal to fur traders in the Lake Superior area.[1] Silver jewellery, made in Montreal, was part of the cargo, and fine examples of this trade silver are found in McCord's collection. In the account book Blondeau lists earrings, wristbands, armbands, reliquaries, crucifixes, rings and over a thousand brooches - small, large, convex or scalloped.[2] Most of these items were purchased from the silversmith Robert Cruickshank. Blondeau's most important client was Jean-Baptiste Cadot, born in 1723, a third-generation fur trader whose father and grandfather had traded as far as Fort Michilimackinac on Mackinac Island, close to the confluence of Lakes Huron and Michigan. McCord acquired an engraving of this key trading post, drawn in 1813 by Richard Dillon. Among Blondeau's better-known clients recorded in the account book are Benjamin and Joseph Frobisher and James McGill. One of McGill's more unusual possessions was a silver presentation teapot. Its funerary appearance and inscription to the memory of John Paterson, an old business associate of McGill's who had died in Bristol in 1806, mean that it was probably intended for display, not use! Described as one of the oldest merchants in the Canada trade, Paterson may have specifically provided for this unusual memorial in his will.[3] The inscription reads: "He was a Man eminently distinguished/through Life for the Rectitude of his Heart/and Integrity of his Conduct, and no/less endeared to his Friends, by the/social Virtues of Benevolence/Sincerity, and Affection." The stand and the other side of the teapot are inscribed, "To the Honourable James McGill in memory of a sincere friend, 1807." McCord acquired the teapot and other items from descendants of McGill's wife, Charlotte Trottier Desrivières, whose marriage to McGill in 1776 had brought him into a large and influential family whose business

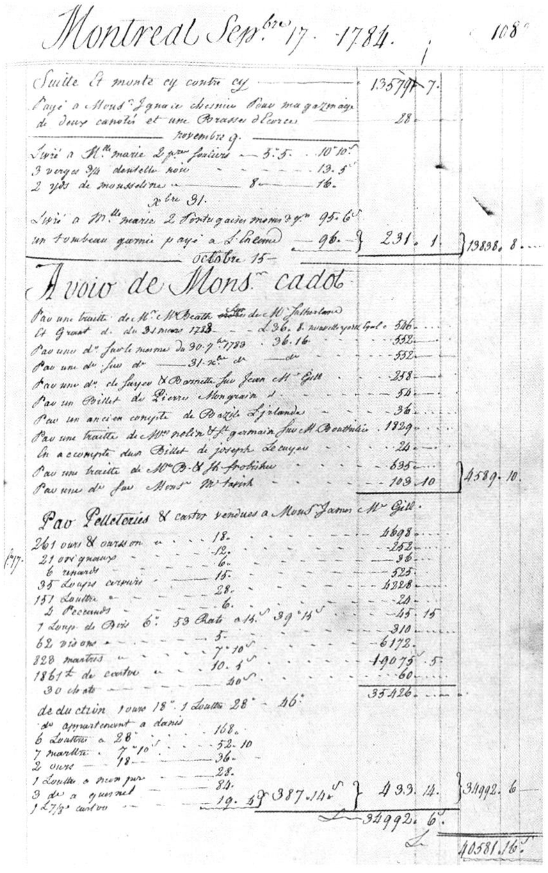

Livre de comptes de Maurice Blondeau pour le commerce des fourrures, Montréal, 22 juillet 1777 au 20 avril 1789 (M13027).

Maurice Blondeau's fur-trade account book, Montreal, July 22, 1777 to April 20, 1789 (M13027).

être exposée qu'utilisée! Il se peut que cet objet commémoratif ait été mentionné dans les dernières volontés du testament de Paterson, l'un des plus anciens marchands au Canada[3]. L'inscription se lit comme suit : « C'était un homme de la plus haute distinction/ayant toute sa vie été reconnu pour la droiture de son cœur/et l'intégrité de sa conduite/et non moins aimé de ses amis qui appréciaient/sa bienveillance/sa sincérité et son affection. [trad.] » Le support et l'autre côté de la théière portent l'inscription suivante : « À l'honorable James McGill en souvenir d'un ami sincère, 1807. [trad.] » McCord obtient la théière et d'autres objets des descendants de la femme de McGill, Charlotte Trottier Desrivières. En l'épousant en 1776, McGill entre ainsi dans une famille nombreuse et influente dont les relations d'affaires contribueront à son succès financier[4]. Le bol armorial de William McGillivray faisait partie d'un service en porcelaine chinoise commandé expressément par lui, signe de distinction[5] d'un négociant en fourrures désireux d'étaler sa richesse. Au début des années 1820, la mère de David Ross McCord, alors jeune fille, note dans son journal intime qu'elle attend avec impatience l'occasion d'être invitée à une réception à St. Antoine Hall, l'élégante demeure des McGillivray[6].

Le commerce des fourrures était étroitement lié à l'exploration, à la cartographie et à la découverte scientifique. L'historienne Suzanne Zeller affirme qu'au milieu du dix-neuvième siècle :

> L'identification, l'inventoriage et la cartographie firent naître l'idée d'une identité nationale transcontinentale et donnèrent aux Canadiens un sentiment d'orientation, de stabilité et de certitude quant à l'avenir. L'une des conséquences de la science victorienne telle qu'elle était pratiquée en Amérique du Nord britannique fut l'esprit de possession qui naquit de ce processus d'inventoriage; le nationalisme était une façon de justifier et d'ennoblir cet esprit de possession. Les « promoteurs » de la science victorienne, un nombre croissant de praticiens et de sympathisants dans toutes les colonies de l'Amérique du Nord britannique, tirèrent des représentations verbales, visuelles et symboliques du monde naturel et physique dans lequel ils vivaient. Mais ce transfert d'idées était à double sens puisqu'ils contribuèrent aussi à créer un climat intellectuel dans lequel « cultiver » ce même monde, aidant à formuler l'idée du Canada comme nous le connaissons aujourd'hui[7].

Fils de scientifique amateur passionné, McCord sait très bien à quel point la science peut contribuer au développement de son pays. Pour récompenser ses résultats scolaires, John Samuel McCord amène son fils en bateau jusqu'à Ottawa pour y visiter le musée privé d'archéologie et de géologie d'un ancien compagnon de classe, le Dr Edward Van Cortlandt[8]. Lorsque David Ross McCord est prêt à fonder son propre musée, il réunit archives, cartes, journaux, instruments scientifiques, portraits, estampes, fragments d'épave et un gilet inusité afin de documenter les réalisations des explorateurs. Une carte ancienne d'Abraham Ortelius, publiée en 1570, montre les continents américains tels qu'on les connaissait alors. Des ossements d'animaux carbonisés, un

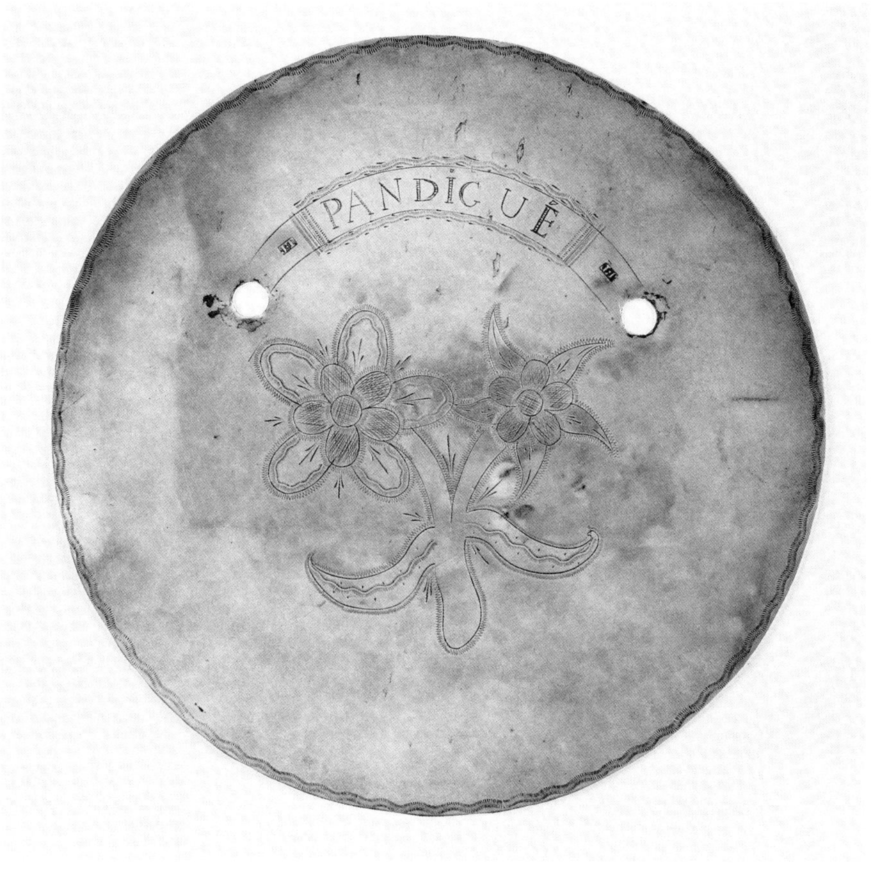

Parure de cou, Iroquois (?), fabriquée par Jonathan Tyler, début du XIXe siècle, argent (M410). Quoique la parure porte le nom de « Pandigué », il est rarement possible de pouvoir identifier le propriétaire autochtone d'une pièce d'orfèvrerie de traite.

Gorget, Iroquois (?), made by Jonathan Tyler, early-nineteenth century, silver (M410). Although this gorget bears the name "Pandigué", it is rarely possible to identify the Native owner of a piece of trade silver.

connections contributed to his financial success.[4] William McGillivray's armorial bowl was part of a specially commissioned set of Chinese porcelain, a mark of gentility[5] for a fur trader eager to display his wealth. In the early 1820s, as a young girl, David Ross McCord's mother recorded in her diary eagerly awaiting the chance to attend a party at St. Antoine Hall, McGillivray's fashionable house.[6]

The fur trade was closely tied to exploration, mapmaking and scientific discovery. The historian Suzanne Zeller states that by the middle of the nineteenth century:

> The tasks of identification, inventory, and mapmaking gave form to the idea of a transcontinental national existence; they imparted to Canadians a sense of direction, stability, and certainty for the future. A corollary of Victorian science as it was practised in British North America was the spirit of possession which grew from the inventory process; nationalism provided a vocabulary for justifying and ennobling that possessive spirit. 'Cultivators' of Victorian science, growing numbers of practitioners and supporters in all the British North American colonies, drew verbal, visual, and symbolic representations from the natural and physical world in which they lived. But this transfer of ideas worked both ways, for they also contributed an intellectual mode in which to 'cultivate' that same world, in helping to invent the idea of Canada as we know it today.[7]

Having been brought up by a dedicated amateur scientist, McCord was deeply aware of the role of science in developing his country. As a reward for good results in school, John Samuel McCord had taken his son by boat to Ottawa, to visit his former classmate Dr. Edward Van Cortlandt's private museum of archaeology and geology.[8] When David Ross McCord came to establish his own museum, he assembled archives, maps, journals, scientific instruments, portraits, prints, bits of wreckage and an unlikely waistcoat to document the achievements of discoverers. An early map by Abraham Ortelius, published in 1570, described American continents as they were then known. Charred animal bones, an antler and some arrowheads record the 1669-1670 expedition of the Sulpician priests François Dollier de Casson and René de Bréhant de Galinée. The purpose of their expedition included not only the establishment of missions in the Mississippi region but also laying claim to newly-explored territory for the crown. A Mr. W. B. Waterbury gave these precious artifacts to McCord, after reading about his collection in an article by C. Lintern Sibley in *McLean's Magazine* in 1913. Waterbury attributed his love of history, and his desire to keep the names of these explorers alive, to the writings of the American historian Francis Parkman.

> You are living in Montreal (Ville Marie) where the very streets are redolent of Canadian history. I am away off in prosaic Western Ontario where only traces are to be found of the old French Regime, the story of which, as told by Parkman, has many a time fired my imagination.
>
> Thirty years ago, when I was a young man, I was a bank clerk in the Merchants Bank at Montreal. At that time, I only knew the barest outlines of

andouiller et des pointes de flèche rappellent l'expédition de 1669-1670 des sulpiciens François Dollier de Casson et René de Bréhant de Galinée, qui visait non seulement à établir des missions dans la région du Mississippi mais aussi à s'approprier au nom de la Couronne des territoires nouvellement découverts. Un certain W. B. Waterbury fit don de ces précieux artefacts à McCord après avoir lu dans un numéro de 1913 du *McLean's Magazine* un article de C. Lintern Sibley sur la collection de McCord. Waterbury attribuait son amour de l'histoire et son désir de conserver vivante la mémoire de ces explorateurs aux écrits de l'historien américain Francis Parkman.

> Vous vivez à Montréal (Ville Marie) où les rues mêmes évoquent l'histoire du Canada. Quant à moi, je me trouve dans la lointaine région prosaïque de l'ouest de l'Ontario où ne subsistent que quelques traces de l'ancien Régime français dont l'histoire, racontée par Parkman, a plusieurs fois enflammé mon imagination. Il y a trente ans, alors que j'étais un jeune homme, j'étais commis à la Merchants Bank à Montréal. À cette époque, je ne connaissais que les grandes lignes de l'histoire de la Nouvelle-France et pourtant, le peu que j'en connaissais me faisait contempler avec une sorte de stupéfaction le château de Ramezay, les deux petites tours devant le Grand Séminaire et les ruines de la maison de La Salle chemin Lower Lachine. J'ai aussi vu d'autres vestiges de l'ancien régime, comme les ruines du fort Senneville au lac des Deux Montagnes et le vieux fort au bassin de Chambly, mais leur histoire était alors pour moi un livre scellé. Plus maintenant[9].

Inspiré par les travaux d'excavation de Waterbury à Port Dover, McCord accepte les objets, achète le site d'excavation, fait poser une plaque commémorative et indique dans son dossier privé que le site est un important repère canadien, un « indicateur de l'Empire »[10].

Les officiers de la marine britannique qui ont établi la carte du littoral de l'Arctique canadien comptent parmi les explorateurs les plus extraordinaires du dix-neuvième siècle. Ils obtenaient leurs informations auprès des négociants en fourrures et des peuples autochtones qui leur fournissaient également de la nourriture et travaillaient pour eux. Parmi les membres des expéditions, il y avait souvent des artistes amateurs qui tenaient leur journal quotidien. McCord a eu particulièrement de la chance de pouvoir obtenir du petit-neveu de George Back quatre de ses journaux dont l'un comprend en marge des illustrations à l'aquarelle d'aurores boréales. Il obtient aussi un portrait à l'huile anonyme de Back et certaines de ses aquarelles sur l'Arctique. Deux des journaux portent sur le service de Back au sein de la Northern Land Expedition, sous le commandement du capitaine John Franklin de juin 1819 à août 1822. Les journaux sont remplis d'observations sur le voyage, les peuples aborigènes, le temps et le territoire. Si George Back y relate l'horrible souffrance due à la famine et à l'obligation pour les membres de l'expédition de se nourrir de « tripe de roche » (lichen) et de peau de chevreuil bouillie, il y raconte aussi certaines des anecdotes les plus amusantes. Décrivant un voyage de transport de marchandises, il écrit :

> ...les hommes rêvaient d'être courageux, comme le disaient les Canadiens, face au vent glacial... Mon Canadien (qui soit dit en passant n'avait qu'un œil) qui était un drôle – quelque peu inspiré par ce rêve – faisait claquer son fouet avec

Portrait de Joseph Frobisher, Louis Dulongpré, vers 1800, huile sur toile (M393).

Portrait of Joseph Frobisher, Louis Dulongpré, about 1800, oil on canvas (M393).

> the history of New France, yet the little I knew caused me to gaze with a sort of awe upon the Chateau de Ramezay, the two little towers fronting the lawn of the Grand Séminaire, and the ruins of La Salle's house on the Lower Lachine Road. Other relics of the old regime I saw, such as the ruins of Fort Senneville at Lake of Two Mountains, and the old fort at Chambly Basin, but their story was a sealed book to me at that time. Not so now.[9]

Inspired by Waterbury's excavations at Port Dover, McCord accepted the objects, purchased the excavation site, erected a commemorative plaque and recorded privately in his file that the site was an important Canadian landmark, a "signpost of Empire".[10]

Some of the most spectacular nineteenth-century explorers were the British naval officers who charted Canada's Arctic coastline. They relied on fur traders and the Native peoples for information, labour and food. Often members of the expeditions were amateur artists who kept daily journals. McCord was particularly lucky to acquire from George Back's grandnephew four journals, including one with watercolour illustrations of the aurora borealis painted in the margins. He also obtained an anonmyous oil portrait of Back and some of his Arctic water colour paintings. Two of the journals cover Back's service on the Northern Land Expedition under the command of Captain John Franklin from June, 1819 to August, 1822. The journals are full of observations about travel, the aboriginal peoples, the weather and the terrain. Although George Back records the horrible suffering brought on by starvation and by having to rely on *tripe de roche* (lichen) and boiled deer skin for nourishment, he recounts some of the more amusing events as well. Describing a journey to transport supplies, he writes:

> ...the Men were treated with a dream to assist, have courage, as the Canadians said, against a cold head wind ...My Canadian who (by the way had but one Eye) was a drôle - had become something enlivened by the dream - and cracked his whip, with as much spirit as any French Knight of the lash that ever mounted in Post Boots - Ah! Paul said I - (for that was the man's name) thou art but a poor ressemblance of thy namesake of old - True Sir said he - il eut deux yeux - moi je n'ai q'un - mais j'en doute beaucoup si cet Monsieur dont vous parlez eut l'usage de raquette - These Men have the greatest pleasure on being in first at the establishment - I had already told my conductor to keep behind and not fatigue the dogs - Ah! Monsieur said he - laissez moi passer en avant pour l'honneur de mes chiens - pour vous montrer seulement que c'est dans le pouvoir de ces beaux animaux - I could not agree to this - which seemed to mortify him something - but soon recovering - he jumped first on one iron then on the other - sometimes he fixed himself at the back of the cariole flourishing his whip and speaking vociferously to his dogs - at one moment threatening at another caressing them - the poor creatures afraid of the lash - swerved first on one side of the track - then over a ridge of Ice - which to me, so far from being pleasant - was, as if any one had dropped me three feet on a flag pavement - He would say in

Théière en argent fabriquée par Charles Hollinshedd et présentée à titre posthume par John Paterson à James McGill en 1807, portant une inscription à cet effet et « John Paterson, ob. 25 June, 1806, Aet. 74 » inscrit dans une urne. Achetée par David Ross McCord de la famille Desrivières (M2615).

Silver teapot made by Charles Hollinshedd and presented posthumously by John Paterson to James McGill in 1807, inscribed as such, in addition to: "John Paterson, ob. 25 June, 1806, Aet. 74" inscribed in an urn. Purchased by David Ross McCord from the Desrivières family (M2615).

> autant de conviction que tout chevalier français de la cravache à avoir chaussé des bottes de cocher – Ah! Paul dis-je – (car c'était son nom) il n'y a que peu de ressemblance entre toi et ton saint patron – C'est vrai Monsieur, dit-il – « il eut deux yeux – moi je n'ai q'un – mais j'en doute beaucoup si cet Monsieur dont vous parlez eut l'usage de raquette » – Ces hommes tirent la plus grande satisfaction à arriver les premiers à l'établissement – J'avais déjà signalé à mon conducteur de rester derrière et de ne pas fatiguer les chiens – « Ah! Monsieur dit-il – laissez moi passer en avant pour l'honneur de mes chiens – pour vous montrer seulement que c'est dans le pouvoir de ces beaux animaux » – Je ne pouvais partager cet avis – ce qui sembla l'humilier un peu – se remettant rapidement – il sauta d'abord sur un patin puis sur l'autre – se plaçant parfois à l'arrière du traîneau, jouant de son fouet et vociférant contre ses chiens – les menaçant à un moment pour les caresser ensuite – les pauvres créatures craignant le fouet – s'élancèrent d'un côté de la piste – puis par-dessus une butte de glace – ce qui, loin d'être pour moi une expérience agréable – me donna l'impression d'être tombé d'une hauteur de trois pieds [un mètre] sur un pavé – Il pouvait dire du même souffle – « Major? – Ah! paresseux – tu l'aura – rester tranquille – Marche donc – Rambiste – mais crapaud – veux tu marcher? » – et au dernier qui détournait souvent la tête pour éviter le fouet – « Pompey – mais mille visages noirs – Je te ferai manger moi – voyons – coquin? » – Du pays il disait – « c'est mon pays plus naturel que moral » – lorsque nous aperçûmes les forts – ce fut à celui qui ferait le plus de bruit possible jusqu'à ce que nous arrivions au fort de la Compagnie de la Baie d'Hudson commandé par M. Clarke qui nous accueillit à l'entrée – ses hommes tirant plusieurs coups de feu en signe de respect envers l'expédition[11].

Sir John Franklin, ses hommes et ses navires, le *Erebus* et le *Terror*, furent aperçus pour la dernière fois par des baleiniers le 26 juillet 1845 dans le nord de la baie de Baffin alors qu'ils tentaient de franchir le passage nord-ouest. Entre 1847 et 1859, trente expéditions partirent à leur recherche, commanditées principalement par l'Amirauté, la Compagnie de la Baie d'Hudson et lady Franklin, dont la détresse suscita la sympathie du public. En raison de l'intérêt provoqué par le sort de Franklin, de nombreux musées canadiens possèdent des documents et des artefacts reliés à ses activités et aux tentatives menées en vue de le retrouver. McCord partage l'intérêt général pour cette expédition frappée par le mauvais sort. Il collectionne des fragments d'épave ramenés sur les rives de Erebus Bay qu'il croit appartenir à des navires partis à la recherche de Franklin, ainsi qu'un sextant qui avait fait partie des instruments de navigation du *Terror* lorsqu'il partit explorer l'Antarctique. Il acquiert aussi un portrait à la plume et à l'encre de sir George Simpson, gouverneur de la Compagnie de la Baie d'Hudson, exécuté par sir James Alexander Grant, ainsi qu'un gilet brodé inusité, mais évocateur, fait spécialement pour Simpson par lady Franklin en signe de reconnaissance pour sa collaboration et celle de la Compagnie de la Baie d'Hudson offertes aux nombreuses équipes parties à la recherche de son mari.

---

1 Bruce M. White, « Montreal Canoes and Their Cargoes », s.d., tapuscrit dans AMM, p. 29.

2 *Ibid*, p. 16.

3 Ross Fox, *Presentation Pieces and Trophies from the Henry Birks Collection of Canadian Silver*, Ottawa, National Gallery of Canada, 1985, p. 4.

4 John I. Cooper, « James McGill », *DCB* V.

5 Marjorie Wilkins Campbell, citée dans Collard 1984, p. 165.

6 PFMC dossier 1002.

7 Zeller 1987, *passim*.

8 PFMC dossier 415; Courtney C. J. Bond, « Edward Van Cortlandt », *DCB* X.

9 PFMC dossier 5285, W. B. Waterbury à D.R.M., 23 novembre 1914.

10 PFMC dossier 5285.

11 AMM, Collection Back, « A Journal of the proceedings of the Northern Land Expedition under the command of Captn Franklin R.N. from June 16th 1819 to October 30th 1820 », tenu par George Back – Royal Navy, M2716, entrée 23 février 1820. (Les passages entre guillemets sont en français dans le texte et reproduits textuellement.)

Bol en porcelaine chinoise pour exportation de l'hon. William McGillivray, vers 1805, portant ses armoiries et la devise (trad.) « Soyez attentif » (M2434).

The Hon. William McGillivray's Chinese export porcelain bowl, about 1805, with his crest and motto "Be mindful" (M2434).

the same breath - Major? - Ah! paresseux - tu l'aura - rester tranquille - Marche donc - Rambiste - mais crapaud - veux tu marcher -? and to the last which often turned his head to avoid the lash - Pompey - mais mille visages noirs - Je te ferai manger moi - voyons - coquin? - He said of the country - c'est mon pays plus naturel que moral - when we caught a glimpse of the forts - the whole party seemed to try who could make the most noise till we arrived at the Hudson's Bay Company's fort commanded by Mr. Clarke who received us at the entrance - whilst his men discharged several volleys of fire arms as a mark of respect to the Expedition.[11]

Sir John Franklin, his men and his ships the *Erebus* and the *Terror* were last seen by whalers in northern Baffin Bay on July 26, 1845 during an attempt to sail through the northwest passage. Between the years 1847 to 1859 thirty expeditions set out to find him, sponsored principally by the Admiralty, the Hudson's Bay Company and Lady Franklin, whose distress aroused public sympathy. As a result of public interest in the fate of Franklin, many museums in Canada have documents and artifacts related to his activities and the search parties that attempted to find him. McCord shared this interest in the ill-fated expedition. He collected pieces of wreckage washed on to the shores of Erebus Bay which he believed had belonged to Franklin search parties, and a sextant which had been part of the navigational equipment of the *Terror* when it sailed on a voyage of exploration to the Antarctic. He also acquired a pen-and-ink portrait by Sir James Alexander Grant of Sir George Simpson, Governor of the Hudson's Bay Company, and an unlikely but evocative embroidered waistcoat made especially for Simpson by Lady Franklin in gratitude for his and the Hudson's Bay Company's cooperation with the many search parties which had searched for her husband.

---

1 Bruce M. White, "Montreal Canoes and Their Cargoes", n.d., typescript in MMA, p. 29.

2 *Ibid.*, p. 16.

3 Ross Fox, *Presentation Pieces and Trophies from the Henry Birks Collection of Canadian Silver*, (Ottawa: National Gallery of Canada, 1985), p. 4.

4 John I. Cooper, "James McGill", *DCB* V.

5 Marjorie Wilkins Campbell, cited in Collard 1984, p. 165.

6 MCFP file no. 1002.

7 Zeller 1987, *passim.*

8 MCFP file no. 415. Courtney C. J. Bond, "Edward Van Cortlandt", *DCB* X.

9 MCFP file no. 5285, W. B. Waterbury to D.R.M., November 23, 1914.

10 MCFP file no. 5285.

11 MMA, Back Collection, "A Journal of the proceedings of the Northern Land Expedition under the command of Captn Franklin R.N. from June 16th 1819 to October 30th 1820", kept by George Back - R.N. M2716, entry Feb. 23, 1820.

Pionniers spirituels, protestants et catholiques

Pamela Miller

Deux des expositions inaugurales de McCord sont consacrées aux deux grandes traditions chrétiennes du Canada, le catholicisme et le protestantisme[1], ces deux confessions ayant joué un rôle vital dans la vie sociale, politique et économique du pays. En outre, du vivant de McCord, les catholiques et les protestants sont aux prises avec les urgentes questions sociales et morales de la fin du dix-neuvième siècle et ont tendance à teinter leurs préoccupations de nationalisme, ce qui plaît de toute évidence à McCord.

« Canadianiser » et « christianiser », voilà les thèmes récurrents d'un nouvel « évangile social », évangile nationaliste intégrationniste[2]. Des hommes et des femmes comme Nellie McClung, avocate de la tempérance et suffragette, J. S. Woodsworth, leader ouvrier socialiste, ou Salem Bland, grand prêtre du méthodisme radical, croient non seulement que le Canada peut mais qu'il va guider le monde vers un nouvel ordre social. Beaucoup de leurs idées se rapprochent de celles des impérialistes canadiens. Le révérend George Munro Grant, directeur de l'Université Queen's, se fait le défenseur de l'évangile social et de l'impérialisme canadien. Tous visent la création d'une Église nationale canadienne unifiant tous les protestants et même, de l'avis de Grant, les catholiques.

Le catholicisme canadien répond un peu de cette manière à ce besoin d'action sociale et politique qui se fait sentir à la fin du dix-neuvième siècle. Encouragés par le défi posé par l'encyclique *Rerum Novarum*, les catholiques canadiens se tournent vers différentes formes d'action sociale, notamment l'appui du clergé aux syndicats catholiques, le mouvement Desjardins, l'École Sociale Populaire des jésuites et le travail du père Jospeh Papin Archambault auprès des nécessiteux de Montréal. Au Canada français, l'Église s'intéresse tout autant à l'action nationale, dont le meilleur exemple constitue l'Action Catholique de la Jeunesse Canadienne de l'abbé Lionel Groulx. Il en résulte deux visions distinctes du nationalisme, qui se heurtent souvent sur des questions religieuses et linguistiques.

Anglican dévot, McCord rejette certains des préceptes théologiques les plus radicaux de l'évangile social[3], mais il partage sa foi dans le pouvoir unificateur de la religion au Canada. Comme l'historien Peter Waite, McCord regarde au-delà de la bigoterie et de l'intolérance et reconnaît que nombreux sont les catholiques les plus militants, et les calvinistes qui s'opposent parfois à eux, qui « représentent ce qu'il y a de mieux dans l'Église et la société : le dévouement, le zèle, la pureté[4] ».

McCord se rend compte que le rôle de l'Église au Canada a changé de façon marquée au fil des ans. Lorsqu'il se met à documenter ces changements, il commence par le rôle de la religion en Nouvelle-France. Au début des régimes coloniaux français et britanniques, le manque (et souvent l'absence) d'institutions confessionnelles permet, voire rend nécessaire une largeur d'esprit sur le plan religieux. Cependant, un conservatisme religieux plus énergique émerge au début du dix-neuvième siècle en réaction au Siècle des lumières, engendrant un alignement social étroitement sectaire, plus orthodoxe et exclusiviste. Le caractère ethnique de la religion canadienne renforce ces barrières institutionnelles, particulièrement pendant les périodes de grande migration et d'évolution socio-économique rapide. Durant ces années, les églises jouent un rôle social actif : fondation de paroisses, construction d'églises et d'écoles et offre de services sociaux conformes à la confession, visant à faciliter l'intégration des immigrants. De même des groupes sociaux utilisent-ils la religion pour assurer leur position et leur pouvoir, lutte souvent violente et dans certains cas mortelle[5].

Durant le dernier tiers du siècle, l'orthodoxie et l'allégeance confessionnelle sont de plus en plus remises en question par la « critique de la Bible » plus avancée et le darwinisme, qui mettent en doute l'interprétation littérale des Écritures. Les chrétiens réagissent de diverses manières. Certains nient la validité de la nouvelle science, d'autres rejettent la religion alors que d'autres encore, de plus en plus nombreux, cherchent à concilier religion et science en soulignant la nature morale et sociale de la religion. De 1901 à 1921, l'évangile social plaît particulièrement à un pays qui tente d'intégrer un grand nombre d'immigrants non francophones et non britanniques (et souvent ni protestants ni catholiques).

En constituant sa collection, McCord se concentre sur les thèmes de la lutte et des grands leaders. Fidèle à son habitude, il fait l'acquisition des objets les plus diversifiés, qui vont de l'oraison funèbre prononcée en 1675 par l'abbé Fléchier de Nîmes lors des obsèques de Marie de Wignerod, duchesse d'Aiguillon, qui avait financé l'établissement de l'Hôtel-Dieu de Québec, au confessionnal du légendaire sulpicien François Picquet du Calvaire, à Oka. Après une attente de vingt-deux

Protestant and Catholic Spiritual Pioneers

Pamela Miller

Two of McCord's opening displays were devoted to the two great Christian traditions in Canada - Catholicism and Protestantism.[1] Both denominations played a vital role in the social, political and economic life of the country. Furthermore, during McCord's lifetime, Catholics and Protestants struggling with the pressing social and moral issues of the late-nineteenth century, tended to wrap their concerns in a nationalistic package, an interpretation clearly attractive to McCord.

To "Canadianize" and "Christianize" was the constant theme of a new "social gospel", an integrative nationalist gospel.[2] Men and women such as Nellie McClung the temperance advocate and suffragist, J. S. Woodsworth the socialist labour leader and Salem Bland, the high priest of radical Methodism, believed that Canada could and would lead the world toward a new social order. Many of their ideas resembled those of Canadian imperialists. The Reverend George Munro Grant, principal of Queen's University, was an advocate of both the social gospel and Canadian imperialism. Their goal was to create a national church in Canada uniting all Protestants: as far as Grant was concerned, it was to include Catholics as well.

Canadian Catholicism responded somewhat similarly to late-nineteenth-century demands for social and political action. Encouraged by the challenge of the papal encyclical *Rerum Novarum*, Canadian Catholics turned to various forms of social action, notably the clergy's support of Catholic trade unions, the Desjardins movement, the Jesuits' École Sociale Populaire and Father Joseph Papin Archambault's work among Montreal's urban poor. The church in French Canada became no less interested in national action, best exemplified by the Abbé Lionel Groulx's Action Catholique de la Jeunesse Canadienne. The result was two distinct visions of nationalism which often clashed over religious and linguistic issues.

While McCord, a devout Anglican, rejected some of the more radical theological claims of the social gospel[3], he shared its faith that religion could serve as a unifying force in Canada. Like the historian Peter Waite, McCord saw beyond the bigotry and intolerance and appreciated that many of the most militant Catholics and their sometimes Calvinist opponents "touched much of what was best in the Church and society - dedication, zeal, purity."[4]

McCord realized that over the years the role of the church in Canada had changed significantly. In documenting these changes, he began with the role of religion in New France. During both the early French and British colonial periods, the inadequacies, and frequently the absence, of denominational institutions permitted and necessitated a broad religious accommodation. In reaction to the Enlightenment, however, a more forceful religious conservatism emerged in the early nineteenth century, and this led to a more orthodox, exclusionist, narrowly sectarian and social alignment. The ethnic character of Canadian religion strengthened these institutional barriers, particularly during a period of great migration and rapid socio-economic development. During these years churches played an active social role establishing parishes, building churches and schools and dispensing social services along denominational lines, to cushion immigrants' transition to a new land. Similarly social groups used religion to secure positions and power, a struggle which frequently led to violence and occasionally death.[5]

During the last third of the century, orthodoxy and sectarian allegiance were increasingly challenged by the higher "biblical criticism" and Darwinian science, which questioned the literal interpretation of the scriptures. Christians responded to this challenge in various ways. Some denied the validity of the new science, others rejected religion, while an increasing number sought an accommodation of religion and science by stressing the ethical and social nature of religion. The social gospel was particularly attractive to a country attempting to integrate large numbers of non-French, non-British (and often neither Protestant, nor Roman Catholic) immigrants during the years 1901-1921.

In his collecting McCord focused on the themes of struggle and great leaders, and as usual acquired the broadest range of objects, from the printed oration delivered by the Abbé Fléchier of Nîmes in 1675 at the funeral of Marie de Wignerod, Duchesse d'Aiguillon, who had financed the establishment of the Hôtel-Dieu de Québec, to the confessional of the legendary Sulpician François Picquet from the Calvaire at Oka. After a twenty-two year wait, when McCord promised to pay for a replacement of the confessional to be placed inside one of the chapels, the curé at Oka finally consented to McCord taking it, "on condition

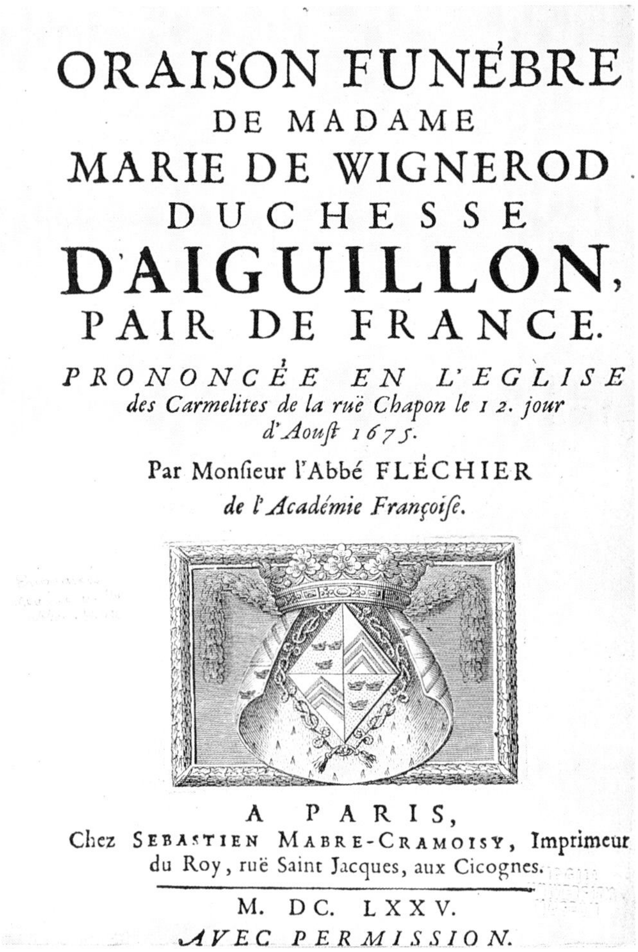
ORAISON FUNÈBRE
DE MADAME
MARIE DE WIGNEROD
DUCHESSE
D'AIGUILLON,
PAIR DE FRANCE.
PRONONCÉE EN L'EGLISE des Carmelites de la ruë Chapon le 12. jour d'Aoust 1675.
Par Monsieur l'Abbé FLÉCHIER
de l'Académie Françoise.
A PARIS,
Chez SEBASTIEN MABRE-CRAMOISY, Imprimeur du Roy, ruë Saint Jacques, aux Cicognes.
M. DC. LXXV.
AVEC PERMISSION.

Page de titre de l'oraison funèbre de Marie de Wignerod, duchesse d'Aiguillon, prononcée par Monsieur l'abbé Fléchier, 1675 (M540).

Funeral oration for Marie de Wignerod, Duchesse d'Aiguillon, given by the Abbé Fléchier, title page, 1675 (M540).

ans, lorsque McCord promet de verser la somme requise pour l'achat d'un nouveau confessionnal devant être placé dans l'une des chapelles, le curé de la paroisse d'Oka consent finalement à remettre le confessionnal à McCord « à la condition que vos goûts pour l'antiquité ne vous entraînent pas à solliciter toutes les autres œuvres d'art de notre Manoir[6] ». Comme beaucoup de ses contemporains, McCord croit à tort que Picquet était responsable de la construction du Calvaire, alors qu'en réalité, il s'agissait de son collègue Hamon Le Guen[7]. Selon McCord, cet objet unifiait histoire et art. « Ce confessionnal datait de l'époque de Picquet. Il exigea qu'il soit fabriqué – remarquez l'intéressante confection des barreaux – avec un couteau de poche! La forme en est très belle et très artistique[8]. »

En 1910, McCord fait l'acquisition d'un ensemble de communion anglican en étain très ancien provenant de Shelburne, en Nouvelle-Écosse[9], espérant probablement qu'il y avait été apporté par des Loyalistes fuyant la révolution américaine. McCord collectionne également des méreaux utilisés par certaines des plus anciennes congrégations presbytériennes au Canada pour identifier leurs membres. C'est dans la collection de gravures de McCord, qui comprend des portraits des membres importants des confessions catholique et protestante et des images de leurs églises, que sont les mieux représentés les aspirations et les conflits de ces deux Églises durant la dernière moitié du dix-neuvième siècle. Monseigneur Bernard-Claude Panet, qui travailla sans relâche pour les établissements d'enseignement religieux catholiques[10], est représenté sur un rare portrait lithographique canadien attribué à Richard Sproule. McCord acquiert aussi un portrait d'Ignace Bourget, évêque de Montréal, l'un des ultramontains les plus influents de l'Église canadienne. (L'ultramontanisme, doctrine catholique conservatrice, prône la primauté de la religion dans la société.) Deux rares lithographies commémorent les missions évangélisatrices de l'évêque français Charles-Auguste-Marie-Joseph de Forbin-Janson, dont les célèbres rassemblements se terminaient en général par l'érection d'un Calvaire[11], comme ce fut le cas au mont Saint-Hilaire en octobre 1841.

McCord se rend compte qu'aucune collection traitant du protestantisme ne saurait être complète sans un objet rappelant le réformateur Egerton Ryerson. Il obtient donc un portrait de Ryerson, pasteur méthodiste à l'origine du système d'éducation en Ontario qui doit, selon lui, être universel et fondé sur des principes chrétiens. Sir John William Dawson, éducateur néo-écossais, homme de science renommé et directeur de l'Université McGill, est un autre personnage-clé de la collection de McCord. Presbytérien dévot, Dawson consacre les trente dernières années de sa vie à réfuter la théorie évolutionniste de Darwin, soutenant qu'elle ne tient pas compte des renseignements livrés par les fossiles et que Dieu, et non une force inintelligente, est le Créateur. Il croit que la science et la chrétienté peuvent vivre en harmonie et, prophétiquement, qu'une « vision athée de la nature ne peut que mener à la dégradation de la nature par l'homme[12] ». En tant que défenseur des sciences dans l'éducation, Dawson s'oppose à l'ultramontanisme, dont les tenants craignent que la science, si on lui accorde une trop grande importance, ne mène à une société plus matérialiste. En 1878, Dawson refuse un poste à l'Université Princeton parce qu'il se sent obligé de rester à Montréal pour défendre les causes de l'éducation libérale, de la science et du protestantisme et pour combattre les forces ultramontaines[13]. Cependant, durant les dix-huit années qui vont suivre, à la lumière des controverses linguistiques et religieuses, Dawson semble avoir pris position contre le protestantisme militant au Manitoba et appuyé les Manitobains catholiques dans leur quête d'un système d'éducation distinct pour lequel lui-même s'était battu au Québec. Comme d'autres, il est inquiet de l'avenir de son pays. Vers la fin de sa vie, il écrit à sir Charles Tupper, compatriote néo-écossais et premier ministre de l'époque :

> J'aimerais maintenant, dans l'intérêt de l'éducation, vous faire part par écrit de ce dont je vous ai déjà entretenu de vive voix, soit ma vision du système scolaire manitobain. Les habitants de cette province, voulant à tout prix que leur système éducatif surpasse celui des vieilles provinces, sont allés un peu trop loin dans l'imposition de l'uniformité, et ont de ce fait jeté le discrédit sur eux-mêmes et sur le protestantisme, qui avant toute chose devrait faire preuve de tolérance et de libéralisme devant ceux qui ont d'autres valeurs, afin de respecter sa propre revendication au droit d'une opinion personnelle en matière de religion.
>
> La persistance de cette erreur, en dépit d'une décision de la cour et, je crois, de l'opinion des

Le Calvaire, Deux-Montagnes, Québec, Henry Richard S. Bunnett, 1885, huile sur toile (M738). Cette peinture fut commandée par David Ross McCord. La porte ouverte de la chapelle de gauche laisse entrevoir une partie du confessionnal attribué au père François Picquet.

The Calvary, Two Mountains, Quebec, Henry Richard S. Bunnett, 1885, oil on canvas (M738). This painting was commissioned by David Ross McCord. Part of the confessional attributed to Father François Picquet may be seen through the open door of the chapel on the left.

that your taste for antiques doesn't lead you to ask for all the works of art in our Manoir"[6]. Like many of his contemporaries, McCord erroneously believed that Picquet was responsible for building the Calvaire, when in fact his colleague Hamon Le Guen was responsible.[7] According to McCord, this object united history and art. "This confessional dated from Picquet's time. He caused it to be made - Mark the interesting confection of the bars - with a jack-knife! The form is excellent and artistic."[8]

In 1910 McCord acquired an early Anglican pewter communion set from Shelburne, Nova Scotia,[9] probably hoping that it had been brought to Shelburne by Loyalists fleeing the American Revolution. McCord also collected Presbyterian communion tokens used by some of the earliest Presbyterian congregations in Canada to identify their members. The aspirations and clashes of the Protestant and Roman Catholic churches in the latter half of the nineteenth century are best represented in McCord's collection of prints, which includes portraits of prominent Roman Catholic and Protestant leaders and their churches. Monseigneur Bernard-Claude Panet, who worked tirelessly to support Catholic religious educational institutions[10], is represented by a rare Canadian lithograph portrait attributed to Richard Sproule. McCord also acquired a portrait of Ignace Bourget, Bishop of Montreal, one of the strongest ultramontane forces in the Canadian church, Ultramontanism being a conservative Catholic philosophy which promoted the supremacy of religion in society. Two rare souvenir lithographs commemorated the evangelistic missions of the French Bishop Charles-Auguste-Marie-Joseph de Forbin-Janson, whose famous rallies usually culminated in the raising of a Calvaire,[11] as was the case at Mont St. Hilaire in October 1841.

McCord realized that no collection dealing with Protestantism would be complete without something from the reformer Egerton Ryerson. He accordingly obtained a portrait of Ryerson, the Methodist preacher who established the educational system of Ontario, which he believed should be universal and based on Christian principles. Sir John William Dawson, the Nova Scotia educator, world-renowned scientist and principal of McGill University, was another focus for McCord's collecting. A devout Presbyterian, Dawson spent the last thirty years of his life refuting Darwin's theory of evolution, on the grounds that it did not take into account the fossil record, and that God, not a mindless force, was the Creator. He felt that science and Christianity need not be at odds with each other, and prophetically that a "godless view of nature would lead to the degradation of nature by man."[12] As a promoter of science in education, Dawson opposed the ultramontane view, whose proponents feared that an emphasis on science would lead to a more materialistic society. In 1878 Dawson turned down a position at Princeton University because he felt obliged to stay in Montreal to defend the causes of liberal education, science and Protestantism and to fight the forces of ultramontanism.[13] Within the next eighteen years, however, in the light of controversies involving language and religion, Dawson appears to have taken a stand against militant Protestantism in Manitoba and supported for Catholic Manitobans what he had stood for in Quebec, a separate school system. Like others, he feared for the future of his country. Towards the end of his life he wrote to Sir Charles Tupper, a fellow Nova Scotian then Prime Minister:

> I now wish, in the interest of education, to state to you in writing, as I have already done orally, the views I have formed on the Manitoba School

Portrait d'Ignace Bourget, 1854, gravure d'après Llanta, Paris (M707).

Portrait of Ignace Bourget, 1854, engraving after Llanta, Paris (M707).

Sir William Dawson, 1864, photographie de William Notman (M10705).

Sir William Dawson, 1864, photograph by William Notman (M10705).

> gens les plus éclairés de ce pays en matière d'éducation, a malheureusement offert aux agitateurs l'occasion de soulever des questions de races et de croyances de la façon la plus dangereuse qui soit, et plus particulièrement à un moment où notre pays devrait, en raison des affaires étrangères et aussi dans l'intérêt de ses propres industries, présenter au monde l'image d'une nation forte et unie. L'expérience m'a cependant donné confiance en la loyauté et les bons sentiments des gens de ce pays, et en leur désir de défendre ces grands principes de tolérance et de liberté de conscience qui ont fait la fierté et assuré la sécurité du dominion et du grand Empire auquel il appartient. J'espère donc que l'opinion publique appuiera le gouvernement dans ses efforts de justice et d'harmonie, pour empêcher que ne se reproduise bientôt pareille situation[14].

McCord prie sir Charles Tupper de se défaire de cette lettre. En 1908, Tupper lui répond qu'il est « enchanté de voir que l'établissement d'un musée historique valable à Temple Grove est en si bonne voie. Je ne peux refuser votre demande et je vous remets les lettres originales de sir William Dawson dont, j'en suis convaincu, la mémoire sera vénérée par tous ceux qui l'ont connu[15]. »

1 PFMC dossier 5245, D.R.M. à lady Laurier.

2 Ramsay Cook, *The Regenerators: Social Criticism In Late Victorian English Canada*, Toronto, University of Toronto Press, 1985.

3 PFMC dossier 2004.

4 Waite 1971, p. 47.

5 Comme dans les émeutes Gavazzi de 1853.

6 PFMC dossier 5467 (en français dans le texte).

7 John R. Porter et Jean Trudel, *The Calvary of Oka*, Ottawa, The National Gallery of Canada, 1974, chapitre 2.

8 PFMC dossier 5467.

9 PFMC dossier 2066.

10 Nive Voisine, « Bernard-Claude Panet », *DCB* VI.

11 Allodi 1980, p. 151.

12 Peter R. Eakins et Jean Sinnamon Eakins, « John William Dawson », *DCB* XII.

13 Berger 1983, p. 64.

14 PFMC dossier 5156, sir John William Dawson à sir Charles Tupper, février 1896.

15 PFMC dossier 5156, sir Charles Tupper à D.R.M., Vancouver, 22 mai 1908.

◄ *Église paroissiale épiscopale protestante de Montréal*, 1822, gravure de T. G. Preston (M1242). Les Ross et les McCord fréquentèrent cette église, conçue par William Berczy et achevée en 1821, jusqu'à ce qu'elle fût incendiée en 1856. McCord a écrit avoir acquis cette rare gravure canadienne du Séminaire de Saint-Sulpice vers 1906, en échange d'une grande photographie de la peinture de Bunnett's représentant le Calvaire à Oka. Les sulpiciens en France désiraient obtenir cette photographie pour illustrer une publication sur le père Picquet.

The Protestant Episcopal Parish Church of Montreal, 1822, engraving by T. G. Preston (M1242). The Rosses and McCords attended this church, designed by William Berczy and completed in 1821, until it burned in 1856. McCord records acquiring this rare Canadian engraving from the Seminary of St. Sulpice around 1906, in exchange for a large photograph of Bunnett's painting of the Calvary at Oka, wanted by the Sulpicians in France to illustrate a publication about Father Picquet.

Nouvelle église catholique, Montréal, consacrée en juillet 1829, ► 1829-1830, gravure dessinée par John Okill (M715).

New Roman Catholic Church, Montreal, consecrated July 1829, 1829-1830, engraving drawn by John Okill (M715).

> question. The peoples of that Province, in their zeal to outdo the older provinces in the perfection of their school system, have gone a little too far in the direction of enforced uniformity, and have thereby brought some discredit on themselves and on protestantism, which should before all things be tolerant and liberal to those of other creeds, in order to be consistent in its own claim to the right of private judgment in religious matters.
>
> Persistence in this error, in the face of a judicial decision, and I believe also of the most enlightened educational opinion of the country, has unfortunately given opportunity to party agitators to raise questions of race and creed in the highest degree dangerous, more particularly at a time when foreign affairs, as well as the interests of our own industries, demand that we shall present a firm and united front to the world. Experience has however given me much faith in the ultimate loyalty and good feeling of the people of this country, and in their desire to sustain those great principles of tolerance and liberty of conscience which have been the pride and the safety hitherto both of the Dominion and of the great Empire to which it belongs. I trust therefore that public opinion will sustain the government in so dealing with the matter as to secure justice and harmony, and to prevent the recurrence of similar difficulties for a long time to come.[14]

McCord pleaded with Sir Charles Tupper to part with this letter. In 1908 Tupper replied that he was "delighted to find you are succeeding so well in establishing a valuable historical museum at Temple Grove. After your appeal I cannot refuse to leave with you the original letters from Sir William Dawson, whose memory I feel sure will always be venerated wherever he is known".[15]

---

[1] MCFP file no. 5245, DRM to Lady Laurier.

[2] Ramsay Cook, *The Regenerators: Social Criticism In Late Victorian English Canada*, (Toronto: University of Toronto Press, 1985).

[3] MCFP file no. 2004.

[4] Waite 1971, p. 47.

[5] As in the Gavazzi Riots of 1853.

[6] MCFP file no. 5467.

[7] John R. Porter and Jean Trudel, *The Calvary of Oka*, (Ottawa: The National Gallery of Canada, 1974), chapter 2.

[8] MCFP file no. 5467.

[9] MCFP file no. 2066.

[10] Nive Voisine, "Bernard-Claude Panet", *DCB* VI.

[11] Allodi 1980, p. 151.

[12] Peter R. Eakins and Jean Sinnamon Eakins, "John William Dawson", *DCB* XII.

[13] Berger 1983, p. 64.

[14] MCFP file no. 5156, Sir John William Dawson to Sir Charles Tupper, February 1896.

[15] *Ibid.*, Sir Charles Tupper to D.R.M., Vancouver, May 22, 1908.

Chroniques visuelles de l'évolution du pays

Pamela Miller

Au début du catalogue manuscrit en six volumes de sa collection de peintures, David Ross McCord note qu'il l'écrivit sur le bureau utilisé par sir George Prevost dans ses campagnes militaires[1]. McCord a semblé trouver une source d'inspiration dans l'élégance du meuble et la distinction de son propriétaire (gouverneur en chef de l'Amérique du Nord britannique durant la guerre de 1812).

Les connaisseurs canadiens connaissaient la collection de peintures de McCord bien avant l'inauguration du Musée en 1921. En 1898, McCord écrit dans l'un de ses carnets de notes historiques : « Une conférence des plus intéressantes fut donnée il y a environ cinq ans par Robert Harris, président de l'Académie canadienne. Il était venu me voir et avait examiné mes Dulongpré et autres exemples de peintures et de dessins canadiens anciens. Il prit soin d'aller voir aussi d'autres collectionneurs et le résultat fut très positif[2]. »

Au début du catalogue, McCord dresse la liste des 200 œuvres qu'il avait commandées au peintre canadien Henry Bunnett. Des années auparavant, le père de McCord avait demandé à James Duncan des scènes de Montréal condamnées à disparaître. Ainsi, l'idée (et les résultats) d'une documentation de l'histoire par le biais de la peinture était loin d'être nouvelle pour lui. McCord explique :

> Cette série est une humble tentative dont le but est de rendre à notre histoire une certaine justice picturale. Aucune illustration digne d'intérêt n'a à ce jour été réalisée... Il est difficile pour l'auteur de ces images d'en parler. Sans une connaissance approfondie de notre histoire, de chaque voyage, campagne ou champ de bataille, leur réalisation aurait été impossible. Elles représentent un quart de siècle en compagnie des auteurs et des chroniqueurs ayant consigné notre histoire et une inspection personnelle des voies d'eau, des campagnes et des champs de bataille. Le plaisir que m'a procuré ce travail ne peut être apprécié que par ceux qui ont consacré leur temps à ces activités. Le temps efface quotidiennement les lignes que j'ai entrepris de préserver pour la postérité. Déjà des bâtiments qui apparaissent ici ont été démolis pour faire place à d'autres commandés par notre civilisation en plein essor. Et certains ont été incendiés, faisant de ces dessins les seuls souvenirs graphiques de leur apparence...
>
> Si j'ai recherché la plus grande qualité artistique possible, j'ai subordonné toutes les autres considérations à la vérité – âme de l'histoire. La taille des pierres utilisées pour la construction a été notée et les assises de maçonnerie comptées, le nombre de vitres a été indiqué et la construction des poutres du toit fidèlement représentée. Cela est particulièrement clair dans les dessins que j'ai faits moi-même, celui des Forges du Saint-Maurice par exemple, où l'on voit l'équarrissage du bois et les chevilles en bois, et celui de la caserne Dauphine à Québec où sont illustrés les premiers travaux de maçonnerie. Aucun détail, aussi petit soit-il, n'a été négligé... Si c'était à refaire, je ne laisserais personne dessiner à ma place car personne moins imbu de l'amour du travail aurait la patience de lui rendre justice. À l'avenir, j'appliquerai cette règle et ne permettrai que le fignolage de mon travail. Cela je dois le permettre pour éviter l'imposition de limites aux exigences intellectuelles du travail et à l'acquisition constante des connaissances nécessaires à sa conduite... Aucun artiste ayant visité le Canada ne possède pour ce genre de travail un style aussi approprié que Henry Bunnett. Je ne connais rien de lui. J'ai vu une de ses huiles exposées dans une vitrine de la rue Saint-Jacques et j'ai immédiatement décelé son talent. J'ai pris contact avec lui et j'ai été son principal bienfaiteur. Il était aussi irascible et peu fiable que talentueux. Il fallait le forcer à travailler. Il n'avait aucune ambition et préférait ses fonctions au Victoria Rifles, pour lesquelles il n'avait aucune aptitude, au travail plus noble du dessin. Il n'avait qu'une femme à faire vivre... Il n'avait aucun talent pour choisir l'endroit duquel exécuter une vue et faire ressortir les points les plus intéressants... Les images de l'anse Wolfe, par exemple, sont de moi, de même que la vue de la rue Sainte-Famille à Québec ou du fort à Sault Saint-Louis, que j'ai exécutée d'une échelle posée sur un arbre; le terrain étant plat, j'ai passé une journée sur la corniche d'une maison face au Saint-Laurent près de Fort Lévis, afin d'obtenir une vue intéressante correspondant au plan militaire de la campagne d'Amherst et des ouvrages de défense français sur le fleuve... Je l'ai autorisé à signer mes dessins et les siens... Son habileté l'a amené à une pratique que j'ai toujours

Visual Records of the Country's Progress

Pamela Miller

At the beginning of his six-volume manuscript catalogue of his painting collection David Ross McCord noted that it was written on Sir George Prevost's military field desk.[1] The elegance of this desk and the distinction of its owner (the Governor in Chief of British North America during the War of 1812) seemed to him appropriate adjuncts to his task.

McCord's painting collection was known to Canadian connoisseurs well before the Museum was opened to the public in 1921. In 1898 he noted in one of his historical notebooks that "A most interesting lecture was delivered about five years [ago] by Robt. Harris, Pres. Canadian Academy. He came to see me & examined my Dulongprés & other examples of early painting & drawing in this country. He took care to see others also and the result was very gratifying."[2]

At the beginning of the catalogue McCord listed the 200 works he had commissioned Canadian artist Henry Bunnet to paint. Many years before, McCord's father had commissioned James Duncan to record scenes which were disappearing from Montreal, and so the idea (and the results) of recording through painting were hardly new to him. McCord explained:

> This series is a humble attempt to do some measure of justice pictorially to our History. No illustrations worthy of any attention have ever been made... It is a difficult task for the creator of these pictures to speak of them. Without an intimate knowledge of our history, every voyage, campaign and battle field, their production would have been an impossibility. They represent a quarter of a century in the society of the authors and chroniclers who have noted down our story, and a personal inspection of the waterways, campaigns and battlefields. The pleasure I have had in this work can only be appreciated by those who have devoted their time to such pursuits. The hand of time is daily obliterating lines which I have endeavoured to preserve to posterity. Already edifices which here appear have been demolished to make way for others required by an advancing civilization. And some have been consumed by fire, leaving in these drawings the only graphical record of their appearance...
>
> While I have endeavoured to attain as much artistic treatment as possible, I have subordinated all other considerations to those of truth - the soul of history. The size of the stones in buildings have been marked and the courses of the masonry counted, the number of the panes of glass indicated and the construction of the beams of roofs correctly represented. This is specially evident in the drawings I myself made - for example the Forges of the St. Maurice, where the squaring of the timber & the tree nails are apparent and the Dauphine Barrack at Quebec where the early nature of the masonry is shown - No detail has been too insignificant for reproduction....Had I to do my work again I would permit no one to draw for me, as no one less imbued with the love of the work will have the patience to do it justice. In the future I will carry out this rule and only permit the finishing of my work. This I must allow as to do otherwise would limit the intellectual command of the work & the constant acquisition of knowledge required to carry it on... No artist ever visited Canada who possessed so suitable a style for antiquarian work as Henry Bunnett. I know nothing of his story. I saw an oil by him exposed for sale in a window in St. James Street & perceived at once his possibilities, sent for him and I was his principal patron. He was as moody and unsatisfactory as he was able. He had to be dragged to his work. He had no ambition & preferred to be occupied about the Victoria Rifles for which he had no aptitude to the execution of superior work with his pencil. He had only a wife to support....He had no aptitude for the selection of a point or level from which to draw and bring out the desired points.... The Wolfe Cove pictures for example are mine and Ste Famille St. in Quebec or the view of the Fort at Sault St. Louis, which I made from a ladder in a tree, the ground being flat, I spent a day in the ridge of a house on the St. Lawrence near Fort Levis, in a level country so as to get a fine picture to correspond with the military plan of Amherst's campaign and the French defences in the River....I permitted him to sign my drawings as

Incendie de la maison Hayes, square Dalhousie, James Duncan, 1852, huile sur panneau, achat de David Ross McCord (M310).

Burning of Hayes House, Dalhousie Square, James Duncan, 1852, oil on wood, purchased by David Ross McCord (M310).

> désapprouvée, consistant à reproduire de mémoire ou à faire appel à son imagination ou à réaliser une image d'après une petite gravure. S'il est facile de lui donner un caractère artistique, ce travail n'est pas digne d'un historien ou d'un collectionneur[3].

Cette longue déclaration montre jusqu'où McCord est prêt à aller pour obtenir un document visuel d'une vue ou d'un bâtiment historique. La même obsession anime sa collection de portraits et d'art documentaire produits par des artistes réputés comme François Beaucourt, Louis Dulongpré, William Von Mol Berczy, James Duncan et William Hind. Des œuvres d'artistes militaires – Hervey Smyth et James Cockburn – viennent à figurer dans la collection de McCord, de même que des œuvres de nombreux artistes moins connus ayant contribué à documenter le passé du Canada.

Rares sont les peintures de figures historiques du Régime français. S'il est impossible d'identifier avec certitude le modèle d'un portrait anonyme censé être Jacques-René de Brisay de Denonville, gouverneur de la Nouvelle-France de 1685 à 1689, McCord croyait qu'il s'agissait véritablement du marquis de Denonville dont les nobles origines, la brillante carrière militaire et la contribution à l'amélioration des conditions de vie en Nouvelle-France[4] étaient des vertus qu'admiraient McCord et autres impérialistes canadiens.

La plus célèbre des acquisitions de McCord est sans doute le tableau bien connu d'une « esclave nègre », exécuté en 1786 par François Malépart de Beaucourt. McCord écrit : « La Négresse. Il serait impossible, sans avoir vu la signature et connaître la date de cette œuvre, de la dater sans erreur et d'une époque aussi lointaine. Je ne connais aucun tableau canadien datant d'à peu près la même période qui soit de pareille valeur. Il présente en plus l'intérêt de rappeler l'époque où l'esclavage était permis dans ce pays, le peintre ayant pris sa propre esclave pour modèle[5]. » Les carnets de notes historiques de McCord contiennent de nombreuses références à l'esclavage. Peut-être cet intérêt est-il dû au fait, entre autres, que son grand-père, comme plusieurs de ses contemporains de son rang, avait eu au moins deux esclaves. Même du vivant de McCord, certains de ses parents éloignés vivant en Caroline du Sud possédaient des esclaves. Le rôle du citoyen dans la société et la capacité du système constitutionnel britannique de protéger les minorités sont cependant des questions qui touchent en McCord l'impérialiste canadien dédié à la chronique de l'évolution de son pays. Tous ses carnets témoignent de cette préoccupation.

Le 7 juillet 1852, un incendie se déclare dans une maison située du côté est de la rue Saint-Laurent, à Montréal. Lorsqu'il est maîtrisé deux jours plus tard, dix mille personnes se retrouvent sans foyer et les dommages s'élèvent à deux millions de dollars. La maison Hayes, square Dalhousie, est rasée, tout comme le reste du square. Les incendies constituaient l'un des fléaux de Montréal, et John Samuel McCord en avait dressé la liste dans ses journaux intimes[6]. En 1905, McCord achète de W. Scott & Sons un tableau de l'incendie de la maison Hayes exécuté par James Duncan[7].

Bar dans un camp de mineurs C.-B., William G. R. Hind, 1865, aquarelle (M605).
Bar in Mining Camp, B.C., William G. R. Hind, 1865, watercolour (M605).

> well as his own....His readiness lent itself to a practice against which I have ever set my face - that of restoration from memory or calling in the imagination - or the development of a picture from a small engraving. Such is not historical or antiquarian work - it may be easily rendered artistic.[3]

This long-winded statement serves to explain the lengths to which McCord was prepared to go in order to obtain a visual record of an historic site or building. The same obsessiveness animated his collecting of portraits and documentary art produced by well-known artists: François Beaucourt, Louis Dulongpré, William Von Mol Berczy, James Duncan and William Hind. The works of military artists Hervey Smyth and James Cockburn made their way into McCord's collection along with the works of many lesser-known artists who helped to record Canada's past.

Paintings of historical figures from the French regime were scarce. Although it is impossible to identify with certainty the sitter of an anonymous portrait who is presumed to be Jacques-René de Brisay de Denonville, Governor of New France from 1685 to 1689, McCord believed him to be the Marquis de Denonville whose noble birth, distinguished military career and contributions to civilian life in New France[4] were typical of the virtues McCord and like-minded Canadian imperialists valued.

Probably McCord's most famous acquisition is the well-known painting, executed in 1786 by François Malépart de Beaucourt, of a "negro slave". McCord wrote: "The Negress. No one unaware of the signature and date would attribute to this canvas its true and early date. I know of no Canadian picture of equal merit at all near the year in which it was painted. It has this additional interest, in that it recalls the days when slaves were permitted by law in this country, the painter having taken [as] his model his own slave."[5] Slavery was the subject of many entries in McCord's historical notebooks. Perhaps one of the reasons for this interest was that his great-grandfather, like many contemporaries of his standing, had owned at least two slaves. Even during McCord's lifetime, distant relatives of his in South Carolina owned slaves. The role of the individual in society and the ability of the British constitutional system to protect minorities, however, were matters which concerned McCord as a Canadian imperialist devoted to chronicling the evolution of his country. This concern is recorded throughout his notebooks.

On July 7, 1852, a two-day fire broke out in a house on the east side of St. Lawrence Street in Montreal. When it died down two days later, it had left 10,000 people homeless and caused about $2,000,000 worth of damage. Hayes House on Dalhousie Square was razed, as was the rest of the square. Fires were a scourge in Montreal, and John Samuel McCord listed the city's numerous fires in his diaries.[6] In 1905 McCord purchased from W. Scott & Sons a painting of the burning of Hayes House executed by James Duncan.[7] After acquiring it, McCord set about finding out the circumstances in which Duncan painted the fire, and identifying the

Donald Ross dans son potager accompagné de Charles Sutter, agent d'émigration, à l'arrière-plan, Edmonton, 1902, photographie de C. W. Mathers, achetée par David Ross McCord de Mme J. B. Learmont (M5219).

Donald Ross in his vegetable garden and Charles Sutter, emigration agent, in the background, Edmonton, 1902, photograph by C. W. Mathers, purchased by David Ross McCord from Mrs. J. B. Learmont (M5219).

Après quoi, il cherche à établir les circonstances dans lesquelles Duncan a peint l'incendie et à identifier les bâtiments détruits. Il tente de retrouver la fille de Duncan. Il écrivait toujours aux descendants qu'il réussissait à retrouver. Après des années de recherche, McCord parvient à localiser la fille de Duncan qui vit à Londres. En 1906, elle écrit :

> Je me souviens que mon cher père parlait très souvent de vous et de Mme McCord (votre mère). Il parlait toujours en termes élogieux de votre talent en dessin et de votre gentillesse constante à son égard. Je suis extrêmement fière et heureuse d'apprendre que vous désirez préserver le nom de mon père... S'il était encore parmi nous, je sais qu'il serait très honoré et enchanté de votre geste... À l'époque du grand incendie à Montréal, les esquisses qu'il en fit ont été envoyées à Londres et publiées dans le « Times »; l'on en dit alors énormément de bien. Il travailla beaucoup pour les prêtres et les religieuses à Montréal et enseigna dans presque tous les couvents, sinon tous, où il fut toujours accueilli avec la plus grande gentillesse[8].

Des milliers d'estampes figuraient dans la collection de McCord. Son catalogue original rédigé à la main comprenait au moins 1 500 entrées[9]. Il considérait ses estampes, qui incluaient des gravures, des cartes et des photographies, comme des chroniques visuelles de l'évolution du pays.

Non content de collectionner uniquement des œuvres d'art, McCord acquiert aussi les instruments de l'artiste. Il obtient ainsi les instruments de gravure de William Satchwell Leney et le matériel à dessin d'Henri Julien. Il acquiert un ensemble d'aquarelles de l'artiste Robert A. Sproule, ainsi que les estampes correspondantes réalisées par Leney. Selon l'historienne d'art Mary Allodi, « le résultat de la collaboration entre Leney, Sproule et [l'imprimeur Adolphus] Bourne, les plus grands talents de la ville en 1829-1830, est le plus bel ensemble de vues de Montréal ayant jamais été imprimé[10] ».

Les instruments de Leney sont remis à David Ross McCord en 1917 par Mme Charlotte D. Leney Gage, l'arrière-petite-fille du graveur, qui lui explique que Leney était très fier de n'utiliser que les instruments strictement nécessaires et de travailler sur le plus simple des bureaux. Elle ajoute que le « Y » sculpté sur chaque instrument était sa marque personnelle, et qu'elle sait que McCord fera le meilleur usage possible des instruments[11].

Henri Julien fut pendant vingt-deux ans le populaire illustrateur du *Star* de Montréal. McCord collectionne ses dessins originaux, ses illustrations de bandes dessinées et de livres, et à sa demande, la femme de Julien lui remet le matériel à dessin qu'il avait utilisé jusqu'à sa mort. McCord note dans le quatrième volume de son catalogue :

> Aucun autre artiste canadien-français n'a jamais eu le trait aussi facile que Julien. C'était le fils du pompier ou du gardien responsable des fournaises de l'entreprise de lithographie de feu Géo. Desbarats qui, voyant le talent du jeune garçon dans un quelconque dessin, réussit non sans mal à obtenir de son père la permission qu'il étudie les arts graphiques. Desbarats lui-même me confia que Julien était destiné à l'humble occupation des gens de la classe de son père. Il était, chez les francophones comme les anglophones, le Canadien le plus parfaitement bilingue que j'ai jamais connu. Je me dois de rendre un jour justice à sa mémoire[12].

Si cette histoire est véridique, Desbarats avait fait preuve de jugement.

L'œil exercé de McCord apparaît dans les aquarelles de William G. R. Hind (1833-1889) représentant l'expédition des orpailleurs « Overlanders » en 1862. Le talent de Hind ne fut pas reconnu de façon générale de son vivant, sauf par John Ross Robertson, de Toronto, dont la collection fut présentée au public en 1912[13], et par McCord[14]. Celui-ci remarque : « Ces dessins (31 en tout) de M. Hind sont de

Fort Churchill, baie d'Hudson, 1884, photographie de Robert Bell, géologue et explorateur (M4470).
Fort Churchill, Hudson's Bay, 1884, photograph taken by Robert Bell, geologist and explorer (M4470).

devastated buildings. He tried to find Duncan's daughter. He wrote to descendants of the owners wherever he could track them down. After years of searching, McCord found James Duncan's daughter in London. In 1906 she wrote:

> I remember my dear father used to speak of you, & of Mrs McCord (your mother), very often & always in high praise of your cleverness at drawing, & also of your unfailing kindness to him. It is most gratifying to me & a great pleasure to know you wish to perpetuate my father's name ... If he was alive I know he would feel deeply honoured & pleased by your kind thought of him... At the time of the Great Fire in Montreal, his sketches he took of it were sent to London & appeared in the 'Times', & were very highly spoken of. He did a lot of work for the nuns, & priests, in Montreal, & taught in nearly, if not all the Convents, & was always treated with the greatest kindness by them.[8]

McCord's collection of prints numbered in the thousands. His original hand-written catalogue of prints contained at least 1,500 entries.[9] He regarded his prints, which included engravings, maps and photographs, as visual records of the country's progress.

Not content with works of art alone, he collected the artists' tools. He acquired William Satchwell Leney's engraving tools and Henri Julien's drawing equipment. He obtained a set of watercolours by the artist Robert A. Sproule, as well as the corresponding set of prints engraved by Leney. According to the art historian Mary Allodi, "the result of the collaboration of Leney, Sproule and [printer Adolphus] Bourne, the finest talents available in the city in 1829-30, is the most attractive set of views of Montreal to be printed anywhere."[10] Leney's tools were presented to David Ross McCord in 1917 by Mrs. Charlotte D. Leney Gage, the engraver's great-granddaughter. She explained that Leney took pride in having as few tools as were absolutely necessary and the plainest desk. She added that the "Y" carved on each tool was his private mark, and that she knew that McCord would make the best possible use of them.[11]

Henri Julien was for twenty-two years the popular illustrator for the *Montreal Star*. McCord collected his original drawings, cartoons and book illustrations, and at his request, Julien's wife presented him with the artist's drawing equipment which he had used until his death. McCord noted in the fourth volume of his catalogue:

> No other French Canadian Artist has yet possessed the facile pencil of Julien. He was the son of the fireman or attendant on the furnaces at the lithographic establishment of the late Geo. Desbarats, who chancing to notice the ability the boy displayed in some youthful drawing, dragged from his reluctant father permission that he might have an opportunity of some graphical instruction. He had been intended for the humble occupation of his father's class. This Desbarats himself told me. He was the most accomplished Canadian in the two languages I ever knew. I must some day do justice to his memory.[12]

If the story is true, Desbarats' judgement proved correct.

Indicative of McCord's discerning eye are the watercolour paintings executed by William G. R. Hind (1833-1889) depicting the Overlanders expedition of 1862 in search of gold. Hind's talent was not widely recognized during his lifetime, except by John Ross Robertson of Toronto, whose collection was opened to the public in 1912,[13] and by McCord.[14] The latter noted: "These drawings (31 in number) of Mr. Hind's are of the greatest value - I would not be surprized if they were the earliest Western Canadian drawings. The middle north west as now, was drawn by Back - Kendall & other Arctic Officers."[15]

Recognizing the documentary and artistic merits of the newly-emerging art of photography, McCord collected

Carafe en verre taillé, portant le monogramme de Ezekiel et Fanny Hart, début du XIXe siècle, Angleterre (M2419).

Cut-glass decanter, badged with the cipher of Ezekiel and Fanny Hart, early-nineteenth century, English (M2419).

grande valeur – Je ne serais pas étonné que ce soient les plus anciens dessins de l'Ouest canadien. Le nord-ouest central d'aujourd'hui a été dessiné par Back – Kendall et d'autres officiers postés en Arctique[15]. »

Reconnaissant les qualités documentaires et artistiques du nouvel art de la photographie, McCord collectionne les photographies et en commande auprès de photographes aussi renommés qu'Alexander Henderson ou William Notman. Il traite la photographie comme un outil de recherche, faisant photographier des objets au studio de Notman ou demandant au propriétaire d'un objet de lui en envoyer la photographie. Au total, il fait l'acquisition de milliers de photographies, incluant des instantanés, des albums de photographes amateurs et des photographies réalisées par des professionnels, qui toutes font référence à la vie au Canada. À compter des années 1870, McCord commande à des photographes des images de bâtiments et d'objets qui ont pour lui une certaine valeur. Il demande à Alexander Henderson de photographier Temple Grove et ses jardins ainsi que la Grange des Pauvres et La Grange, anciennes demeures des McCord. Fidèle à ses habitudes, il conserve les huit négatifs de verre qui figurent aujourd'hui parmi les rares négatifs connus de ce talentueux photographe. McCord est l'un des premiers admirateurs de Notman, dont il apprécie particulièrement le talent artistique. Il aurait été très heureux de l'ajout des Archives photographiques Notman au Musée en 1956, un siècle après la fondation du studio Notman.

McCord collectionne des céramiques pour les mêmes raisons qu'il collectionne tout autre objet. Cependant, outre la connotation historique de chaque pièce, il s'intéresse à l'histoire de la céramique comme forme d'art décoratif. Depuis sa jeunesse il vit entouré de fines porcelaines importées au Canada par les membres de sa famille. Si les Davidson, les Ross et les McCord ont acheté des services en porcelaine pour leurs fonctions utilitaires, et des services à la fois plus esthétiques et utilitaires, ces pièces transmises de génération en génération en sont venues à rappeler la mémoire de leurs propriétaires initiaux, comme le service à thé qu'Anne Ross, la mère de David Ross McCord, avait demandé à sa grand-mère, Eleanor Birnie. Dans ce contexte, il n'est donc pas étonnant que David Ross McCord ait acheté et collectionné des céramiques pour son musée.

Le goût victorien pour l'insolite transparaît dans les pièces de céramique et autres objets que McCord a acquis de Mme M. E. Roberts[16]. C'est par son entremise qu'il obtient un bol à thé et une soucoupe qui auraient appartenu à l'Ermite d'Annapolis Royal, une boîte à thé qu'aurait possédée Joseph Howe et une tabatière dont le propriétaire aurait été Cornwallis[17]. Collectionneur avisé, David Ross McCord est cependant fortement tenté de croire aux associations historiques de ces pièces. Son intérêt pour la royauté l'amène à faire l'acquisition de plusieurs objets. Il a aussi une nette tendance à prendre ses désirs pour la réalité. Il a ainsi fait l'acquisition d'une partie d'un service Spode ayant, pensait-on, appartenu à lady Mary Fox, épouse de Henry Edward Fox, commandant de la garnison de Halifax. McCord écrit : « Lady Mary Fox était la fille aînée d'une lady anglaise qui possédait un vaste domaine dans les Antilles, et de Guillaume, avant qu'il ne devienne Guillaume IV d'Angleterre. Les enfants furent plus tard dotés et lady Mary épousa le général Fox avec lequel elle alla vivre au Canada, en Nouvelle-Écosse... Tout ce qui lui appartenait venait du roi son père (c'est ce qui a été rapporté). » McCord avait tempéré son affirmation, heureusement car nous savons aujourd'hui que ce modèle particulier (numéro 2083) date d'environ 1820-

« Tasse et soucoupe ayant appartenu à l'Ermite [d'Annapolis, Nouvelle-Écosse] et trouvées après sa mort dans une armoire dans sa cabane dans les bois. », David Ross McCord. Poterie peinte à la main, vers 1830, Angleterre, achetée par David Ross McCord de Mme M. Roberts, Halifax (M1537).

"Cup and saucer which belonged to the Hermit [of Annapolis, Nova Scotia] and were found in a Cuddy Hole of his cabin in the woods, after his death." Free-hand painted earthenware, English, about 1830, purchased by David Ross McCord from Mrs. M. Roberts, Halifax (M1537).

photographs and commissioned photographers of the calibre of Alexander Henderson and William Notman. He treated photography as a research tool, sending objects to the Notman studios to be photographed or requesting the owner to send him a photograph of the object in question. In all, he was responsible for collecting thousands of photographs, including snapshots, amateur photograph albums and professional photographs, all documenting Canadian life. From the 1870s onward McCord commissioned photographers to document buildings and objects important to him. He asked Alexander Henderson to photograph Temple Grove and its gardens as well as the former McCord homes the *Grange des pauvres* and The Grange. Typicallly, he kept the eight glass negatives, among the few negatives by this gifted photographer known to exist. McCord was an early devotee of Notman's work, and especially appreciated the fine quality of his art. He would have felt that the addition of the Notman Photographic Archives to the Museum in 1956, a century after Notman first founded his studio, was quite fitting.

McCord collected ceramics for the same reasons he collected other objects. However, in addition to the historical association of each piece, he was interested in the history of ceramics as a decorative art form. From his youth he had been surrounded by fine china imported into Canada by members of his family. Although the Davidsons, Rosses and McCords purchased china for use and finer sets for both use and display, these pieces became memorials to their original owners as they passed from one generation to the next. A perfect example of this is the tea-set which Anne Ross, David Ross McCord's mother, requested from her grandmother Eleanor Birnie. With this background, it is not surprising that David Ross McCord purchased and collected ceramics for his museum.

The Victorian taste for the bizarre may be seen in McCord's acquisition of ceramics and other objects from Mrs. M. E. Roberts.[16] She was his source for a tea-bowl and saucer purportedly owned by the Hermit of Annapolis Royal, a tea-caddy supposedly belonging to Joseph Howe and a snuffbox believed to have belonged to Cornwallis.[17] David Ross McCord, albeit a discerning collector, was sorely tempted to believe in the historical associations of these pieces. His interest in royalty played a role in his acquisition of many objects. There was also more than a hint of wishful thinking. He also acquired part of a Spode set that reportedly belonged to Lady Mary Fox, the wife of the commander of the Halifax garrison Henry Edward Fox. McCord recorded: "Lady Mary Fox was the eldest daughter of an English lady, holding large property in the West Indies, and William - before he became William IV of England. The children were afterwards endowed and Lady Mary married General Fox and came with him to Canada - living in Nova Scotia.... All these things she had, were given to her by this King (it was said)." Fortunately for McCord, he qualified his statement, because we now know that this particular pattern (number 2083) is dated to about 1820-1830, a good thirty-seven years after the Foxes had returned to England in 1783. McCord had not been alone in his belief. An unnamed man from a New York museum bought a piece of the famous Fox Spode,[18] as did the Nova Scotian ceramics collector Percy Inglis (active between 1895 and 1940), who bought four pieces of the same Spode stone china, now in the Nova Scotia Museum.[19] The tea bowl and saucer, also from Mrs. Roberts and dating from about 1830, reveal one of McCord's most unorthodox 'labels' stuck on the bottom of the saucer.

> This cup and saucer belonged to The Hermit [c. 1815-75] of Annapolis, N.S. He died about

Théière Wedgwood en basalte, début du XIXe siècle (M2440.1).
Wedgwood basaltes teapot, early-nineteenth century (M2440.1)

1830, soit trente-sept ans après le retour des Fox en Angleterre en 1783. Mais McCord ne fut pas le seul à croire à l'historique de cette pièce. Un acheteur anonyme d'un musée new-yorkais a aussi fait l'acquisition d'une pièce provenant du célèbre service Spode[18], tout comme le collectionneur de céramiques néo-écossais Percy Inglis (actif entre 1895 et 1940) qui se procura quatre pièces de ce même service, aujourd'hui au Musée de la Nouvelle-Écosse[19]. Le bol à thé et la soucoupe, également de Mme Roberts et datant d'environ 1830, portent, collée sur la base de la soucoupe, l'une des étiquettes les moins « orthodoxes » de McCord.

> Cette tasse et cette soucoupe ont appartenu à L'Ermite [v. 1815-1875] d'Annapolis, N.-É. Il est décédé il y a environ 35 ans à l'âge de 60 ans et a été enterré sous le nom de Wood. Il n'avait aucun parent. Il vivait dans une « cabane » avec ses livres : c'était un gentleman; il recevait de l'argent d'une source inconnue. À sa mort, on trouva de l'argent dans sa cabane dans les bois. Cela se passant en Nouvelle-Écosse, on disait bien entendu que c'était le fils du duc de Kent. Cette tasse et sa soucoupe ont été trouvées dans une ARMOIRE dans la cabane. 10 mars 1910.

McCord recherche les artefacts dignes d'intérêt, comme des théières de toutes sortes, dont la théière « New Hall » faisant partie d'un service datant des années 1820, avec sa « forme londonienne[20] » caractéristique, une théière noire ou en basalte fabriquée par Wedgwood, et une théière à pâte lustrée légèrement plus récente de style renouveau du rococo.

Dans le registre des acquisitions de McCord, la description d'une carafe en verre ayant appartenu à Ezekiel Hart se lit comme une proclamation : « Cette pièce et une carafe à eau semblable, deux élégants verres à liqueur et une quantité de porcelaines – portant le monogramme ci-dessus – témoignent de l'affranchissement politique des Juifs, dans l'Empire et par la province de Québec, qui précède ainsi la Grande-Bretagne! Cela en la personne et grâce aux efforts de EZEKIEL HART, membre élu du Parlement provincial du Québec pour Trois-Rivières[21].»

Les céramiques à motifs imprimés, dont deux assiettes où figurent des bateaux à vapeur qui appartiennent maintenant au Musée McCord, constituaient les pièces les plus prisées importées au Canada au dix-neuvième siècle[22]. Visuellement attrayantes, ces assiettes illustrent en outre deux innovations dans le domaine des transports : l'utilisation des vapeurs pour le transport des passagers de Québec à Montréal à partir des années 1820 et l'établissement d'un service de courrier régulier entre Liverpool, Halifax et Boston en 1840.

McCord obtient d'un certain capitaine H. Pyper un chauffe-assiette en étain laqué à la façon *japanning*. Ce chauffe-assiette devait être placé devant un feu et les assiettes empilées sur les deux étagères. La peinture est fissurée, sans doute à cause de la chaleur du feu. Dans les maisons mal chauffées des années 1820, cet ustensile devait être des plus appréciés. McCord en a fait l'acquisition pour des raisons documentaires, afin de préserver de l'oubli un objet utilitaire condamné à disparaître.

---

1 PFMC, « Catalogue of Original Paintings in Oil and Water Colour Illustrative of the History of Canada », vol. 1. Le volume V s'intitule « Catalogue of Original Plans » et le VI est une liste alphabétique des estampes, des cartes et des photographies de sa collection, probablement dressée par son épouse.

2 PFMC dossier 2024, p. 321.

3 PFMC, « Catalogue of Original Paintings... », vol. I.

4 Je tiens à remercier Myra Nan Rosenfeld qui a bien voulu nous faire bénéficier de ses compétences en examinant ce portrait à l'huile.

5 PFMC, « Catalogue of Original Paintings... », vol. IIII, entrée CCLXIX.

6 PFMC dossier 409, index des journaux de J. S. McCord, dossiers 410-422.

7 PFMC dossier 5023, « Catalogue of Original Paintings... ».

8 PFMC dossier 5023, Jane Duncan à D.R.M., 20 juillet 1906.

9 PFMC, « Catalogue of Prints, Maps and Photographs ».

10 Allodi 1980, p. 64.

11 PFMC dossier 5033, Charlotte D. Leney à D.R.M., Toronto, 1917.

12 PFMC, « Catalogue of Original Paintings... », vol. IIII, entrée CCCXXXVIII.

13 J. Ross Robertson, *Landmarks of Canada. What Art Has Done For Canadian History. A Guide To The J. Ross Robertson Historical Collection in the Public Reference Library, Toronto, Canada*, Toronto, 1917, introduction.

14 H. Y. Hind, *Explorations in the Interior of the Labrador Peninsula, the Country of the Montagnais and Nasquapee Indians*, Londres, Longman, Roberts, & Green, 1863.

15 PFMC dossier 5030, note de D.R.M., M7514.

16 PFMC dossier 5299, Mme M. E. Roberts à D.R.M., Halifax (Nouvelle-Écosse), 1912.

17 PFMC dossier 5601.

18 PFMC dossier 5299.

19 Je suis très reconnaissante envers Marie Elwood, conservatrice en histoire au Musée de la Nouvelle-Écosse, qui m'a fourni les renseignements concernant lady Mary Fox et les céramiques Spode achetées par Percy Inglis, qui figurent maintenant dans la collection du Musée de la Nouvelle-Écosse.

20 La description a été établie en consultation avec Elizabeth Collard, auteure et spécialiste en céramique.

21 Registre des acquisitions.

22 Collard 1984. Tous les renseignements sur la céramique à motifs imprimés sont tirés du chapitre XX, « Davenport and Canada ».

thirty-five years ago, aged 60 and was buried under the name of Wood. Associated with no one. Lived in a "Shack." Lived with his books: was a gentleman; received money from some unknown source. When he died money was found in his cabin in the woods. Of course being in Nova Scotia, he was said to be the son of the Duke of Kent. This cup and saucer were found in a CUDDY HOLE in the shack. 10 March, 1910.

McCord sought out interesting specimens, such as a variety of teapots, including the 'New Hall' teapot, part of a set from the 1820s, with its characteristic "London shape",[20] a black or basaltes teapot made by Wedgwood and a slightly later roccoco revival lustreware teapot.

McCord's accession-register entry recording the glass decanter belonging to Ezekiel Hart reads like a proclamation: "This and a similar water bottle - two graceful liqueur glasses and a quantity of china - with the above cypher - mark the political enfranchisement of the Jews - in the Empire, by the Province of Quebec - and before it was achieved in Great Britain! in the person of, and through the efforts of EZEKIEL HART. Elected member of the Provincial Parliament of Quebec for Three Rivers."[21]

Printed ceramics, including two plates with designs of steamships now in the McCord Museum, were the most popular imported ware in Canada during the nineteenth century.[22] Apart from their visual appeal, these plates record two breakthroughs in transportation: the use of steam to transport passengers from Quebec to Montreal beginning in the 1820s and the establishment of a regular mail service between Liverpool, Halifax and Boston in 1840.

A japanned-tin plate-warmer was acquired from a Captain H. Pyper. It would have been placed before the fire and the plates stacked on the two shelves. The paint is cracked, perhaps from the heat of the fire. In the draughty rooms of the 1820s it must have been a most welcome piece of household equipment. McCord acquired it for documentary purposes, to preserve a vanishing utilitarian object.

Chauffe-assiette en étain laqué à la façon *japanning* avec dos ouvert sur un foyer, acquis par David Ross McCord du capitaine H. Pyper (M2619).

Japanned-tin plate-warmer with back open to fireplace, acquired by David Ross McCord from Captain H. Pyper (M2619).

[1] MCFP, "Catalogue of Original Paintings in Oil and Water Colour Illustrative of the History of Canada", vol. I. Volume V is a "Catalogue of Original Plans". The sixth volume is an alphabetical list of his prints, maps and photographs, probably penned by his wife.

[2] MCFP file no. 2024, p. 321.

[3] MCFP, "Catalogue of Original Paintings...", vol. I.

[4] I would like to thank Dr. Myra Nan Rosenfeld for providing us with her expertise in examining this oil portrait.

[5] MCFP, "Catalogue of Original Paintings...", vol. IIII, entry CCLXIX.

[6] MCFP file no. 409, J. S. McCord's index to his diaries, file nos. 410-422.

[7] MCFP, "Catalogue of Original Paintings...", file 5023.

[8] MCFP file no. 5023, Jane Duncan to D.R.M., July 20, 1906.

[9] MCFP, "Catalogue of Prints, Maps and Photographs."

[10] Allodi 1980, p. 64.

[11] MCFP file no. 5033, Charlotte D. Leney Gage to D.R.M., Toronto, 1917.

[12] MCFP, "Catalogue of Original Paintings...", vol. IIII, entry no. CCCXXXVIII.

[13] J. Ross Robertson, *Landmarks of Canada. What Art Has Done For Canadian History. A Guide To The J. Ross Robertson Historical Collection in the Public Reference Library, Toronto, Canada,* (Toronto: 1917), introduction.

[14] H. Y. Hind, *Explorations in the Interior of the Labrador Peninsula, the Country of the Montagnais and Nasquapee Indians,* (London: Longman, Roberts, & Green, 1863).

[15] MCFP file no. 5030, D.R.M. note, M7514.

[16] MCFP file no. 5299, Mrs. M. E. Roberts to D.R.M., Halifax, Nova Scotia, 1912.

[17] MCFP file no. 5601.

[18] MCFP file no. 5299.

[19] I am very grateful to Marie Elwood, Curator of History, Nova Scotia Museum for providing me with information about Lady Mary Fox and the Spode china purchased by Percy Inglis, now in the Nova Scotia Museum.

[20] Description elicited in a consultation with the author and ceramic expert Elizabeth Collard.

[21] Accession Register.

[22] Collard 1984. All the information on printed ware is based on Chapter XX, "Davenport and Canada".

Conclusion

Pamela Miller

La salle du Régime français, vers 1921, photographie. Salle du McCord National Museum (ancienne maison Jesse Joseph) (Mp181).

The French Régime Room, about 1921, photograph. The McCord National Museum in the former Jesse Joseph House (Mp181).

Les contraintes de temps ne nous ont pas permis d'approfondir notre recherche bien au-delà de la vie et de la famille de David Ross McCord. La collection d'objets, par des organismes publics ou à titre privé, constitue, nous le savons, une pratique courante depuis des siècles : il semble que les êtres humains aient toujours ressenti le besoin de posséder des reliques des héros du passé. Dans la religion chrétienne, les reliques étaient hautement vénérées et même l'austère Réforme fut incapable de supprimer ce besoin pendant longtemps. À l'époque victorienne surtout, il semble que l'on ait éprouvé le désir de posséder quantité d'objets évoquant le passé, ce qui donnait un sentiment de sécurité dans une société évoluant rapidement.

Au Canada les groupes littéraires, les sociétés historiques locales, les associations artistiques, les « Mechanics Institutes » et les sociétés d'histoire naturelle foisonnent, et à la fin du dix-neuvième siècle certains de ces organismes sont devenus des musées. Les ordres religieux catholiques ont conservé archives et artefacts tandis qu'une multitude de collectionneurs canadiens privés ont amassé livres, manuscrits, porcelaines, matériel ethnologique, peintures, estampes et objets militaires. McCord entretient une correspondance avec Janet Carnachon, F. Cleveland Morgan, Cyrille Tessier, L. R. Masson, le juge F.L.G. Baby, John Todd et W. J. Learmont. Il écrit à John Ross Robertson et tous deux traitent avec les mêmes négociants. Il existe un certain nombre de similitudes entre McCord et un collectionneur d'une époque plus récente, John Clarence Webster (1863-1950), du Nouveau-Brunswick, qui à sa retraite commença à amasser des livres sur l'histoire du Nouveau-Brunswick ainsi que des milliers d'artefacts liés à l'histoire de sa province. Tout comme l'archiviste fédéral A. G. Doughty, Webster siégea au Comité du Musée McCord à titre de conseiller à partir de 1924[1].

McCord partageait les points de vue intellectuels et culturels de ses contemporains et ses opinions étaient connues de tous. Lorsqu'il posa sa candidature pour la chaire Beit d'histoire coloniale de l'Université Oxford en 1905, il reçut des lettres d'appui enthousiastes du distingué poète canadien-français Louis-Honoré Fréchette, de Raoul Dandurand, alors président du Sénat canadien, de W. B. Bond, archevêque anglican de Montréal, et de son ami John Reade, l'un des éditeurs du journal *Montreal Gazette*. De nombreux Canadiens éprouvaient la même ferveur que McCord pour la préservation des faits historiques de leur pays. Au début du vingtième siècle, l'attrait de l'impérialisme canadien était tel que d'énormes sommes furent amassées pour ériger des monuments à la mémoire des Canadiens ayant péri pendant la guerre des Boers.

McCord surclassait cependant ses pairs sur trois plans : la documentation de ses artefacts, l'exhaustivité de sa collection et son obsession de collectionneur. Durant les dernières années de sa vie, alors qu'il était plus ou moins lucide, il se rendit compte qu'il avait presque tout sacrifié pour son musée. Il s'inquiétait de ne toucher aucun revenu de loyer, de ne pas pouvoir payer ses taxes et de laisser sa femme seule à Temple Grove sans argent pour acheter du charbon pour l'hiver. Mais avant ces années difficiles, il avait longuement songé à sa propre épitaphe. Il en rédigea plusieurs en fait, dont l'une où il se comparait à Robin des Bois. Enfin, après avoir réfléchi à ce qu'il avait accompli pour le Canada, il choisit une citation de William Wordsworth et écrivit : « Suggestion pour un mur, dans Mon Musée. Wordsworth. Tiré du dernier tome de " The Prelude ". Les vers décrivent la mission du Poète et la mienne. »

> Ce que nous avons aimé,
> D'autres l'aimeront aussi, et nous leur enseignerons comment[2].

[1] AMM, Procès-verbaux du Comité du Musée McCord, 1924-1928.

[2] PFMC dossier 2126. Vers 444-445 de *The Prelude*, tome quatorze (trad.).

Conclusion

Pamela Miller

The limitations of time have not allowed us to extend the scope of our research much beyond David Ross McCord's family and lifetime. We know that collecting and the practice of private collecting have been common for centuries: human beings seem always to have felt a need for relics of heroes of a past age. Relics were greatly revered in Christianity, and even the austere Reformation was unable to eradicate that need for long. The Victorians seem particularly to have needed quantities of objects evoking the past in order to give themselves a sense of security in a rapidly changing society.

Canada abounded in literary societies, local historical societies, art associations, mechanics' institutes and natural history societies, some of which grew to become museums by the end of the nineteenth century. Roman Catholic religious orders preserved archives and artifacts, while scores of private Canadian collectors amassed books, manuscripts, china, ethnological material, paintings, prints and military memorabilia. McCord corresponded with Janet Carnachon, F. Cleveland Morgan, Cyrille Tessier, L. R. Masson, Judge F.L.G. Baby, John Todd and W. J. Learmont. He wrote to John Ross Robertson, and they both bought from the same dealers. There are a number of similarities between McCord and a later collector, John Clarence Webster (1863-1950) of New Brunswick, who upon retirement collected books on the history of New Brunswick and subsequently amassed thousands of artifacts relating to his province's history. Together with the Dominion Archivist A. G. Doughty, Webster served as an advisor on the McCord Museum's Committee from 1924.[1]

McCord's cultural and intellectual views were similar to those of his contemporaries, and were well-known. When he applied for the Beit Chair of Colonial History at Oxford in 1905, he received strong letters of support from the distinguished French-Canadian poet Louis-Honoré Fréchette, Raoul Dandurand, then Speaker of the Canadian Senate, W. B. Bond, the Anglican Archbishop of Montreal, and his friend John Reade, an editor of the *Montreal Gazette*. Many Canadians shared McCord's enthusiasm for preserving the landmarks of their country's history. By the beginning of the twentieth century the popular appeal of Canadian imperialism was such that huge sums of money were raised to erect monuments to the memory of those Canadians who had died in the Boer War.

McCord stands out among his peers, however, in three areas: the documentation of his artifacts, the comprehensiveness of his collection, and finally the obsessiveness of his collecting. In the last years of his life, as he slipped in and out of lucidity, he realized that he had sacrificed almost everything for his museum. He fretted that no rents were coming in, that his taxes were unpaid and his wife alone in Temple Grove with no money for coal for the approaching winter. But before the advent of those unhappy years, he contemplated his own epitaph. In fact he wrote several, in one comparing himself to Robin Hood. Finally, after reflecting on what he had done for Canada, he settled on a quotation from William Wordsworth. He wrote: "Suggestion for a wall - in My Museum. Wordsworth. From the last book of "The Prelude". The lines are descriptive of the Poet's mission and mine."

> What we have loved,
> Others will love, and we will teach them how.[2]

---

[1] MMA, McCord Museum Committee Minutes, 1924-1928.

[2] MCFP file no. 2126. Lines quoted are verses 444-445 of *The Prelude*, Book Fourteen.

Bibliographie choisie • Selected Bibliography

Les Papiers de la famille McCord déposés au Musée McCord d'histoire canadienne constituent la principale source de renseignements sur cette famille. Pour consulter cette collection, voir *McCord Family Papers 1776-1945*, 2 vol., Montréal, Musée McCord, 1986. L'on peut trouver d'autres sources importantes au Public Records Office à Belfast, au Public Records Office à Dublin, aux Archives nationales du Québec à Montréal et à Québec et enfin, aux Archives nationales du Canada à Ottawa.

The major source on the McCords is the Family Papers in the McCord Museum of Canadian History. For reference to this collection see *McCord Family Papers 1776-1945*, 2 vols (Montreal: McCord Museum, 1986). Other important sources can be found in the Public Records Office in Belfast, the Public Records Office in Dublin, the Archives nationales du Québec in both Montreal and Quebec City, and the National Archives of Canada.

Allodi 1980
Allodi, Mary. *Printmaking in Canada, the Early Views and Portraits*. Toronto: Royal Ontario Museum, 1980.

AMM
Montréal, Musée McCord d'histoire canadienne, Archives.

ANC
Ottawa, Archives nationales du Canada.

ANQM
Archives nationales du Québec à Montréal.

ANQQ
Archives nationales du Québec à Québec.

Berger 1970
Berger, Carl. *The Sense of Power, Studies in the Ideas of Canadian Imperialism, 1867-1914*. Toronto: University of Toronto Press, 1970.

Berger 1983
Berger, Carl. *Science, God, and Nature in Victorian Canada*. Toronto: University of Toronto Press, 1983.

Berkhofer, R. F. Jr.
The White Man's Indian: Images of the American Indian from Columbus to the Present. New York: Knopf, 1978.

Brown, Craig and Ramsay Cook. *Canada, 1896-1921: A Nation Transformed*. Toronto: McClelland and Stewart, 1974.

Chartrand, Luc, Raymond Duchesne et Yves Gingras. *Histoire des sciences au Québec*. Montréal, Boréal, 1987.

Clifford, James. *The Predicament of Culture, Twentieth-Century Ethnography, Literature, and Art*. Cambridge, Massachusetts: Harvard University Press, 1988.

Cole 1985
Cole, Douglas. *Captured Heritage: The Scramble for Northwest Coast Artifacts*. Seattle: University of Washington Press, 1985.

Collard 1984
Collard, Elizabeth. *Nineteenth-Century Pottery and Porcelain in Canada*. 2nd edition. Montreal: McGill-Queen's University Press, 1984.

Collection Crossle
Dublin, Eire, National Library of Ireland, F. C. Crossle Collection.

Cook, Ramsay. *The Regenerators: Social Criticism In Late Victorian English Canada*. Toronto: University of Toronto Press, 1985.

Cooper 1960
John Irwin Cooper. *The Blessed Communion*. Montreal: Archives Committee of the Diocese of Montreal, 1960.

Creighton 1956
Creighton, Donald. *The Empire of the St. Lawrence*. Toronto: MacMillan, 1937, 2nd ed. 1956.

Crossle Collection
Dublin, Eire, National Library of Ireland, F. C. Crossle Collection.

Davidoff, Leonore and Catherine Hall. *Family Fortunes. Men and Women of the English Middle Class, 1780-1850*. London: Century Hutchinson Ltd., 1988.

DCB
Dictionary of Canadian Biography. 12 vols. Toronto and Quebec City, University of Toronto Press and Les Presses de l'Université Laval, 1966-1970.

Dechêne 1974
Dechêne, Louise. *Habitants et marchands de Montréal au XVIIe siècle*. Paris et Montréal, Plon, 1974.

Dechêne, Louise. « La croissance de Montréal au XVIIIe siècle ». *RHAF*, vol. 27, n° 2, septembre 1973.

Edwards 1989
Edwards, Ruth Dudley. *An Atlas of Irish History*. London and New York: Routledge, 1974, 2nd ed. 1989.

Fyson 1989
Fyson, Donald. "Eating in the City: Diet and Provisioning in Early-Nineteenth-Century Montreal." M.A. thesis, McGill University, 1989.

Gagnon 1978
Gagnon, Serge. *Le Québec et ses historiens de 1840 à 1920. La Nouvelle-France de Garneau à Groulx*. Québec, Les Presses de l'Université Laval, 1978.

Hinsley, Curtis M. Jr. *Savages and Scientists. The Smithsonian Institution and the Development of American Anthropology 1846-1910*. Washington, D.C.: Smithsonian Institution Press, 1981.

Johnson, J. K. *Becoming Prominent, Regional Leadership in Upper Canada, 1791-1841*. Montreal: McGill-Queen's University Press, 1989.

Longstaffe-Gowan, Todd. "Gardening and the Middle Classes, 1700-1830", *London's Pride, The Glorious History of the Capital's Gardens*. Ed. by Mireille Galinou of the Museum of London. London: Anaya Publishers Ltd., 1990.

MMA
Montreal, McCord Museum of Canadian History, Archives.

Mayles, R.G. and Doug Owran. *Imperial Dreams and Colonial Realities, British Views of Canada, 1880-1914*. Toronto: University of Toronto Press, 1965.

MCFP
Montreal, McCord Museum of Canadian History, McCord Family Papers.

McKenna, Katherine. "Options for Elite Women in Early Upper Canadian Society: The Case of the Powell Family", *Historical Essays on Upper Canada, New Perspectives*, J. K. Johnson & Bruce G. Wilson eds., Carleton Library Series no. 146. Ottawa: Carleton University Press, 1989.

Morton, W. L., ed. *The Shield of Achilles. Aspects of Canada in the Victorian Age*. Toronto: McClelland and Stewart, 1968.

NAC
Ottawa, National Archives of Canada.

Penlington, Norman. *Canada and Imperialism, 1896-1899*. Toronto: University of Toronto Press, 1965.

Peterson, M. Jeanne. *Family, Love and Work in the Lives of Victorian Gentlewomen*. Bloomington and Indianapolis: Indiana Press, 1989.

PFMC
Montréal, Musée McCord d'histoire canadienne, Papiers de la famille McCord.

Price, Sally. *Primitive Art in Civilized Places*. Chicago and London: University of Chicago Press, 1989.

RHAF
Revue d'histoire de l'Amérique française. Montréal, Université de Montréal, Institut d'histoire de l'Amérique française, 1947-.

Schultz, Jack. "Canadian Attitudes Towards the Empire, 1919-1939". Ph.D. thesis, Dalhousie University, 1975.

Senior, Elinor Kyte. *Redcoats & Patriots. The Rebellions in Lower Canada, 1837-38.* Ottawa: Canadian War Museum Historical Publication (no. 20), 1985.

Sévigny, André. *L'urbanisation dans le corridor du canal de Lachine dans la deuxième moitié du 19e siècle.* Ottawa, Parcs Canada, 1986.

Smith, Goldwin. *Canada and the Canada Question*, introduction by Carl Berger. Toronto: University of Toronto Press, 1971.

Shortt, S.E.D. *The Search For An Ideal.* Toronto: University of Toronto Press, 1976.

Stocking, George W. (ed.) *Objects and Others, Essays on Museums and Material Culture.* History of Anthropology, Volume 3. Madison, Wisconsin: University of Wisconsin Press, 1985.

Stocking, George W. *Victorian Anthropology.* New York: Free Press, 1987.

Sturtevant, W. "Does Anthropology need museums?" *Proc. Biol. Soc. Washington* 82, 1969, pp. 619-650.

Taylor, M. Brook. *Promoters, Patriots and Partisans. Historiography in 19th Century English Canada.* Toronto: University of Toronto Press, 1989.

Trigger 1985
Trigger, Bruce G. *Natives and Newcomers. Canada's "Heroic Age" Reconsidered.* Kingston and Montreal: McGill-Queen's University Press, 1985.

Trigger, Bruce G. "A present of their past? Anthropologists, Native people, and their heritage." *Culture* VIII(1), 1988, pp. 71-88.

Wainwright, Clive. *The Romantic Interior. The British Collector At Home, 1750-1850.* New Haven: Yale University Press, 1989.

Waite 1971
Waite, Peter B. *Canada 1874-1896: Arduous Destiny.* Toronto: McClelland and Stewart, 1971.

Wise, S. F. and Craig Brown. *Canada Views the United States.* Toronto: MacMillan Company, 1967.

Zeller 1987
Zeller, Suzanne. *Inventing Canada: Early Victorian Science and the Idea of a Transcontinental Nation.* Toronto: University of Toronto Press, 1987.